DERECHO ROMANO

TEMAS SELECTOS

Sergio Fabián Pérez Sevilla.

**DERECHO ROMANO
TEMAS SELECTOS.**

Copyright ©Sergio Fabián Pérez Sevilla

TODOS LOS DERECHOS RESERVADOS.

Primera edición, junio 2023.

Guadalajara, Jalisco, México.

INDICE

Introducción..11

Capítulo 1: Introducción al Derecho Romano...............................15
1.1 Contexto histórico y geográfico de Roma
1.2 Fuentes del Derecho Romano
1.3 Evolución del Derecho Romano a lo largo de las diferentes épocas
1.4 Importancia y legado del Derecho Romano en el sistema jurídico actual
1.4 Influencia del Derecho Romano en otras ramas del conocimiento
1.6 Principales estudiosos del Derecho Romano
1.7 Instituciones jurídicas en la antigua Roma
1.8 Comparación con otros sistemas jurídicos antiguos

Capítulo 2: Derecho de las Personas...28
2.1 Concepto de persona en el Derecho Romano
2.2 Clases de personas: ciudadanos, peregrinos, esclavos, mujeres, etc.
2.3 Derechos y deberes de los ciudadanos romanos
2.4 Capacidad jurídica y capacidad de obrar
2.5 Instituciones relacionadas con las personas: matrimonio, patria potestad, tutela, etc.
2.6 Protección de los derechos de las personas en el Derecho Romano
2.7 Derechos y roles de las mujeres en la sociedad romana
2.8 Tratamiento legal de los esclavos en Roma

Capítulo 3: Derecho de las Obligaciones......................................39
3.1 Introducción al derecho de las obligaciones
3.2 Distinción entre obligaciones civiles y obligaciones naturales
3.3 Elementos de la obligación: sujetos, objeto, causa
3.4 Fuentes de las obligaciones: contratos, cuasicontratos, delitos, cuasidelitos
3.5 Efectos y extinción de las obligaciones
3.6 Acciones para hacer valer las obligaciones en el Derecho Romano
3.7 Teorías sobre la naturaleza de las obligaciones
3.8 Evolución histórica del derecho de las obligaciones en Roma

Capítulo 4: Derecho de los Contratos..53
4.1 Concepto y características de los contratos en el Derecho Romano
4.2 Tipos de contratos: venta, arrendamiento, sociedad, mandato, etc.
4.3 Formación y requisitos de los contratos romanos
4.4 Efectos y cumplimiento de los contratos

4.5 Nulidad y rescisión de los contratos
4.6 Interpretación de los contratos en el Derecho Romano
4.7 Evolución de los contratos en el Derecho Romano y su influencia en el derecho moderno
4.8 Estudio de casos de contratos famosos en la historia romana

Capítulo 5: Derecho de las Cosas……………………………………..62
5.1 Concepto de cosa en el Derecho Romano
5.2 Clasificación de las cosas: res mancipi, res nec mancipi
5.3 Propiedad y posesión en el Derecho Romano
5.4 Adquisición y transmisión de la propiedad
5.5 Restricciones a la propiedad: usufructo, servidumbres, hipotecas, etc.
5.6 Protección de la propiedad en el Derecho Romano
5.7 Usucapión y prescripción adquisitiva
5.8 Defensa de la posesión y acciones posesorias

Capítulo 6: Derecho de Familia…………………………………….71
6.1 Instituciones familiares en el Derecho Romano: manus, conventio in manum, etc.
6.2 Matrimonio en el Derecho Romano: requisitos, efectos, disolución
6.3 Patria potestad y filiación en el Derecho Romano
6.4 Adopción y emancipación en el Derecho Romano
6.5 Sucesión testamentaria y sucesión intestada en el Derecho Romano
6.6 Protección de la familia y los derechos de los hijos en el Derecho Romano
6.7 Estudio de casos de familias famosas en la historia romana
6.8 Comparación entre el derecho de familia romano y otros sistemas jurídicos antiguos

Capítulo 7: Derecho Penal Romano…………………………………..81
7.1 Evolución histórica del derecho penal en Roma
7.2 Principios y características del derecho penal romano
7.3 Delitos y penas en el Derecho Romano
7.4 Procedimientos y garantías procesales en el derecho penal romano
7.5 Derecho penal especial: delitos contra la propiedad, delitos contra la vida, etc.
7.6 Influencia del derecho penal romano en los sistemas jurídicos modernos
7.7 Estudio de casos de juicios famosos en la historia romana
7.8 Comparación entre el derecho penal romano y otros sistemas jurídicos antiguos

Capítulo 8: Derecho Administrativo Romano..................................91
8.1 Evolución y desarrollo del derecho administrativo en Roma
8.2 Organización y funciones de la administración pública en Roma
8.3 Actos administrativos en el derecho romano
8.4 Responsabilidad de la administración en el derecho romano
8.5 Control y jurisdicción administrativa en el derecho romano
8.6 Legado del derecho administrativo romano en la administración pública actual
8.7 Estudio de casos de decisiones administrativas en la historia romana
8.8 Comparación entre el derecho administrativo romano y otros sistemas jurídicos antiguos

Capítulo 9: Derecho Procesal Romano..102
9.1 Introducción al derecho procesal romano
9.2 Tipos de procedimientos en el derecho romano: legis actiones, formulario, cognitio extraordinaria, etc.
9.3 Actores y roles en el proceso romano: jueces, magistrados, litigantes, testigos, etc.
9.4 Etapas del proceso romano: in iure, apud iudicem, executionis
9.5 Pruebas y medios de prueba en el derecho procesal romano
9.6 Garantías procesales y recursos en el derecho procesal romano
9.7 Estudio de casos de procesos judiciales famosos en la historia romana
9.8 Comparación entre el derecho procesal romano y otros sistemas jurídicos antiguos

Capítulo 10: Derecho Internacional Romano...................................113
10.1 El Derecho Romano y las relaciones con otros pueblos y culturas
10.2 Tratados y alianzas en el Derecho Romano
10.3 Protección de los extranjeros en el Derecho Romano
10.4 Conflictos y resolución de disputas internacionales en el Derecho Romano
10.5 Derecho de guerra y conquista en el Derecho Romano
10.6 Influencia del Derecho Internacional Romano en el derecho internacional contemporáneo
10.7 Estudio de casos de relaciones internacionales en la historia romana
10.8 Comparación entre el derecho internacional romano y otros sistemas jurídicos antiguos

Capítulo 11: Derecho Fiscal Romano..124
11.1 Sistema tributario en Roma

11.2 Impuestos y tasas en el Derecho Romano
11.3 Administración y recaudación de impuestos en Roma
11.4 Beneficios fiscales y exenciones en el Derecho Romano
11.5 Sanciones y evasión fiscal en el Derecho Romano
11.6 Legado del Derecho Fiscal Romano en la fiscalidad actual
11.7 Estudio de casos de conflictos fiscales en la historia romana
11.8 Comparación entre el derecho fiscal romano y otros sistemas jurídicos antiguos

Capítulo 12: Derecho Laboral Romano..134
12.1 Organización del trabajo en la antigua Roma
12.2 Contratación y condiciones laborales en el Derecho Romano
12.3 Derechos y deberes de los trabajadores en Roma
12.4 Protección y seguridad laboral en el Derecho Romano
12.5 Resolución de conflictos laborales en el Derecho Romano
12.6 Influencia del Derecho Laboral Romano en el derecho laboral contemporáneo
12.7 Estudio de casos de conflictos laborales en la historia romana
12.8 Comparación entre el derecho laboral romano y otros sistemas jurídicos antiguos

Capítulo 13: Derecho de Sucesiones Romano............................144
13.1 Sucesión testamentaria y sucesión intestada en el Derecho Romano
13.2 Instituciones sucesorias: herederos, legatarios, fideicomisos, etc.
13.3 Formas de testamento en el Derecho Romano
13.4 Adquisición y transmisión de herencias en el Derecho Romano
13.5 Impuestos y cargas sucesorias en el Derecho Romano
13.6 Protección de los derechos de los herederos en el Derecho Romano
13.7 Estudio de casos de sucesiones famosas en la historia romana
13.8 Comparación entre el derecho de sucesiones romano y otros sistemas jurídicos antiguos

Capítulo 14: Derecho Mercantil Romano................................153
14.1 Orígenes y desarrollo del derecho mercantil en Roma
14.2 Instituciones mercantiles en el Derecho Romano: societates, negotiatores, naufragium, etc.
14.3 Contratos y prácticas comerciales en el Derecho Romano
14.4 Protección y regulación del comercio en el Derecho Romano
14.5 Responsabilidad y resolución de disputas comerciales en el Derecho Romano

14.6 Influencia del Derecho Mercantil Romano en el derecho comercial moderno
14.7 Estudio de casos de transacciones comerciales famosas en la historia romana
14.8 Comparación entre el derecho mercantil romano y otros sistemas jurídicos antiguos

Capítulo 15: Derecho de la Propiedad Intelectual en Roma................164
15.1 Reconocimiento y protección de los derechos de autor en el Derecho Romano
15.2 Patentes y marcas en el Derecho Romano
15.3 Limitaciones y excepciones en el Derecho de Propiedad Intelectual romano
15.4 Acciones y sanciones por infracción en el Derecho Romano
15.5 Transferencia y licenciamiento de derechos en el Derecho Romano
15.6 Legado del Derecho de la Propiedad Intelectual romano en la legislación actual
15.7 Estudio de casos de disputas de propiedad intelectual en la historia romana
15.8 Comparación entre el derecho de propiedad intelectual romano y otros sistemas jurídicos antiguos

Capítulo 16: Derecho Medioambiental en Roma...........................174
16.1 Concepción del medio ambiente en la antigua Roma
16.2 Normas y regulaciones para la protección del medio ambiente en el Derecho Romano
16.3 Responsabilidad por daños ambientales en el Derecho Romano
16.4 Conservación de los recursos naturales en el Derecho Romano
16.5 Litigios relacionados con el medio ambiente en el Derecho Romano
16.6 Influencia del Derecho Medioambiental Romano en la legislación ambiental contemporánea
16.7 Estudio de casos de conflictos medioambientales en la historia romana
16.8 Comparación entre el derecho medioambiental romano y otros sistemas jurídicos antiguos

Capítulo 17: Derecho de los Contratos Públicos en Roma................183
17.1 Contratación pública en la antigua Roma
17.2 Procedimientos y requisitos para la contratación con el Estado en el Derecho Romano
17.3 Responsabilidad y garantías en los contratos públicos romanos

17.4 Resolución de conflictos en los contratos públicos en el Derecho Romano
17.5 Transparencia y lucha contra la corrupción en el Derecho Romano
17.6 Legado del Derecho de los Contratos Públicos romanos en la contratación pública actual
17.7 Estudio de casos de contratos públicos en la historia romana
17.8 Comparación entre el derecho de contratos públicos romano y otros sistemas jurídicos antiguos

Capítulo 18: Derecho de la Seguridad Social en Roma……………….....193
18.1 Concepto de seguridad social en el Derecho Romano
18.2 Beneficios y prestaciones sociales en la antigua Roma
18.3 Organización y financiamiento de la seguridad social en el Derecho Romano
18.4 Protección de los trabajadores y sus familias en el Derecho Romano
18.5 Responsabilidad y control del Estado en la seguridad social romana
18.6 Influencia del Derecho de la Seguridad Social Romano en la seguridad social contemporánea
18.7 Estudio de casos de protección social en la historia romana
18.8 Comparación entre el derecho de seguridad social romano y otros sistemas jurídicos antiguos

Capítulo 19: Derecho de la Infancia en Roma……………………….....203
19.1 Protección y derechos de los niños en el Derecho Romano
19.2 Instituciones y prácticas relacionadas con la infancia en Roma
19.3 Responsabilidad parental y tutela de los niños en el Derecho Romano
19.4 Educación y formación de los niños en Roma
19.5 Maltrato y abuso infantil en el Derecho Romano
19.6 Legado del Derecho de la Infancia Romano en la legislación actual
19.7 Estudio de casos de protección infantil en la historia romana
19.8 Comparación entre el derecho de la infancia romano y otros sistemas jurídicos antiguos

Capítulo 20: Derecho de la Medicina y la Ética Médica en Roma……..212
20.1 Prácticas médicas en la antigua Roma
20.2 Regulación y normas éticas en la medicina romana
20.3 Responsabilidad médica y negligencia en el Derecho Romano
20.4 Relación médico-paciente en el Derecho Romano
20.5 Tratamientos y terapias en el Derecho Romano
20.6 Influencia del Derecho de la Medicina Romana en la ética médica contemporánea

20.7 Estudio de casos de dilemas éticos en la medicina romana
20.8 Comparación entre el derecho de la medicina romana y otros sistemas jurídicos antiguos

Capítulo 21: Derecho de la Educación en Roma..............................222
21.1 Sistemas educativos en la antigua Roma
21.2 Acceso a la educación y educación obligatoria en el Derecho Romano
21.3 Instituciones educativas y roles de los educadores en Roma
21.4 Contenido y métodos de enseñanza en el Derecho Romano
21.5 Educación de las mujeres y los esclavos en Roma
21.6 Influencia del Derecho de la Educación Romana en los sistemas educativos actuales
21.7 Estudio de casos de conflictos educativos en la historia romana
21.8 Comparación entre el derecho de la educación romana y otros sistemas jurídicos antiguos

Capítulo 22: Derecho de la Religión en Roma...............................232
22.1 Religión y culto en la antigua Roma
22.2 Derechos y obligaciones religiosas en el Derecho Romano
22.3 Protección y persecución de las creencias religiosas en Roma
22.4 Templos, sacerdotes y rituales en el Derecho Romano
22.5 Influencia del Derecho de la Religión Romana en la libertad religiosa actual
22.6 Estudio de casos de conflictos religiosos en la historia romana
22.7 Comparación entre el derecho de la religión romana y otros sistemas jurídicos antiguos

Capítulo 23: Derecho de la Cultura y el Patrimonio en Roma............240
23.1 Protección del patrimonio cultural en la antigua Roma
23.2 Legislación sobre monumentos y sitios arqueológicos en el Derecho Romano
23.3 Propiedad y conservación de obras de arte en el Derecho Romano
23.4 Protección de las tradiciones culturales y folclor en Roma
23.5 Influencia del Derecho de la Cultura y el Patrimonio Romano en la protección del patrimonio actual
23.6 Estudio de casos de protección del patrimonio en la historia romana
23.7 Comparación entre el derecho de la cultura y el patrimonio romano y otros sistemas jurídicos antiguos

Capítulo 24: Derecho de la Tecnología y la Innovación en Roma..........249
24.1 Innovaciones técnicas y científicas en la antigua Roma
24.2 Regulación y protección de las invenciones en el Derecho Romano
24.3 Transferencia de tecnología y licencias en Roma
24.5 Responsabilidad por daños causados por nuevas tecnologías en el Derecho Romano
24.6 Influencia del Derecho de la Tecnología y la Innovación Romana en la legislación actual
24.7 Estudio de casos de conflictos tecnológicos en la historia romana
24.8 Comparación entre el derecho de la tecnología y la innovación romana y otros sistemas jurídicos antiguos

Conclusiones finales...257

Introducción

El Derecho Romano es una de las piedras angulares del sistema jurídico en varios países occidentales y uno de los pilares fundamentales de la civilización romana. A lo largo de los siglos, ha ejercido una influencia perdurable en la legislación y el pensamiento legal de numerosos países. Sus principios y conceptos han perdurado en el tiempo, trascendiendo las fronteras geográficas y temporales. El estudio del Derecho Romano es esencial para comprender la evolución del derecho a lo largo de la historia y su impacto en la sociedad contemporánea.

En este libro, titulado "Derecho Romano Temas Selectos", nos adentraremos en los aspectos más relevantes y fascinantes de esta antigua disciplina jurídica. A través de un análisis detallado y riguroso, exploraremos temas selectos que abarcarán tanto el desarrollo histórico del Derecho Romano como su influencia en la actualidad.

El Derecho Romano se originó en la antigua Roma y evolucionó a lo largo de más de mil años, desde su concepción en los primeros siglos de la República Romana hasta su consolidación y codificación en el Imperio Romano. Durante este extenso periodo, el Derecho Romano se convirtió en una estructura legal sólida y coherente que sentó las bases de muchos principios y conceptos jurídicos que aún persisten en nuestros sistemas legales modernos.

La importancia del Derecho Romano radica en su capacidad para establecer un marco legal y social que permitió la estabilidad y el crecimiento de la sociedad romana. El sistema legal romano se basaba en principios como la justicia, la equidad y la seguridad jurídica, que proporcionaban una base sólida para la resolución de conflictos y la regulación de las relaciones entre los ciudadanos romanos.

A medida que avanzamos en nuestra exploración del Derecho Romano, comenzaremos por analizar su origen y desarrollo en la época de la República Romana. En este período, el derecho se desarrollaba principalmente a través del ius civile, un conjunto de normas y prácticas que regulaban las relaciones entre los ciudadanos romanos. El ius civile se basaba en la costumbre, la tradición y la interpretación de los preceptos jurídicos heredados de generación en generación.

Sin embargo, a medida que la sociedad romana se expandía y evolucionaba, surgió la necesidad de un sistema legal más completo y coherente. Es en este contexto que nace el ius gentium, el derecho de las gentes. El ius gentium se aplicaba a todos los ciudadanos y no ciudadanos de Roma, independientemente de su origen o estatus social. Este sistema legal, basado en principios universales de justicia y equidad, buscaba proporcionar un marco legal común para las relaciones entre los romanos y los extranjeros.

Uno de los aspectos más destacados del Derecho Romano es su capacidad para adaptarse y evolucionar con el tiempo. Durante el período imperial, el emperador Justiniano emprendió una ambiciosa tarea de recopilación y codificación de las leyes romanas existentes. El resultado fue el famoso Corpus Iuris Civilis, un compendio de leyes, decretos y opiniones legales que sentó las bases del derecho civil europeo durante siglos.

El Corpus Iuris Civilis es una obra monumental que abarca diversos aspectos del derecho romano, desde el derecho privado y el derecho de propiedad hasta el derecho penal y el derecho procesal. En este libro, exploraremos algunos de los temas más destacados y relevantes presentes en el Corpus Iuris Civilis y su impacto en la legislación y el pensamiento jurídico posterior.

Un tema fundamental que analizaremos es la propiedad y los derechos de propiedad en el Derecho Romano. La noción romana de propiedad estaba estrechamente vinculada a la idea de ciudadanía y estatus social. A través del estudio de las leyes y los conceptos relacionados con la propiedad, podremos comprender cómo se estructuraba la sociedad romana y cómo se regulaban las relaciones de propiedad entre los ciudadanos.

Otro tema de gran relevancia es el de los contratos en el Derecho Romano. Los romanos desarrollaron un sistema jurídico sofisticado que regulaba la formación, el contenido y la ejecución de los contratos. Exploraremos los diferentes tipos de contratos existentes en el Derecho Romano, como la compraventa, el arrendamiento y la sociedad, así como las obligaciones y responsabilidades que surgían de ellos.

Además de la propiedad y los contratos, también examinaremos el derecho de familia y su evolución en el Derecho Romano. El matrimonio, el divorcio, la patria potestad y la sucesión son algunos de los aspectos clave que abordaremos en este contexto. Estudiaremos las normas y prácticas que regulaban estas áreas del derecho, así como su impacto en la vida cotidiana de los romanos y en la estructura familiar de la época.

El Derecho Romano también se caracterizó por su enfoque hacia el derecho penal y la justicia. En este libro, exploraremos los principios y procedimientos utilizados en los tribunales romanos, así como los delitos más comunes y las penas asociadas a ellos. Analizaremos la noción de responsabilidad penal y cómo se aplicaba en la antigua Roma.

A lo largo de esta obra, nos apoyaremos en una amplia gama de fuentes primarias y secundarias para respaldar nuestros argumentos y brindar una visión completa y precisa del Derecho Romano. Citaremos las obras de reconocidos juristas romanos como Gayo, Ulpiano y Justiniano, así como los trabajos de destacados estudiosos modernos que han profundizado en el tema.

"Derecho Romano Temas Selectos" está dirigido tanto a estudiantes y profesionales del derecho como a cualquier persona interesada en explorar las raíces históricas y los fundamentos jurídicos de nuestra sociedad. A través de su estudio, no solo podremos entender la evolución del derecho a lo largo de la historia, sino también apreciar la influencia y el legado duradero que la antigua Roma ha dejado en nuestro sistema legal actual.

Acompáñenos en este viaje a través del tiempo y descubramos juntos las fascinantes maravillas del Derecho Romano. Sumérjase en el conocimiento de los temas selectos que hemos preparado para usted y adquiera una comprensión profunda y enriquecedora de una de las más influyentes y fascinantes disciplinas jurídicas de la historia. Bienvenidos a "Derecho Romano Temas Selectos".

Capítulo 1:

Introducción al Derecho Romano

1.1 Contexto histórico y geográfico de Roma

Para comprender plenamente el contexto histórico y geográfico de Roma, es fundamental adentrarse en la historia antigua de la península itálica. Roma, la legendaria ciudad fundada en el año 753 a.C., se convirtió en la capital de un vasto imperio que abarcaba desde las islas británicas hasta el norte de África y desde la península ibérica hasta el Medio Oriente. Durante más de mil años, Roma fue el epicentro de una de las civilizaciones más influyentes de la historia.

Ubicada en el centro de la península itálica, Roma se benefició de una posición estratégica que le permitió establecer una red de comunicación y comercio con otras regiones. La ciudad se asentaba en las orillas del río Tíber y estaba rodeada por siete colinas, como el Palatino y el Capitolino. Esta ubicación geográfica proporcionó a Roma una defensa natural y una base sólida para su expansión posterior.

Roma tuvo sus orígenes en la cultura etrusca, que dominaba gran parte del centro de Italia antes de la fundación de la ciudad. Sin embargo, fue en el período de la República Romana (509 a.C. - 27 a.C.) cuando Roma comenzó a forjar su identidad y a establecer las bases de su sistema político y legal.

Durante la República, Roma se convirtió en una ciudad-estado gobernada por un sistema de gobierno mixto. La sociedad romana estaba dividida en dos clases principales: los patricios, que eran la élite aristocrática, y los plebeyos, que eran la mayoría de la población. Esta división social fue una fuente constante de tensión y conflicto, y los plebeyos lucharon por obtener más derechos y representación política.

El sistema político de la República Romana se basaba en la idea de la "res publica", el bien común de la sociedad romana. Los ciudadanos tenían derechos y deberes, y participaban en la toma de decisiones a través de la asamblea popular y los comicios. Además, se estableció el Senado como un órgano consultivo y legislativo compuesto por miembros de la clase aristocrática.

En términos de expansión territorial, Roma inició una serie de guerras y conquistas conocidas como las Guerras Púnicas, en las que se enfrentaron a Cartago por el control del Mediterráneo occidental. Estas guerras resultaron en la expansión de Roma hacia Sicilia, Hispania y el norte de África. A medida que Roma conquistaba nuevos territorios, también absorbía las culturas y los sistemas legales de los pueblos sometidos, lo que contribuyó a la riqueza y la diversidad de su imperio.

Sin embargo, el sistema de gobierno republicano de Roma comenzó a debilitarse a medida que el imperio se expandía. Las luchas internas por el poder, la corrupción y las tensiones sociales llevaron al colapso de la República y al ascenso del emperador Augusto en el año 27 a.C., quien estableció el Principado y se convirtió en el primer emperador romano.

El Imperio Romano alcanzó su máxima expansión territorial bajo el gobierno de Trajano en el siglo II d.C. El imperio abarcaba tres continentes y estaba unificado por una infraestructura sólida de carreteras, puentes y acueductos. Roma se convirtió en una metrópolis bulliciosa y multicultural, donde convergían personas de diferentes orígenes y tradiciones.

Sin embargo, el declive del Imperio Romano se hizo evidente en el siglo III d.C. La presión de las invasiones bárbaras, las luchas internas y la corrupción debilitaron gradualmente el poder central. En el año 476 d.C., el último emperador romano de Occidente fue depuesto por los hérulos, marcando el fin del imperio en el territorio occidental.

A pesar de su caída política, el legado de Roma perduró en muchos aspectos. El sistema legal romano, que sentó las bases del derecho civil y la justicia en Europa, continuó influyendo en la evolución del derecho en la Edad Media y más allá. La lengua latina también tuvo un impacto duradero en la formación de los idiomas romances y sigue siendo una influencia en términos de vocabulario y estructura lingüística.

En conclusión, el contexto histórico y geográfico de Roma es esencial para comprender la magnitud y la importancia de esta antigua civilización. Desde sus humildes comienzos en la península itálica, Roma se convirtió en una potencia imperial que dejó un legado duradero en el ámbito político, legal, cultural y lingüístico. El estudio de la historia romana nos permite explorar las raíces de nuestra propia civilización y comprender cómo los romanos influyeron en la formación del mundo en el que vivimos hoy.

1.2 Fuentes del Derecho Romano

El Derecho Romano se basa en una variedad de fuentes que proporcionan las normas y los principios legales que regían la sociedad romana. Estas fuentes se dividen en dos categorías principales: las fuentes de derecho escrito y las fuentes de derecho no escrito.

1. Fuentes de derecho escrito:

a) Las Leyes: Durante la República Romana, las leyes eran promulgadas por los comicios, asambleas populares en las que los ciudadanos romanos participaban en la toma de decisiones. Estas leyes se aplicaban principalmente a los ciudadanos romanos y eran vinculantes. Sin embargo, con el tiempo, las leyes promulgadas perdieron relevancia frente a otras fuentes de derecho.

b) Los Senadoconsultos: Estos eran decretos emitidos por el Senado romano, un órgano consultivo y legislativo compuesto por miembros de la clase aristocrática. Los Senadoconsultos tenían un carácter obligatorio y, a lo largo del tiempo, adquirieron una importancia cada vez mayor en la formación del Derecho Romano.

c) Los Edictos de los Magistrados: Los magistrados, como los pretores, emitían edictos para informar al público sobre cómo aplicarían y administrarían el derecho durante su mandato. Estos edictos contenían reglas y principios legales que ayudaban a llenar los vacíos legales y a adaptar el derecho a las necesidades cambiantes de la sociedad.

d) Las Constituciones Imperiales: Los emperadores romanos tenían el poder de emitir constituciones imperiales, que eran decretos y edictos que tenían fuerza de ley. Estas constituciones representaban la voluntad del emperador y eran una fuente importante de legislación en el imperio.

e) El Corpus Iuris Civilis: El emperador Justiniano, en el siglo VI d.C., ordenó la recopilación y codificación de las leyes romanas existentes en un corpus legal conocido como Corpus Iuris Civilis. Este monumental trabajo incluye el Código de Justiniano, el Digesto o Pandectas, las Instituciones y las Novelas. El Corpus Iuris Civilis se convirtió en una fuente de derecho de referencia en el derecho civil europeo durante siglos.

2. Fuentes de derecho no escrito:

a) El Ius Civile: El ius civile era el derecho civil romano que se basaba en las costumbres y tradiciones transmitidas de generación en generación. Era un conjunto de normas y principios que regulaban las relaciones entre los ciudadanos romanos.

b) El Ius Gentium: El ius gentium era el derecho de las gentes, que se aplicaba a todos los ciudadanos y no ciudadanos de Roma, independientemente de su origen o estatus social. Era un derecho más universal y se basaba en principios de justicia y equidad aplicables a todas las personas, independientemente de su nacionalidad.

c) Los Jurisconsultos: Los jurisconsultos eran expertos legales y estudiosos del Derecho Romano. Sus opiniones y comentarios sobre el derecho tenían un peso significativo y eran considerados como fuentes autorizadas de interpretación y aplicación del derecho romano. Algunos juristas romanos destacados incluyen a Gayo, Ulpiano, Papiniano y Paulo.

Estas fuentes del Derecho Romano, tanto escritas como no escritas, proporcionaban la base para el desarrollo y la evolución del sistema legal romano. A través de la combinación de leyes, decretos, opiniones de juristas y principios de equidad, el Derecho Romano se estableció como una disciplina jurídica sofisticada y altamente influyente que sigue siendo relevante en la actualidad.

1.3 Evolución del Derecho Romano a lo largo de las diferentes épocas

El Derecho Romano experimentó una evolución significativa a lo largo de las diferentes épocas de la historia romana. Desde sus inicios en la antigua Roma hasta la caída del Imperio Romano de Occidente, el Derecho Romano experimentó cambios y adaptaciones para adecuarse a las necesidades cambiantes de la sociedad y la administración de justicia. A continuación, se describen las principales etapas de evolución del Derecho Romano:

1. Derecho Arcaico (753 a.C. - 27 a.C.): Durante esta etapa temprana, el Derecho Romano se basaba principalmente en costumbres y tradiciones transmitidas oralmente. Las decisiones judiciales se basaban en el derecho consuetudinario y en la autoridad de los jueces. A medida que la sociedad romana evolucionaba, se comenzaron a redactar leyes y a establecer reglas más formales.

2. Derecho de la República (509 a.C. - 27 a.C.): Durante la República Romana, el Derecho Romano se desarrolló de manera significativa. Se promulgaban leyes por los comicios, asambleas populares en las que los ciudadanos romanos participaban en la toma de decisiones. También surgieron los senadoconsultos, decretos emitidos por el Senado romano, y los edictos de los magistrados. Estos instrumentos legales contribuyeron a la codificación y desarrollo del derecho.

3. Derecho del Principado (27 a.C. - 284 d.C.): Con el ascenso de Augusto como el primer emperador romano, se estableció el Principado, una nueva forma de gobierno. Durante este período, los emperadores tenían un papel central en la legislación y emisión de constituciones imperiales. El emperador Justiniano en el siglo VI d.C. compiló y codificó las leyes existentes en el Corpus Iuris Civilis, lo que consolidó el derecho romano.

4. Derecho de la Tardoantigüedad (284 d.C. - 476 d.C.): Durante este período, el Imperio Romano sufrió cambios significativos y enfrentó desafíos internos y externos. Las constituciones imperiales continuaron siendo una fuente importante de legislación, pero se observó una mayor influencia del derecho cristiano en la legislación. Se realizaron adaptaciones para acomodar las nuevas realidades políticas, económicas y religiosas.

A lo largo de estas diferentes épocas, también se produjo una evolución en la enseñanza y la práctica del Derecho Romano. Surgieron escuelas de juristas romanos, como la Escuela Sabiniana y la Escuela Proculeyana, que ofrecían diferentes enfoques y opiniones sobre el derecho. Los jurisconsultos romanos, como Gayo, Ulpiano, Papiniano y Paulo, desempeñaron un papel crucial en la interpretación y desarrollo del derecho a través de sus escritos y opiniones.

Es importante destacar que, incluso después de la caída del Imperio Romano de Occidente en el año 476 d.C., el Derecho Romano continuó influyendo en el derecho posterior. El Corpus Iuris Civilis de Justiniano se convirtió en una fuente de referencia en el derecho civil europeo durante siglos y su legado perdura en muchos sistemas legales contemporáneos.

En resumen, el Derecho Romano experimentó una evolución significativa a lo largo de las diferentes épocas de la historia romana. Desde sus orígenes en el derecho consuetudinario hasta la codificación y compilación en el Corpus Iuris Civilis, el Derecho Romano sentó las bases para el desarrollo del derecho europeo y tuvo un impacto duradero en la jurisprudencia y la legislación.

1.4 Importancia y legado del Derecho Romano en el sistema jurídico actual

El Derecho Romano tiene una importancia y un legado significativos en el sistema jurídico actual. A pesar de que ha pasado más de mil años desde la caída del Imperio Romano, los principios y las ideas del Derecho Romano continúan siendo fundamentales en muchos sistemas legales alrededor del mundo.

A continuación, se exploran algunas de las razones por las cuales el legado del Derecho Romano es relevante en la actualidad:

1. Base del derecho civil: El Derecho Romano sentó las bases del derecho civil, que es uno de los sistemas legales más influyentes en el mundo. El derecho civil se basa en principios como la igualdad de las personas ante la ley, la protección de los derechos individuales y la aplicación de reglas legales claras. Estos principios, heredados del Derecho Romano, forman la estructura central del derecho civil en muchos países.

2. Codificación y sistematización: El emperador Justiniano, en el siglo VI d.C., compiló y codificó las leyes romanas existentes en el Corpus

Iuris Civilis. Esta obra monumental estableció una estructura legal sistemática y coherente que influenció profundamente la forma en que se codifican y organizan las leyes en la actualidad. La idea de tener un cuerpo legal completo y accesible ha sido adoptada por muchos sistemas legales modernos.

3. Protección de los derechos individuales: El Derecho Romano tuvo un enfoque destacado en la protección de los derechos individuales. Introdujo conceptos legales fundamentales, como la propiedad privada, la libertad contractual y la responsabilidad civil. Estos conceptos han sido fundamentales en la formación de los derechos y las libertades individuales en muchos sistemas legales actuales.
4. Influencia en el derecho internacional y europeo: El Derecho Romano ha influido en gran medida en el desarrollo del derecho internacional y europeo. Los principios del Derecho Romano han sido adoptados en tratados y convenciones internacionales, y han sido fundamentales para establecer estándares legales en áreas como el derecho de los contratos, el derecho de las obligaciones y el derecho de los tratados.
5. Formación de la jurisprudencia: El legado del Derecho Romano ha sido fundamental en la formación de la jurisprudencia, es decir, la interpretación y aplicación de las leyes. Los juristas romanos, como Gayo, Ulpiano, Papiniano y Paulo, desarrollaron métodos de interpretación legal que continúan siendo relevantes en la actualidad. El análisis sistemático, la interpretación histórica y la lógica jurídica utilizados por los jurisconsultos romanos han dejado un legado duradero en la forma en que se aplica el derecho.
6. Vocabulario y terminología legal: El Derecho Romano también ha dejado una huella en el vocabulario y la terminología legal utilizada en muchos sistemas legales actuales. Términos latinos como "habeas corpus", "in absentia", "prima facie" y "res ipsa loquitur" son ejemplos de expresiones legales que se derivan del Derecho Romano y se utilizan ampliamente en el ámbito jurídico.

En conclusión, el Derecho Romano ha tenido un impacto significativo en el sistema jurídico actual. Su influencia se extiende al derecho civil, la codificación legal, la protección de los derechos individuales, el derecho internacional, la jurisprudencia y la terminología legal. El legado del Derecho

Romano continúa moldeando y guiando los principios legales en muchos sistemas jurídicos en la actualidad, demostrando su perdurabilidad y relevancia a lo largo del tiempo.

1.4 Influencia del Derecho Romano en otras ramas del conocimiento

El Derecho Romano ha tenido una influencia significativa en otras ramas del conocimiento, más allá del ámbito jurídico. Su legado se extiende a disciplinas como la filosofía, la política, la historia, la literatura y la lingüística.

A continuación, se exploran algunas de las formas en que el Derecho Romano ha influido en estas áreas del conocimiento:

- ✓ **Filosofía:** El Derecho Romano ha sido objeto de estudio y reflexión filosófica. Filósofos como Cicerón y Séneca, quienes también fueron destacados juristas romanos, abordaron cuestiones relacionadas con la justicia, el derecho natural y la ética en relación con el Derecho Romano. Sus ideas y escritos filosóficos han influido en la forma en que se comprende y se reflexiona sobre el derecho en la filosofía contemporánea.

- ✓ **Política:** El Derecho Romano también ha influido en el pensamiento político. Conceptos romanos como la ciudadanía, la república y la división de poderes han sido fundamentales en la teoría política y en la forma en que se organizan los sistemas políticos en la actualidad. Las instituciones y prácticas políticas romanas han servido como referentes para la creación y el desarrollo de sistemas políticos modernos.

- ✓ **Historia:** El estudio del Derecho Romano ha sido crucial para comprender la historia de la antigua Roma y su influencia en el mundo occidental. El análisis de las instituciones legales, las leyes y las prácticas judiciales romanas proporciona una visión detallada de la sociedad romana y su evolución a lo largo del tiempo. Además, el Derecho Romano ha sido utilizado como una herramienta para entender las interacciones y las relaciones entre Roma y otras culturas y civilizaciones.

- ✓ **Literatura:** El Derecho Romano ha dejado una huella en la literatura romana y en la literatura posterior. Las obras de autores como Cicerón y Séneca, que abordaron temas legales y filosóficos, han sido consideradas clásicos literarios. Además, el Derecho Romano ha sido una fuente de inspiración para escritores y dramaturgos posteriores que han explorado temas relacionados con el derecho, la justicia y la moralidad en sus obras literarias.

- ✓ **Lingüística:** El Derecho Romano ha influido en el desarrollo y la evolución de la lengua latina y su influencia en los idiomas romances. Muchos términos legales y conceptos jurídicos romanos se han incorporado a los idiomas modernos y continúan siendo utilizados en el ámbito jurídico actual. El estudio del Derecho Romano ha sido crucial para comprender la etimología y el significado de palabras y expresiones utilizadas en el ámbito legal.

En resumen, el Derecho Romano ha tenido un impacto significativo en diversas ramas del conocimiento, como la filosofía, la política, la historia, la literatura y la lingüística. Su influencia se extiende más allá del ámbito jurídico y continúa siendo relevante en el estudio y la comprensión de estas disciplinas. El legado del Derecho Romano ha enriquecido nuestra comprensión del pasado y ha dejado una marca duradera en el desarrollo del pensamiento y la cultura en la actualidad.

1.6 Principales estudiosos del Derecho Romano

El Derecho Romano ha sido objeto de estudio y análisis por parte de numerosos juristas, académicos e historiadores a lo largo de la historia. Estos estudiosos han contribuido significativamente al entendimiento y la interpretación del Derecho Romano. A continuación, se mencionan algunos de los principales estudiosos del Derecho Romano:

1. **Gayo:** Gayo fue un jurista romano que vivió en el siglo II d.C. Es conocido principalmente por su obra "Institutiones", que proporciona una introducción sistemática al Derecho Romano. Su trabajo ha sido fundamental en el estudio del Derecho Romano y ha influido en la enseñanza del derecho en las universidades europeas durante siglos.

2. **Papiniano:** Papiniano fue un destacado jurista romano que vivió en el siglo III d.C. Fue reconocido por su profundo conocimiento y experiencia en el derecho. Sus opiniones y comentarios sobre el Derecho Romano se consideran de gran autoridad y se citan con frecuencia en la jurisprudencia posterior.

3. **Ulpiano:** Ulpiano fue otro destacado jurista romano del siglo III d.C. Es conocido por su obra "Digesto" (también conocida como "Pandectas"), una recopilación y sistematización de las opiniones y enseñanzas de los juristas romanos. El trabajo de Ulpiano fue de gran importancia en la consolidación y el desarrollo del Derecho Romano.

4. **Paulo:** Paulo fue un jurista romano que vivió en el siglo III d.C. Al igual que Papiniano, sus opiniones y comentarios se consideraban altamente respetados y autorizados. Su obra "Sentencias" (también conocida como "Sententiarum libri tres") fue una importante fuente de jurisprudencia y análisis en el Derecho Romano.

5. **Modestino:** Modestino fue un jurista romano que vivió en el siglo III d.C. Es conocido por su trabajo "Libri ad filium", una recopilación de opiniones y respuestas a consultas legales. Su obra es considerada una fuente valiosa para comprender los principios y las interpretaciones del Derecho Romano.

6. **Justiniano:** El emperador Justiniano I, quien gobernó en el siglo VI d.C., desempeñó un papel crucial en el desarrollo del Derecho Romano. Encargó la compilación y codificación de las leyes romanas en el Corpus Iuris Civilis, que se convirtió en una de las obras jurídicas más importantes de la historia. El trabajo de Justiniano ayudó a preservar y sistematizar el Derecho Romano, y tuvo una gran influencia en los sistemas legales posteriores.

Estos son solo algunos de los estudiosos más destacados del Derecho Romano, pero hay muchos otros cuyas contribuciones también han sido importantes en el estudio y la comprensión de esta disciplina jurídica. Sus escritos y opiniones han dejado un legado duradero y han sido fundamentales para la formación del conocimiento y la interpretación del Derecho Romano.

1.7 Instituciones jurídicas en la antigua Roma

La antigua Roma desarrolló una serie de instituciones jurídicas que sentaron las bases del sistema legal romano. Estas instituciones fueron fundamentales para la administración de la justicia y la regulación de la vida social, política y económica en la sociedad romana. A continuación, se describen algunas de las principales instituciones jurídicas en la antigua Roma:

- **Senado:** El Senado era la institución política más importante en la antigua Roma. Aunque no era un órgano jurídico propiamente dicho, tenía un papel significativo en la legislación y en la toma de decisiones legales. El Senado emitía decretos (senatus consulta) que tenían fuerza de ley y que servían como directrices para los magistrados en la administración de justicia.

- **Magistrados:** Los magistrados eran funcionarios elegidos que tenían autoridad para administrar justicia y aplicar las leyes. Los magistrados más importantes en el sistema jurídico romano eran los cónsules, los pretores y los ediles. Los cónsules eran los magistrados supremos y tenían la facultad de convocar y presidir el Senado, así como de ejercer funciones judiciales. Los pretores eran los encargados de administrar justicia en los tribunales y dictar sentencias. Los ediles eran responsables de la supervisión de asuntos públicos y de la regulación de actividades comerciales.

- **Asambleas populares:** Las asambleas populares (comitia) tenían un papel en la creación y aprobación de leyes en la antigua Roma. Estas asambleas estaban compuestas por ciudadanos romanos y tenían la facultad de aprobar leyes (plebiscitos) y elegir a los magistrados. Aunque su influencia en el derecho se fue reduciendo con el tiempo, las asambleas populares desempeñaron un papel importante en la legislación durante la República romana.

- **Jurisprudencia:** La jurisprudencia romana fue una institución esencial en el desarrollo del derecho. Los jurisconsultos, también conocidos como "iuris prudentes", eran expertos legales y asesores que proporcionaban opiniones y asesoramiento en cuestiones jurídicas. Sus opiniones tenían un peso considerable en la interpretación y aplicación de las leyes. Las obras y escritos de los jurisconsultos romanos, como Gayo, Papiniano y Ulpiano, se convirtieron en fuentes de autoridad en el derecho romano.

- ❖ **Tribunales:** Los tribunales romanos tenían la responsabilidad de administrar justicia y resolver disputas legales. Los tribunales se dividían en dos tipos principales: los tribunales civiles (iudicia privata) y los tribunales penales (iudicia publica). Los tribunales civiles se encargaban de casos entre particulares, mientras que los tribunales penales trataban delitos y violaciones de la ley.

- ❖ **Actio:** El concepto de "actio" en el derecho romano se refería a los procedimientos legales y acciones que una persona podía ejercer para hacer valer sus derechos o reclamar una compensación. Las "actiones" se clasificaban en distintas categorías y estaban reguladas por normas específicas en función de la naturaleza del caso.

Estas son solo algunas de las instituciones jurídicas más relevantes en la antigua Roma. El sistema legal romano fue evolucionando a lo largo del tiempo, y estas instituciones sentaron las bases para el desarrollo del Derecho Romano y su influencia en los sistemas legales posteriores.

1.8 Comparación con otros sistemas jurídicos antiguos

El sistema jurídico romano se destacó por su sofisticación y su influencia duradera en la historia del derecho. Aunque cada sistema jurídico antiguo tiene sus particularidades, existen algunas comparaciones y contrastes interesantes entre el sistema romano y otros sistemas jurídicos de la antigüedad. A continuación, se presentan algunas de las comparaciones más relevantes:

- **Derecho Romano vs. Derecho Griego:** El Derecho Romano y el Derecho Griego son dos sistemas jurídicos distintos que coexistieron en la antigüedad. Mientras que el Derecho Romano se caracterizaba por su enfoque práctico y su aplicación rigurosa, el Derecho Griego se centraba más en la teoría y la filosofía del derecho. Además, el Derecho Romano se basaba en normas y estatutos codificados, mientras que el Derecho Griego se fundamentaba en la costumbre y la jurisprudencia.

- **Derecho Romano vs. Derecho Egipcio:** El Derecho Romano y el Derecho Egipcio difieren significativamente en su estructura y aplicación. Mientras que el Derecho Romano se basaba en un sistema jurídico centralizado y codificado, el Derecho Egipcio era más descentralizado y se enfocaba en la administración de justicia a nivel local. El Derecho Romano también se caracterizaba por su énfasis en la protección de los derechos individuales, mientras que el Derecho Egipcio tenía una orientación más colectiva y jerárquica.

- **Derecho Romano vs. Derecho Babilónico:** El Derecho Romano y el Derecho Babilónico (código de Hammurabi) comparten algunas similitudes en términos de codificación y regulación de la vida social y económica. Ambos sistemas legales tenían códigos escritos que establecían normas y castigos para diferentes delitos y disputas legales. Sin embargo, el Derecho Romano se distingue por su enfoque en la protección de los derechos individuales y su énfasis en la equidad y la justicia, mientras que el Derecho Babilónico era más punitivo y se basaba en la ley del talión.

- **Derecho Romano vs. Derecho Hebreo:** El Derecho Romano y el Derecho Hebreo tienen diferencias notables en términos de fundamentos y fuentes jurídicas. Mientras que el Derecho Romano se basaba en estatutos y normas establecidas por la autoridad política, el Derecho Hebreo se basaba en las leyes y mandamientos divinos revelados en las escrituras sagradas. El Derecho Romano se centraba en la administración de justicia y la regulación de la vida pública, mientras que el Derecho Hebreo abarcaba aspectos religiosos, morales y rituales en la vida diaria.

En resumen, el Derecho Romano se distingue por su enfoque práctico, su codificación legal y su influencia duradera en el desarrollo del derecho occidental. Si bien existen similitudes y diferencias entre el sistema jurídico romano y otros sistemas jurídicos antiguos, cada uno de ellos dejó un legado único en la historia del derecho y ha contribuido a la evolución de los sistemas jurídicos en la actualidad.

Capítulo 2:

Derecho de las Personas

2.1 Concepto de persona en el Derecho Romano

El concepto de persona en el Derecho Romano es fundamental para comprender cómo se entendía y se aplicaba la ley en la antigua Roma. En el marco jurídico romano, la persona (persona) se refería a un sujeto de derechos y obligaciones con capacidad jurídica. Sin embargo, es importante destacar que el concepto de persona en el Derecho Romano tenía una connotación más estrecha y limitada que en el derecho moderno.

En el Derecho Romano, la persona se dividía en dos categorías principales: personas libres (personae liberae) y personas sometidas a la autoridad de otro (personae suae potestatis). Las personas libres eran aquellas que tenían plena capacidad jurídica y podían ejercer sus derechos de manera autónoma. Estas personas gozaban de derechos civiles y políticos, podían celebrar contratos, participar en transacciones comerciales y asumir responsabilidades legales.

Por otro lado, las personas sometidas a la autoridad de otro eran aquellos individuos que estaban bajo la patria potestas, es decir, bajo la autoridad del pater familias, el cabeza de familia. Esto incluía a los hijos y a la esposa casada en manus (sometida a la autoridad marital). Estas personas no tenían plena capacidad jurídica y estaban sujetas a las decisiones y la autoridad del pater familias. Aunque tenían algunos derechos y podían participar en ciertas transacciones, en última instancia, su capacidad jurídica estaba limitada y su status estaba determinado por su relación con el pater familias.

Además de estas dos categorías principales, existían otras situaciones que afectaban el estatus jurídico de una persona en el Derecho Romano. Por ejemplo, los esclavos (servi) no eran considerados personas en el sentido pleno del término, ya que eran propiedad de sus amos y carecían de derechos civiles. Sin embargo, en ciertos casos, los esclavos podían adquirir ciertos derechos y ser liberados, lo que se conocía como manumisión.

En resumen, el concepto de persona en el Derecho Romano se basaba en la distinción entre personas libres y personas sometidas a la autoridad de otro. Las personas libres tenían plena capacidad jurídica, mientras que las personas sometidas a la autoridad de otro tenían una capacidad jurídica limitada. Aunque el concepto de persona en el Derecho Romano puede parecer restrictivo en comparación con el derecho moderno, sentó las bases para la noción de la persona como sujeto de derechos en el desarrollo del derecho occidental.

2.2 Clases de personas: ciudadanos, peregrinos, esclavos, mujeres, etc.

En el Derecho Romano, existían diferentes clases de personas con distintos derechos y estatus jurídicos. A continuación, se describen algunas de las principales clases de personas reconocidas en la antigua Roma:

- Ciudadanos (cives): Los ciudadanos romanos (cives) eran aquellos individuos que gozaban de plenos derechos civiles y políticos. Tenían la capacidad de participar en la vida pública, votar en las asambleas populares y ocupar cargos políticos. Los ciudadanos romanos también tenían derechos y obligaciones legales, como el derecho a la propiedad, a contraer matrimonio y a realizar transacciones comerciales. Además, disfrutaban de protección legal y eran sujetos de la ley romana.

- Peregrinos (peregrini): Los peregrinos eran individuos que no eran ciudadanos romanos, pero vivían en territorio romano. No gozaban de los mismos derechos que los ciudadanos, pero tenían cierta protección legal y podían participar en actividades comerciales y legales dentro de ciertos límites. Los peregrinos estaban sujetos a las leyes romanas en relación con sus transacciones y relaciones con los ciudadanos romanos.

- Esclavos (servi): Los esclavos eran considerados propiedad de sus amos y carecían de derechos civiles y políticos. Eran considerados como objetos de propiedad y estaban sujetos a la voluntad de sus dueños. Los esclavos no podían participar en la vida pública, contraer matrimonio legalmente ni poseer propiedades. Sin embargo, existían algunas formas de protección legal para los esclavos, y en ciertos casos, podían ser liberados por sus amos a través de la manumisión, lo que les otorgaba la condición de libertos.

- Mujeres (mulieres): En el Derecho Romano, las mujeres tenían un estatus legal y social subordinado en comparación con los hombres. No tenían plena capacidad jurídica y estaban sujetas a la autoridad de los hombres en su familia. Las mujeres no podían ejercer cargos políticos ni participar en la vida pública de la misma manera que los hombres. Sin embargo, tenían derechos y obligaciones legales en relación con el matrimonio, la propiedad y las transacciones comerciales.

Es importante tener en cuenta que estas categorías de personas no son exhaustivas y que existían otras clasificaciones y situaciones especiales en el sistema jurídico romano. El Derecho Romano estaba en constante evolución y se adaptaba a las necesidades y circunstancias cambiantes de la sociedad romana.

2.3 Derechos y deberes de los ciudadanos romanos

Los ciudadanos romanos gozaban de diversos derechos y tenían ciertos deberes y obligaciones en el marco del sistema jurídico romano. Estos derechos y deberes reflejaban la posición privilegiada de los ciudadanos en la sociedad y su participación en la vida política y civil. A continuación, se presentan algunos de los derechos y deberes más destacados de los ciudadanos romanos:

Derechos de los ciudadanos romanos:

Ius suffragii: El derecho al voto en las asambleas populares, lo que les permitía participar en la elección de magistrados y en la toma de decisiones políticas.

Ius honorum: El derecho a ocupar cargos públicos y desempeñar funciones políticas y administrativas.

Ius provocationis: El derecho a apelar ante un tribunal superior en caso de una sentencia injusta o arbitraria.

Ius conubii: El derecho a contraer matrimonio legalmente y establecer relaciones familiares reconocidas por el derecho romano.

Ius commercii: El derecho a participar en transacciones comerciales y adquirir propiedades.

Ius testamenti: El derecho a hacer testamentos y disponer de sus propiedades después de su fallecimiento.

Ius militae: El derecho y la obligación de servir en el ejército romano en defensa del imperio.

Ius petitio: El derecho a presentar demandas y acceder a la justicia en los tribunales.

Deberes y obligaciones de los ciudadanos romanos:

Servicio militar: Los ciudadanos romanos tenían la obligación de servir en el ejército cuando se les convocaba, lo que incluía defender el imperio y participar en campañas militares.

Pago de impuestos: Los ciudadanos estaban sujetos al pago de impuestos para financiar las necesidades del Estado y el mantenimiento del ejército.

Cumplimiento de las leyes: Los ciudadanos debían respetar y cumplir las leyes y normas establecidas por las autoridades romanas.

Participación en la vida pública: Los ciudadanos romanos tenían la responsabilidad de participar en la vida política y civil, asistiendo a las asambleas populares y contribuyendo a la toma de decisiones en beneficio de la comunidad.

Es importante destacar que estos derechos y deberes se aplicaban principalmente a los ciudadanos romanos varones y adultos. Las mujeres, los esclavos y otros grupos sociales tenían un estatus jurídico y derechos diferenciados en el sistema romano. A lo largo del tiempo, algunos de estos derechos y deberes fueron ampliándose y evolucionando para adaptarse a las circunstancias cambiantes de la sociedad romana.

2.4 Capacidad jurídica y capacidad de obrar

En el ámbito jurídico, se distingue entre capacidad jurídica y capacidad de obrar, dos conceptos que se refieren a la capacidad de una persona para tener derechos y obligaciones y para realizar actos jurídicos válidos. Aunque están relacionados, son conceptos distintos y es importante entender su diferencia.

La capacidad jurídica se refiere a la aptitud de una persona para ser sujeto de derechos y obligaciones. Es inherente a la condición humana y se presume que todas las personas tienen capacidad jurídica, salvo aquellas que la ley expresamente declara como incapaces. En general, los individuos mayores de edad y que no están sujetos a ninguna limitación legal tienen capacidad jurídica plena. Esto implica que pueden adquirir derechos, contraer obligaciones y ejercer acciones legales.

Por otro lado, la capacidad de obrar se refiere a la capacidad de una persona para realizar actos jurídicos por sí misma, es decir, para ejercer sus derechos y cumplir con sus obligaciones mediante acciones y decisiones legales. La capacidad de obrar puede estar sujeta a restricciones y limitaciones legales y puede variar según la edad, el estado mental o las circunstancias particulares de la persona. Por ejemplo, los menores de edad, las personas con discapacidad mental y aquellos que se encuentran bajo tutela pueden tener restricciones en su capacidad de obrar.

En términos generales, la capacidad jurídica es un concepto más amplio que abarca la capacidad de obrar. Una persona con plena capacidad jurídica también tiene capacidad de obrar, lo que implica que puede realizar actos jurídicos válidos y vinculantes. Sin embargo, una persona puede tener capacidad jurídica pero tener restricciones en su capacidad de obrar, lo que significa que ciertos actos requieren el consentimiento o la autorización de un representante legal o que están prohibidos para ella debido a su estado o situación.

Es importante tener en cuenta que las leyes pueden variar en diferentes jurisdicciones y pueden establecer diferentes criterios y reglas para determinar la capacidad jurídica y la capacidad de obrar. Estos conceptos son fundamentales en el derecho civil y tienen implicaciones importantes en la protección de los derechos de las personas y en la validez de los actos jurídicos.

2.5 Instituciones relacionadas con las personas: matrimonio, patria potestad, tutela, etc.

En el Derecho Romano, existían varias instituciones legales relacionadas con las personas que regulaban aspectos de la vida familiar y la protección de los individuos. Algunas de las instituciones más destacadas son:

- **Matrimonio (matrimonium):** El matrimonio era una institución central en el Derecho Romano. Establecía una unión legal y social entre un hombre y una mujer, con el propósito de formar una familia y procrear hijos. El matrimonio se basaba en el consentimiento mutuo de los contrayentes y requería ciertos requisitos formales para ser válido. El matrimonio romano podía tomar diferentes formas, como el matrimonio cum manu (sometido a la autoridad marital) o el matrimonio sine manu (sin sujeción a la autoridad marital).
- **Patria potestad (patria potestas):** La patria potestad era el poder y la autoridad que un pater familias (cabeza de familia) tenía sobre sus hijos y otros miembros de su familia. El pater familias tenía el control absoluto sobre la vida, la propiedad y los derechos legales de sus hijos, incluso cuando estos alcanzaban la edad adulta. La patria potestad otorgaba al pater familias la responsabilidad de proteger, educar y administrar los asuntos legales de los miembros de su familia.
- **Tutela (tutela):** La tutela era una institución legal que protegía los intereses de los menores de edad y de las personas que no podían cuidar de sí mismas debido a una discapacidad o incapacidad. Un tutor (tutor) era designado para representar y proteger los derechos y los intereses del pupilo (pupillus/pupilla). El tutor tenía la obligación de administrar los bienes del pupilo, brindarle asistencia legal y tomar decisiones en su nombre.
- **Curatela (curatela):** La curatela era similar a la tutela, pero se aplicaba a personas que tenían una capacidad de obrar limitada debido a una enfermedad mental o a una discapacidad. Un curador (curator) era designado para actuar en beneficio y protección de la persona bajo curatela (curatus/curata). El curador asumía la responsabilidad de los asuntos legales y financieros del curado y tomaba decisiones en su nombre.

- **Emancipación (emancipatio):** La emancipación era el proceso por el cual una persona que estaba bajo la patria potestad de su pater familias adquiría independencia y capacidad de obrar. Este proceso se llevaba a cabo mediante un acto formal, generalmente ante un magistrado o una autoridad competente. Después de la emancipación, el individuo quedaba libre de la autoridad de su pater familias y adquiría plena capacidad jurídica.

Estas instituciones reflejaban la estructura familiar y la organización social en la antigua Roma. Regulaban los aspectos legales de las relaciones familiares, la protección de los derechos de los menores y de las personas con capacidad limitada, y la transición hacia la independencia y la plena capacidad jurídica. Aunque algunas de estas instituciones han evolucionado o desaparecido en los sistemas jurídicos modernos, su influencia y legado aún se pueden apreciar en algunas áreas del derecho familiar y de protección de los derechos individuales.

2.6 Protección de los derechos de las personas en el Derecho Romano

En el Derecho Romano, se reconocía la importancia de proteger los derechos de las personas y se establecían mecanismos legales para garantizar esta protección. Aunque el sistema legal romano no era tan amplio como los sistemas modernos en términos de derechos humanos, había ciertos principios y normas que buscaban salvaguardar los intereses y las libertades individuales.

A continuación, se presentan algunas formas de protección de los derechos de las personas en el Derecho Romano:

Acciones legales (actiones): El sistema legal romano ofrecía a los ciudadanos diversas acciones legales para hacer valer sus derechos y buscar reparación en caso de daños o agravios. Existían diferentes tipos de acciones legales, como la actio iniuriarum (acción por agravios), la actio legis Aquiliae (acción por daños) y la actio furti (acción por robo). Estas acciones permitían a las personas buscar justicia y obtener compensación por los perjuicios sufridos.

Habeas corpus: Aunque no existía un concepto exacto de habeas corpus como se entiende en los sistemas legales modernos, en el Derecho Romano se reconocía el principio de que una persona no podía ser detenida o privada de su libertad de manera arbitraria. Se requería que las autoridades presentaran razones legales válidas para justificar la privación de la libertad y, en algunos casos, se podía recurrir a un magistrado para impugnar la detención ilegal.

Protección contractual: El Derecho Romano establecía una serie de reglas y principios para proteger los derechos de las personas en los contratos. Se reconocía la importancia de la voluntad libre y el consentimiento mutuo en los acuerdos, y se sancionaba el incumplimiento o el fraude en las transacciones comerciales. Además, se establecían mecanismos legales para resolver disputas contractuales, como la actio ex stipulatu (acción por incumplimiento de un contrato verbal) y la actio ex empto (acción por incumplimiento de un contrato de compraventa).

Protección de la propiedad: El Derecho Romano brindaba protección legal a la propiedad de las personas. Se reconocía el derecho de propiedad y se establecían normas para la adquisición, el disfrute y la transmisión de los bienes. Además, se penalizaba el robo y el daño a la propiedad, y se establecían acciones legales para buscar reparación en caso de violación de los derechos de propiedad.

Protección de los derechos de las mujeres y los hijos: Aunque el estatus de las mujeres y los hijos en el Derecho Romano era subordinado, se reconocían ciertos derechos y protecciones legales. Por ejemplo, se establecían normas para proteger a las mujeres de los abusos y el adulterio, y se establecía la patria potestad para salvaguardar los derechos e intereses de los hijos menores de edad.

Es importante tener en cuenta que el sistema legal romano estaba basado en el estatus y la ciudadanía, por lo que no todos los individuos gozaban de las mismas protecciones legales. Además, las protecciones y los derechos en el Derecho Romano estaban más enfocados en las relaciones entre los ciudadanos romanos que en las relaciones con otros grupos sociales, como los esclavos o los extranjeros. A pesar de estas limitaciones, el Derecho Romano sentó las bases para el desarrollo de conceptos y principios jurídicos que influyeron en los sistemas legales posteriores y en la protección de los derechos individuales.

2.7 Derechos y roles de las mujeres en la sociedad romana

En la sociedad romana, las mujeres tenían roles y derechos definidos que reflejaban la estructura social y las normas culturales de la época. Aunque su estatus era subordinado en comparación con el de los hombres, las mujeres romanas gozaban de ciertos derechos y desempeñaban roles importantes en la sociedad. A continuación, se presentan algunos aspectos relevantes sobre los derechos y roles de las mujeres en la sociedad romana:

Ciudadanía limitada: En la Roma antigua, las mujeres no tenían plena ciudadanía y no podían participar en la vida política. No tenían derecho al voto ni podían ocupar cargos públicos. Sin embargo, como ciudadanas romanas, tenían ciertos derechos y protecciones legales, como el derecho a poseer propiedad, realizar transacciones comerciales y testar en un testamento.

Matrimonio y familia: El matrimonio era un elemento central en la vida de las mujeres romanas. La principal función social y legal de las mujeres era ser esposas y madres. El matrimonio les proporcionaba cierta protección legal y social, y les otorgaba el estatus de "matrona". Las mujeres romanas tenían el derecho de elegir a sus esposos y podían tener una dote, que era una contribución económica proporcionada por la familia de la novia al matrimonio.

Administración de la casa: Las mujeres romanas tenían un papel importante en la administración del hogar y la familia. Eran responsables de la gestión de la casa, incluyendo la supervisión de los esclavos, la provisión de alimentos y la crianza de los hijos. Además, tenían influencia en las decisiones domésticas y podían ejercer cierto control sobre los asuntos financieros.

Religión y culto: Las mujeres tenían un papel destacado en la religión romana. Podían participar en rituales religiosos y cultos, y en algunas ocasiones, incluso tenían la posibilidad de ser sacerdotisas. Tenían un papel activo en las festividades religiosas y se esperaba que fueran devotas y piadosas.

Educación y cultura: Aunque la educación formal estaba principalmente destinada a los hombres en la antigua Roma, algunas mujeres de la alta sociedad recibían educación básica en casa. Esto les permitía adquirir conocimientos en literatura, música, danza y otras artes. Sin embargo, la educación de las mujeres estaba centrada en la formación de habilidades domésticas y sociales, en lugar de la formación académica.

Es importante destacar que estos derechos y roles pueden variar dependiendo del estatus social y la posición económica de las mujeres en la sociedad romana. Las mujeres de la aristocracia y las de las clases altas tenían más oportunidades y libertades en comparación con las mujeres de las clases bajas o las esclavas.

En resumen, aunque las mujeres en la sociedad romana tenían un estatus subordinado y su papel principal se centraba en el matrimonio y la familia, tenían ciertos derechos y desempeñaban roles importantes en la vida cotidiana y en la transmisión de la cultura y los valores romanos. Aunque su participación en la esfera pública y política era limitada, su influencia en la sociedad romana era significativa en el ámbito familiar y religioso.

2.8 Tratamiento legal de los esclavos en Roma

El tratamiento legal de los esclavos en la antigua Roma se basaba en la premisa fundamental de que los esclavos eran propiedad de sus amos y carecían de derechos civiles y políticos. Aunque los esclavos estaban sujetos a la voluntad absoluta de sus dueños, existían ciertas normas y reglamentos que regían su estatus legal y establecían límites en el trato que se les podía dar. A continuación, se describen algunos aspectos del tratamiento legal de los esclavos en Roma:

Propiedad y estatus: Los esclavos eran considerados propiedad privada y, como tal, podían ser comprados, vendidos, regalados o heredados. Eran considerados res (cosas) en lugar de personae (personas) y, por lo tanto, carecían de capacidad jurídica y derechos legales. No tenían derecho a la propiedad, a la libertad personal ni a participar en la vida pública.

Castigos y disciplina: Los amos tenían el derecho legal de disciplinar y castigar a sus esclavos, aunque existían algunas restricciones en cuanto a los métodos y la gravedad de los castigos. Matar a un esclavo se consideraba un delito, pero los amos tenían el derecho de infligir castigos físicos, como azotes o palizas, dentro de límites razonables. Los esclavos también podían ser sometidos a trabajos forzados y condiciones laborales difíciles.

Protección legal limitada: A pesar de su estatus como propiedad, los esclavos gozaban de cierta protección legal. Existían leyes y reglamentos que prohibían ciertos abusos extremos y castigos excesivos. Por ejemplo, la lex Cornelia de sicariis et veneficiis prohibía el envenenamiento intencional de esclavos por parte de sus amos. Además, en algunos casos, los esclavos podían buscar protección legal ante un magistrado si consideraban que se les estaba tratando de manera injusta o inhumana.

Manumisión: La manumisión era el acto por el cual un esclavo era liberado de su condición y se convertía en un hombre libre (libertus). La manumisión podía ser realizada de diferentes maneras, como a través de un acto formal ante un magistrado, mediante un testamento o por acuerdo mutuo entre el amo y el esclavo. Una vez liberados, los libertos adquirían ciertos derechos y gozaban de una libertad limitada.

Es importante señalar que, si bien existían regulaciones legales que establecían ciertos límites en el trato de los esclavos, estos límites no siempre se respetaban en la práctica. La protección legal era limitada y dependía en gran medida de la voluntad y la conciencia de los amos. Muchos esclavos vivían en condiciones duras y eran objeto de abusos y explotación.

En resumen, en la sociedad romana, los esclavos eran considerados propiedad de sus amos y carecían de derechos legales y civiles. Aunque había regulaciones legales que establecían límites en el trato que se les podía dar, su protección legal era limitada y dependía en gran medida de la voluntad de sus dueños.

Capítulo 3:

Derecho de las Obligaciones

3.1 Introducción al derecho de las obligaciones

En el contexto del Derecho Romano, el Derecho de las Obligaciones se conocía como el "ius obligati" y abarcaba las normas y principios que regulaban las relaciones de deuda y crédito entre las personas.

En el Derecho Romano, las obligaciones surgían principalmente de los contratos, los delitos y los cuasicontratos. Los contratos eran acuerdos voluntarios entre las partes, como la compraventa, el arrendamiento o el préstamo, y creaban obligaciones recíprocas. Los delitos, por otro lado, eran acciones ilegales que causaban daño a otra persona y generaban la obligación de indemnizar. Los cuasicontratos eran situaciones similares a los contratos, pero surgían de actos lícitos y no de un acuerdo expreso.

Una de las características distintivas del Derecho de las Obligaciones en el Derecho Romano era su enfoque en la responsabilidad personal. Las obligaciones recaían sobre la persona del deudor y no sobre sus bienes. Esto significaba que, en caso de incumplimiento, el acreedor tenía el derecho de perseguir al deudor hasta obtener el cumplimiento o una compensación por el incumplimiento.

Además, en el Derecho Romano se establecieron diversas formas de cumplimiento de las obligaciones. Una de ellas era el "adimpletiom", que consistía en el cumplimiento específico de la prestación acordada. Otra forma era la "cessio in iure", que permitía al acreedor obtener la propiedad de los bienes del deudor en compensación por la deuda. También existía la posibilidad de recurrir a acciones legales, como la "actio ex contractu" o la "actio ex delicto", para hacer valer los derechos en caso de incumplimiento.

El Derecho Romano también estableció principios fundamentales que han perdurado en el Derecho de las Obligaciones moderno. Uno de ellos es el principio de la "buena fe", que implicaba que las partes debían actuar de manera honesta y leal en la celebración y ejecución de los contratos. Otro principio importante era el de la "causa", que se refería al motivo válido y lícito que justificaba la obligación.

En resumen, el Derecho de las Obligaciones en el Derecho Romano se basaba en los contratos, los delitos y los cuasicontratos, y regulaba las relaciones de deuda y crédito entre las personas. Establecía las formas de cumplimiento de las obligaciones y confería derechos y acciones legales a las partes en caso de incumplimiento. Los principios y conceptos desarrollados en el Derecho Romano han dejado un legado duradero en el Derecho de las Obligaciones actual, siendo un elemento clave en su evolución y desarrollo a lo largo de la historia.

3.2 Distinción entre obligaciones civiles y obligaciones naturales

En el Derecho Romano, se hacía una distinción entre dos tipos de obligaciones: las obligaciones civiles (obligationes civiles) y las obligaciones naturales (obligationes naturales). Esta distinción se basaba en la diferencia entre las obligaciones que eran reconocidas y exigibles ante los tribunales (obligationes civiles) y aquellas que carecían de acción legal, pero que, no obstante, tenían cierta validez moral (obligationes naturales).

Las obligaciones civiles eran aquellas que estaban reconocidas y protegidas por la ley romana. Eran consideradas como vinculantes y exigibles en los tribunales, lo que significaba que el acreedor tenía derecho a demandar al deudor y obtener una sentencia judicial que ordenara el cumplimiento de la obligación o la compensación por el incumplimiento. Estas obligaciones estaban respaldadas por el ius civile, el derecho civil romano, y se regían por las normas y procedimientos legales establecidos.

Por otro lado, las obligaciones naturales eran aquellas que no podían ser exigidas ante los tribunales romanos, ya que carecían de una acción legal específica para su cumplimiento. A diferencia de las obligaciones civiles, no existía una protección legal directa para estas obligaciones. Sin embargo, las obligaciones naturales no eran completamente nulas, ya que tenían una validez moral reconocida por la sociedad romana.

Las obligaciones naturales podían surgir por diferentes circunstancias, como por ejemplo, deudas prescritas, contratos nulos o anulables, actos realizados por personas sin capacidad legal, entre otros. Aunque no existía una acción legal para exigir su cumplimiento, el deudor podía cumplir voluntariamente con estas obligaciones por motivos éticos o morales. Si el deudor cumplía con la obligación natural, el acreedor no podía exigir reembolso o compensación a través de una acción legal.

Sin embargo, en ciertos casos, el Derecho Romano reconocía la posibilidad de que una obligación natural se transformara en una obligación civil, lo que se conocía como "conversión". Esto ocurría cuando el deudor, de manera voluntaria, reconocía y aceptaba la obligación natural como una obligación civil. Una vez convertida en una obligación civil, la obligación se volvía exigible ante los tribunales y el acreedor podía demandar su cumplimiento o compensación.

Es importante destacar que la distinción entre obligaciones civiles y obligaciones naturales en el Derecho Romano era significativa desde el punto de vista jurídico y procesal. Sin embargo, con el tiempo y la evolución del derecho, esta distinción se ha ido diluyendo y, en los sistemas jurídicos modernos, prevalece el principio de que todas las obligaciones son exigibles y reconocidas ante los tribunales, sin distinguir entre obligaciones civiles y naturales.

En resumen, en el Derecho Romano se distinguía entre obligaciones civiles y obligaciones naturales. Las obligaciones civiles eran aquellas reconocidas y protegidas por la ley, mientras que las obligaciones naturales carecían de una acción legal específica para su cumplimiento, pero tenían una validez moral reconocida. Aunque la distinción era relevante en el Derecho Romano, en los sistemas jurídicos modernos prevalece la exigibilidad de todas las obligaciones ante los tribunales.

3.3 Elementos de la obligación: sujetos, objeto, causa

En el Derecho Romano, el concepto de obligación se componía de tres elementos fundamentales: los sujetos, el objeto y la causa. Estos elementos eran esenciales para determinar la validez y el alcance de una obligación. A continuación, se explicarán cada uno de ellos en detalle:

1. **Sujetos:** Los sujetos de una obligación eran el acreedor (creditor) y el deudor (debitor). El acreedor era la persona a quien se le debía una prestación o cumplimiento, mientras que el deudor era aquel que tenía la obligación de realizar la prestación. Ambos sujetos debían tener capacidad jurídica para ser parte de una obligación, lo que implicaba ser personas libres y ciudadanos romanos en la mayoría de los casos. Sin embargo, existían ciertas excepciones, como en el caso de los esclavos que podían adquirir obligaciones a través de su dueño.
2. **Objeto:** El objeto de la obligación (res) se refería a la prestación o el contenido de la obligación. Podía tratarse de una obligación de dar, hacer o no hacer. En una obligación de dar, el deudor se comprometía a transferir la propiedad de una cosa al acreedor. En una obligación de hacer, el deudor se comprometía a realizar una acción específica. Y en una obligación de no hacer, el deudor se comprometía a abstenerse de realizar ciertas acciones. El objeto de la obligación debía ser posible, lícito y determinado o determinable.
3. **Causa:** La causa (causa) se refería a la razón o fundamento jurídico que justificaba la existencia de la obligación. En el Derecho Romano, se entendía como la causa de la obligación el motivo por el cual las partes se obligaban entre sí. Podía tratarse de un contrato, un delito, un cuasicontrato u otra figura jurídica reconocida. La causa debía ser lícita y válida para que la obligación fuera válida y exigible. La causa también estaba relacionada con la causa finalis, que se refería a la finalidad perseguida por las partes al establecer la obligación.

Estos tres elementos (sujetos, objeto y causa) eran esenciales para la existencia y validez de una obligación en el Derecho Romano. Cada uno de ellos debía cumplir con ciertos requisitos y condiciones para que la obligación fuera considerada válida y exigible. El incumplimiento de alguno de estos elementos podía dar lugar a la invalidez de la obligación o a la posibilidad de que el acreedor ejerciera acciones legales para obtener el cumplimiento o la compensación correspondiente.

Es importante destacar que estos elementos de la obligación en el Derecho Romano han tenido una influencia significativa en el desarrollo del derecho civil en general. Aunque han surgido nuevas teorías y enfoques en los sistemas jurídicos modernos, la comprensión de los sujetos, el objeto y la causa sigue siendo fundamental para el estudio y la aplicación del Derecho de las Obligaciones en la actualidad.

3.4 Fuentes de las obligaciones: contratos, cuasicontratos, delitos, cuasidelitos

Las fuentes de las obligaciones son los diversos fundamentos jurídicos que generan la existencia de obligaciones entre las partes involucradas en una relación jurídica. Entre las fuentes más comunes se encuentran los contratos, los cuasicontratos, los delitos y los cuasidelitos. A continuación, se explica cada una de estas fuentes:

Contratos: Los contratos son acuerdos voluntarios entre dos o más partes, en los que se establecen derechos y obligaciones para las partes involucradas. Estas obligaciones son vinculantes y deben ser cumplidas por las partes de acuerdo con lo establecido en el contrato. Los contratos pueden ser de diferentes tipos, como contratos de compra-venta, arrendamiento, préstamo, entre otros.

Cuasicontratos: Los cuasicontratos son situaciones en las que, sin existir un contrato expreso, se generan obligaciones similares a las que se derivarían de un contrato. Estas obligaciones se originan por la ley o por la voluntad tácita de las partes. Algunos ejemplos de cuasicontratos son el pago de lo indebido, la gestión de negocios ajenos sin mandato y la comunidad en gastos comunes.

Delitos: Los delitos son acciones u omisiones que están tipificadas y sancionadas por la ley como conductas ilícitas. Cuando una persona comete un delito y causa un daño a otra persona, surge la obligación de reparar ese daño. La obligación derivada de un delito puede ser tanto de indemnización económica como de otras medidas de reparación, dependiendo de la legislación aplicable.

Cuasidelitos: Los cuasidelitos son acciones u omisiones ilícitas que no constituyen un delito pero que causan un daño a otra persona. A diferencia de los delitos, los cuasidelitos no están tipificados en el código penal. Sin embargo, la persona que causa el daño tiene la obligación de repararlo. Los cuasidelitos suelen estar relacionados con la responsabilidad civil, y algunos ejemplos comunes son los accidentes de tránsito y las negligencias profesionales.

Estas fuentes de obligaciones son fundamentales en el derecho civil y permiten regular las relaciones jurídicas entre las personas. Cada una de ellas tiene sus propias características y reglas específicas, y su aplicación puede variar según el sistema jurídico de cada país.

En el Derecho Romano, las fuentes de las obligaciones eran similares a las mencionadas anteriormente. A continuación, se explica cómo se entendían estas fuentes en el contexto del Derecho Romano:

- Contratos (Contractus): En el Derecho Romano, los contratos eran acuerdos voluntarios entre las partes que establecían derechos y obligaciones recíprocas. Se consideraban fuentes fundamentales de las obligaciones. Los contratos podían ser de diferentes tipos, como la compraventa (emptio venditio), el arrendamiento (locatio conductio), el préstamo (mutuum) y el mandato (mandatum), entre otros. El cumplimiento de las obligaciones contractuales era una parte central de la vida jurídica romana.

- Cuasicontratos (Quasi-contractus): Los cuasicontratos en el Derecho Romano eran situaciones similares a los contratos, pero que no surgían de un acuerdo expreso entre las partes. Estos cuasicontratos se basaban en el principio de equidad y se consideraban fuentes de obligaciones. Algunos ejemplos de cuasicontratos romanos eran el enriquecimiento injusto (negotiorum gestio), el pago de lo indebido (solutio indebiti) y la gestión de negocios ajenos (mandatum voluntarium).

- Delitos (Delicta): Los delitos en el Derecho Romano eran acciones ilícitas que causaban daño a otra persona y estaban prohibidas por la ley. Cuando alguien cometía un delito, se generaba una obligación de reparar el daño causado. Los delitos en el Derecho Romano incluían tanto delitos civiles como delitos penales. Ejemplos de delitos en el Derecho Romano eran el robo (furtum), el daño a la propiedad (damnum iniuria datum) y la injuria.

- Cuasidelitos (Quasi-delicta): Los cuasidelitos en el Derecho Romano eran acciones u omisiones ilícitas que causaban daño a otra persona, pero no constituían delitos en el sentido estricto. Aunque no estaban prohibidos por la ley, el Derecho Romano reconocía la obligación de reparar el daño causado en estas circunstancias. Los cuasidelitos romanos incluían situaciones como los accidentes causados por negligencia (culpa), el daño causado por animales (pauperies) y los daños causados por cosas arrojadas desde edificios (effusum).

Estas fuentes de las obligaciones en el Derecho Romano tenían una influencia significativa en la formación del derecho civil posterior. Los principios y conceptos desarrollados en el Derecho Romano continúan siendo fundamentales en muchos sistemas jurídicos contemporáneos.

3.5 Efectos y extinción de las obligaciones

Las obligaciones generan una serie de efectos tanto para el acreedor como para el deudor. Además, estas obligaciones pueden extinguirse de diversas maneras. A continuación, se detallan los efectos y las formas de extinción más comunes de las obligaciones:

Efectos de las obligaciones:

Vínculo jurídico: Las obligaciones crean un vínculo jurídico entre el acreedor y el deudor. Esto implica que el deudor tiene la obligación de cumplir con una prestación específica y el acreedor tiene el derecho de exigir dicho cumplimiento.

Obligación de cumplimiento: El deudor está obligado a cumplir con la prestación convenida en el momento y la forma acordados. Esto implica que debe realizar la acción o entregar el objeto prometido según los términos establecidos en el contrato o en la ley.

Responsabilidad por incumplimiento: Si el deudor no cumple con la obligación, puede ser considerado responsable por su incumplimiento. Esto implica que el deudor puede ser sujeto a medidas legales, como el pago de daños y perjuicios o el cumplimiento forzoso de la obligación.

Formas de extinción de las obligaciones:

Pago: La forma más común de extinguir una obligación es a través del pago. El deudor cumple con su obligación al realizar la prestación convenida, generalmente entregando una suma de dinero o realizando una acción específica.

Novación: La novación ocurre cuando las partes acuerdan modificar los términos de la obligación original. Esto puede implicar cambios en la prestación, las condiciones de cumplimiento o incluso la sustitución de una de las partes.

Compensación: La compensación ocurre cuando dos personas son al mismo tiempo acreedoras y deudoras una de la otra. En este caso, las obligaciones se extinguen automáticamente hasta la concurrencia de sus montos.

Confusión: La confusión se produce cuando una persona es simultáneamente acreedora y deudora de la misma obligación. En este caso, la obligación se extingue debido a la fusión de las posiciones de acreedor y deudor en una sola persona.

Remisión de la deuda: La remisión de la deuda ocurre cuando el acreedor renuncia a su derecho de exigir el cumplimiento de la obligación. Esto puede ser un acto expreso o implícito por parte del acreedor.

Prescripción: La prescripción es la pérdida del derecho del acreedor a exigir el cumplimiento de la obligación debido a la falta de acción dentro de un período de tiempo determinado. La prescripción varía según la legislación aplicable y el tipo de obligación.

Estas son algunas de las formas más comunes de extinguir las obligaciones, pero existen otras, como la imposibilidad de cumplimiento, la resolución contractual y la rescisión, dependiendo del contexto y la legislación aplicable. Cada forma de extinción puede estar sujeta a requisitos y plazos específicos establecidos por la ley.

En el Derecho Romano, las obligaciones generaban una serie de efectos tanto para el acreedor como para el deudor, y podían extinguirse de diversas maneras. A continuación, se describen los efectos y las formas de extinción más relevantes de las obligaciones en el contexto del Derecho Romano:

Efectos de las obligaciones:

1. **Vínculo jurídico:** Las obligaciones en el Derecho Romano creaban un vínculo jurídico entre el acreedor y el deudor. Este vínculo implicaba que el deudor estaba obligado a cumplir con una prestación determinada y el acreedor tenía el derecho de exigir su cumplimiento.

2. **Responsabilidad por incumplimiento:** En caso de incumplimiento de la obligación, el deudor era considerado responsable y estaba sujeto a medidas legales. El acreedor tenía el derecho de demandar el cumplimiento forzoso de la obligación o reclamar daños y perjuicios.

3. **Solidaridad:** En ciertos casos, las obligaciones en el Derecho Romano podían ser solidarias. Esto significaba que si había varios deudores, cada uno de ellos era responsable por la totalidad de la deuda. A su vez, el acreedor tenía el derecho de exigir el cumplimiento de la obligación a cualquiera de los deudores o a todos ellos conjuntamente.

Formas de extinción de las obligaciones:

1. **Pago:** La forma más común de extinguir una obligación en el Derecho Romano era a través del pago. El deudor cumplía con su obligación entregando la prestación acordada, generalmente una suma de dinero. El pago podía ser realizado directamente al acreedor o a un tercero designado por el acreedor.

2. **Novación:** La novación era una forma de extinguir una obligación mediante la celebración de un nuevo contrato que modificaba los términos de la obligación original. Esto implicaba el acuerdo de ambas partes para sustituir la obligación anterior por una nueva.

3. **Compensación:** La compensación o imputación de deudas era otra forma de extinguir las obligaciones en el Derecho Romano. Si dos personas eran deudoras y acreedoras una de la otra, sus deudas podían compensarse hasta el monto correspondiente.

4. **Remisión de la deuda:** La remisión o condonación de la deuda ocurría cuando el acreedor renunciaba a su derecho de exigir el

cumplimiento de la obligación. Esto podía ocurrir de forma expresa o implícita y era un acto voluntario por parte del acreedor.

5. **Cumplimiento de condiciones:** Si una obligación estaba sujeta a ciertas condiciones, se extinguía automáticamente si estas condiciones no se cumplían. Las condiciones podían ser suspensivas, en cuyo caso la obligación quedaba pendiente hasta que se cumplieran las condiciones, o resolutorias, lo que significaba que la obligación se extinguía si se cumplían las condiciones.

Estas son algunas de las formas más comunes de extinción de las obligaciones en el Derecho Romano. Cabe destacar que el Derecho Romano tuvo una gran influencia en el desarrollo del derecho civil de muchos sistemas jurídicos actuales, y los principios y conceptos relacionados con los efectos y la extinción de las obligaciones en el Derecho Romano continúan siendo relevantes en la actualidad.

3.6 Acciones para hacer valer las obligaciones en el Derecho Romano

En el Derecho Romano, existían diversas acciones legales que permitían hacer valer las obligaciones y reclamar su cumplimiento. Estas acciones eran medios legales a través de los cuales el acreedor podía ejercer sus derechos y exigir el cumplimiento de la obligación por parte del deudor. A continuación, se mencionan algunas de las acciones más comunes en el Derecho Romano:

Actio Ex Contractu: Esta acción se utilizaba para hacer valer las obligaciones derivadas de un contrato. Dependiendo del tipo de contrato, existían diferentes acciones específicas, como la Actio Empti (acción del comprador) y la Actio Venditi (acción del vendedor) en el contrato de compraventa, la Actio Locati (acción del arrendador) y la Actio Conducti (acción del arrendatario) en el contrato de arrendamiento, entre otras.

Actio Ex Dolo: Esta acción se basaba en el engaño o dolo cometido por una de las partes en la formación o ejecución del contrato. Permitía al perjudicado reclamar la nulidad del contrato o la reparación del daño sufrido como consecuencia del dolo.

Actio Ex In Factum: Esta acción se utilizaba cuando se había realizado una prestación sin un contrato expreso, como en los cuasicontratos o en las gestiones de negocios ajenos. Permitía al que realizaba la prestación exigir la restitución de lo entregado o reclamar una compensación por su labor.

Actio Ex Dolo Malo: Esta acción se basaba en el dolo malicioso o fraude cometido por una de las partes para obtener un beneficio indebido. Permitía al perjudicado reclamar la restitución de lo obtenido de manera fraudulenta o la reparación del daño sufrido.

Actio Pauliana: Esta acción se utilizaba en casos de fraude o perjuicio hacia los acreedores. Permitía a los acreedores impugnar actos realizados por el deudor con el fin de reducir su patrimonio y dificultar el cumplimiento de las obligaciones. A través de esta acción, los acreedores podían solicitar la anulación de dichos actos y buscar la satisfacción de sus créditos.

Estas son solo algunas de las acciones utilizadas en el Derecho Romano para hacer valer las obligaciones. Cada una de ellas tenía requisitos y procedimientos específicos que debían seguirse para ejercer el derecho de reclamación. La elección de la acción adecuada dependía del tipo de obligación, del incumplimiento o del acto ilícito cometido, así como de las circunstancias particulares del caso.

3.7 Teorías sobre la naturaleza de las obligaciones

Existen diversas teorías que han sido propuestas para explicar la naturaleza de las obligaciones en el ámbito del derecho y la filosofía jurídica. Estas teorías buscan fundamentar y comprender la esencia de las obligaciones y las razones por las cuales las personas están moralmente y legalmente obligadas a cumplir con determinadas prestaciones. A continuación, se presentan algunas de las teorías más relevantes:

Teoría de la voluntad: Según esta teoría, las obligaciones se derivan del consentimiento y la voluntad de las partes involucradas. Se enfoca en el principio de autonomía de la voluntad y sostiene que las personas están obligadas porque han acordado libremente cumplir con ciertas obligaciones mediante un contrato o acuerdo mutuo.

Teoría del deber: Esta teoría se basa en la idea de que las obligaciones son una manifestación del deber moral y ético. Sostiene que las personas están obligadas a cumplir con ciertas prestaciones porque es su deber hacerlo, independientemente de cualquier acuerdo o consentimiento. Esta teoría se relaciona con principios morales universales y la idea de que existen deberes fundamentales que deben ser respetados.

Teoría de la confianza: Según esta teoría, las obligaciones surgen de la confianza y la expectativa razonable de que las personas cumplirán con ciertas prestaciones. Se basa en la idea de que las relaciones sociales y económicas dependen de la confianza mutua, y las obligaciones se generan para mantener la estabilidad y la confianza en dichas relaciones.

Teoría de la utilidad: Esta teoría argumenta que las obligaciones se basan en el principio de utilidad y beneficio mutuo. Sostiene que las personas están obligadas a cumplir con ciertas prestaciones porque ello resulta en un beneficio o utilidad tanto para ellas mismas como para la sociedad en general. Se enfoca en el intercambio y la reciprocidad de beneficios.

Teoría del interés propio: Según esta teoría, las obligaciones se fundamentan en el interés propio de las personas. Sostiene que las personas están obligadas a cumplir con ciertas prestaciones porque ello les brinda beneficios personales, como la protección de sus derechos o la obtención de ventajas económicas.

Estas teorías representan diferentes enfoques y perspectivas sobre la naturaleza de las obligaciones. Es importante destacar que no existe un consenso absoluto sobre cuál teoría es la más adecuada o completa, y en muchos casos, las explicaciones pueden combinarse o complementarse entre sí para ofrecer una comprensión más completa de las obligaciones.

En el Derecho Romano, se desarrollaron diversas teorías para explicar la naturaleza de las obligaciones. Estas teorías reflejaban la forma en que los juristas romanos entendían y fundamentaban las obligaciones en su sistema jurídico. A continuación, se presentan algunas de las teorías más relevantes en el Derecho Romano:

Teoría del vínculo jurídico: Según esta teoría, las obligaciones en el Derecho Romano se basaban en un vínculo jurídico entre el acreedor y el deudor. Este vínculo surgía a través del contrato o de otros actos jurídicos, y generaba derechos y deberes para ambas partes. La existencia de este vínculo era lo que fundamentaba la obligación y permitía al acreedor exigir el cumplimiento por parte del deudor.

Teoría de la responsabilidad: Esta teoría sostenía que las obligaciones en el Derecho Romano estaban ligadas a la responsabilidad del deudor por su incumplimiento. El deudor era considerado responsable de cumplir con la prestación acordada, y en caso de no hacerlo, podía ser objeto de acciones legales por parte del acreedor.

Teoría de la causa: Según esta teoría, la causa era el fundamento de las obligaciones en el Derecho Romano. La causa se refería al motivo o finalidad que justificaba la obligación. Para que una obligación fuera válida, debía tener una causa lícita y legítima. La causa podía ser la contraprestación pactada, la promesa de una donación, entre otros motivos.

Teoría de la equidad: Esta teoría se basaba en la idea de la equidad y la justicia como fundamentos de las obligaciones. Según esta perspectiva, las obligaciones debían ser justas y equitativas para ambas partes. Los juristas romanos consideraban que la equidad debía ser tenida en cuenta al momento de interpretar y aplicar las obligaciones, para garantizar un trato justo y equitativo entre las partes involucradas.

Estas teorías, aunque no exhaustivas, muestran algunas de las formas en que los juristas romanos explicaban y fundamentaban las obligaciones en el marco del Derecho Romano. Es importante tener en cuenta que estas teorías reflejaban la comprensión y los principios jurídicos de la época, y pueden diferir de las teorías contemporáneas sobre las obligaciones en el ámbito del derecho actual.

3.8 Evolución histórica del derecho de las obligaciones en Roma

El derecho de las obligaciones en Roma experimentó una evolución significativa a lo largo de su historia. A continuación, se presenta un resumen de las etapas principales de su desarrollo:

1. **Derecho de las obligaciones en la época arcaica:** En los primeros tiempos de Roma, las obligaciones estaban regidas por el ius civile, que era un derecho aplicable solo a los ciudadanos romanos. Durante esta época, las obligaciones se basaban principalmente en los nexos familiares y en los contratos verbales, que requerían una fórmula precisa de palabras para ser válidos.
2. **Derecho de las obligaciones en la época clásica:** Durante los siglos II a.C. y II d.C., el derecho de las obligaciones se desarrolló y se sistematizó en gran medida. Se produjo una mayor diversificación de las fuentes de las obligaciones, que incluían los contratos consensuales, los contratos reales, los contratos literales y los contratos innominados. El derecho de las obligaciones se encontraba principalmente en las leges contractuales (leyes sobre contratos), como la Lex Aquilia y la Lex Poetelia Papiria.
3. **Derecho de las obligaciones en la época postclásica:** A partir del siglo III d.C., el derecho romano comenzó a experimentar cambios significativos debido a las influencias del cristianismo y el derecho justinianeo. El emperador Justiniano I promulgó el Corpus Iuris Civilis, un cuerpo legislativo que recopilaba y sistematizaba el derecho romano existente. En este corpus, se incluyó el libro "De Obligationibus" (Sobre las Obligaciones), que se convirtió en una fuente fundamental para el estudio del derecho de las obligaciones.
4. **Recepción del derecho romano en el derecho europeo:** Después de la caída del Imperio Romano de Occidente, el derecho romano fue preservado y estudiado en el ámbito del derecho canónico y en las universidades europeas. Durante el Renacimiento, el derecho romano fue redescubierto y ejerció una gran influencia en el desarrollo del derecho civil en Europa continental. Los conceptos y principios del derecho romano, incluido el derecho de las obligaciones, se incorporaron en los sistemas jurídicos nacionales.

La evolución del derecho de las obligaciones en Roma refleja la adaptación y transformación del derecho romano a lo largo del tiempo. Muchos de los principios y conceptos desarrollados en el derecho de las obligaciones romano siguen siendo relevantes en los sistemas jurídicos contemporáneos y continúan influyendo en el derecho civil en todo el mundo.

Capítulo 4:

Derecho de los Contratos

4.1 Concepto y características de los contratos en el Derecho Romano

En el Derecho Romano, los contratos eran un elemento fundamental en el ámbito de las obligaciones. A continuación, se presentan el concepto y algunas características importantes de los contratos en el Derecho Romano:

Concepto:

En términos generales, los contratos en el Derecho Romano eran acuerdos de voluntades entre dos o más partes, destinados a crear, modificar o extinguir obligaciones. Estos acuerdos se basaban en el principio de la autonomía de la voluntad, y su validez y efectos dependían del cumplimiento de ciertos requisitos legales establecidos por la ley romana.

Características:

Consentimiento: El contrato en el Derecho Romano requería el consentimiento libre y voluntario de las partes involucradas. El acuerdo debía ser expresado de manera clara y definitiva, ya sea de forma oral o escrita.

Objeto: Los contratos romanos debían tener un objeto lícito y posible. El objeto podía ser una prestación, una transferencia de propiedad, un compromiso de hacer o no hacer algo, entre otros.

Causa: Los contratos debían tener una causa lícita y legítima. La causa se refería al motivo o finalidad que justificaba el contrato. La ley romana exigía que la causa fuera honesta y no contraria a la moralidad o al orden público.

Formalidades: Algunos contratos en el Derecho Romano requerían el cumplimiento de ciertas formalidades específicas para su validez. Por ejemplo, el contrato de compraventa de tierras requería la presencia de testigos y el traspaso formal de la propiedad.

Efectos: Los contratos en el Derecho Romano generaban derechos y obligaciones para las partes involucradas. Estos efectos se derivaban del acuerdo voluntario y estaban protegidos por la ley. Si alguna de las partes incumplía con sus obligaciones, la parte perjudicada podía recurrir a acciones legales para hacer valer sus derechos.

Tipos de contratos: En el Derecho Romano, existían diversos tipos de contratos, como el contrato de compraventa, el contrato de arrendamiento, el contrato de mandato, el contrato de sociedad, entre otros. Cada tipo de contrato tenía características y requisitos particulares establecidos por la ley.

Es importante destacar que estas características pueden variar dependiendo del período histórico y la evolución del Derecho Romano. Sin embargo, en líneas generales, estas características reflejan los aspectos esenciales de los contratos en el Derecho Romano.

4.2 Tipos de contratos: venta, arrendamiento, sociedad, mandato, etc.

En el Derecho Romano, existían varios tipos de contratos que regulaban diferentes tipos de relaciones jurídicas entre las partes involucradas. A continuación, se presentan algunos de los tipos de contratos más comunes en el Derecho Romano:

Contrato de venta (Emptio-Venditio): Este contrato se celebraba entre un vendedor (emptor) y un comprador (venditor), mediante el cual se transfería la propiedad de un bien a cambio de un precio acordado.

Contrato de arrendamiento (Locatio-Conductio): Este contrato involucraba a un arrendador (locator) que cedía el uso de un bien (como una casa o un campo) a un arrendatario (conductus) a cambio de un pago periódico.

Contrato de sociedad (Societas): Este contrato se establecía entre dos o más personas (socii) que acordaban unirse en una sociedad con el fin de realizar una actividad económica conjunta, compartiendo tanto los beneficios como las responsabilidades.

Contrato de mandato (Mandatum): Este contrato implicaba que una persona (mandator) confería a otra (mandatarius) la autoridad para realizar determinados actos en su nombre y representación. El mandatario actuaba como agente del mandante y estaba obligado a cumplir las instrucciones recibidas.

Contrato de préstamo (Mutuum): Este contrato involucraba la entrega de una cosa fungible (dinero, alimentos, etc.) por parte de un prestamista (mutuante) a un prestatario (mutuario), quien adquiría la propiedad de la cosa prestada y se comprometía a devolver una cantidad igual de la misma especie.

Contrato de depósito (Depositum): Este contrato se daba cuando una persona (depositante) entregaba una cosa a otra (depositario) para su custodia y cuidado. El depositario tenía la obligación de conservar la cosa depositada y devolverla cuando el depositante lo solicitara.

Estos son solo algunos ejemplos de los diferentes tipos de contratos que existían en el Derecho Romano. Cada uno de ellos tenía características y regulaciones específicas que debían cumplirse para su validez y efectos legales.

4.3 Formación y requisitos de los contratos romanos

En el Derecho Romano, los contratos se formaban mediante el acuerdo de voluntades entre las partes involucradas. Sin embargo, existían ciertos requisitos y formalidades que debían cumplirse para que un contrato fuera válido y tuviera efectos jurídicos. A continuación, se presentan los requisitos y la formación de los contratos romanos:

Consentimiento: El contrato requería el consentimiento libre y voluntario de las partes. Esto implicaba que ambas partes debían estar de acuerdo en los términos y condiciones del contrato. El consentimiento podía ser expresado de manera verbal o escrita, dependiendo del tipo de contrato.

Capacidad legal: Las partes debían tener la capacidad legal para celebrar un contrato. En el Derecho Romano, los ciudadanos romanos adultos y libres tenían capacidad plena para celebrar contratos, mientras que los esclavos y los menores de edad requerían de la intervención de un representante legal.

Objeto lícito y posible: El objeto del contrato debía ser lícito, es decir, no podía estar prohibido por la ley. Además, el objeto debía ser posible de cumplir. Esto significa que el contrato no podía tener como objeto algo imposible de realizar o contrario a la naturaleza.

Causa lícita: El contrato debía tener una causa lícita y legítima. La causa se refería al motivo o finalidad que justificaba el contrato. La ley romana exigía que la causa fuera honesta y no contraria a la moralidad o al orden público.

Formalidades: Algunos contratos en el Derecho Romano requerían el cumplimiento de ciertas formalidades para su validez. Por ejemplo, el contrato de compraventa de tierras requería la presencia de testigos y la entrega formal del objeto. Sin embargo, en general, el Derecho Romano era flexible en cuanto a las formalidades, y la mayoría de los contratos podían ser válidos sin formalidades especiales.

Es importante tener en cuenta que estos requisitos pueden variar dependiendo del período histórico y la evolución del Derecho Romano. Además, existían ciertas reglas y principios específicos para cada tipo de contrato. Sin embargo, en líneas generales, estos requisitos reflejan los elementos esenciales para la formación válida de los contratos en el Derecho Romano.

4.4 Efectos y cumplimiento de los contratos

En el Derecho Romano, los contratos tenían efectos jurídicos y obligaban a las partes a cumplir con las obligaciones acordadas. A continuación, se describen los efectos y el cumplimiento de los contratos en el Derecho Romano:

Efectos obligatorios: Los contratos creaban obligaciones legales entre las partes. Cada parte involucrada en el contrato estaba obligada a cumplir con lo acordado, ya sea entregar una cosa, prestar un servicio o realizar cualquier otra prestación pactada.

Acciones legales: Si una de las partes no cumplía con sus obligaciones contractuales, la parte perjudicada podía iniciar una acción legal para hacer valer sus derechos. Las acciones legales más comunes en caso de incumplimiento eran la "actio ex contractu" y la "actio in factum". Estas acciones permitían a la parte perjudicada buscar una compensación o una orden judicial para obligar al cumplimiento del contrato.

Cumplimiento específico: En algunos casos, cuando el cumplimiento exacto de las obligaciones era posible y adecuado, se podía exigir el cumplimiento específico del contrato. Esto significaba que la parte incumplidora debía realizar la prestación exactamente como se acordó en el contrato.

Daños y perjuicios: Además del cumplimiento específico, la parte perjudicada también podía buscar una compensación económica por los daños y perjuicios sufridos debido al incumplimiento del contrato. Los daños y perjuicios podían incluir la pérdida de beneficios, los gastos incurridos y cualquier otro daño directo o previsible causado por el incumplimiento.

Extinción del contrato: Los contratos podían extinguirse de diversas maneras en el Derecho Romano, como el cumplimiento completo de las obligaciones, la rescisión mutua por acuerdo de las partes, la nulidad por vicios en el consentimiento, la imposibilidad sobrevenida de cumplimiento o el vencimiento del plazo establecido.

Es importante destacar que los efectos y el cumplimiento de los contratos en el Derecho Romano estaban sujetos a las reglas y principios establecidos en la legislación romana, así como a las interpretaciones y decisiones de los jueces. La aplicación de estos efectos y el cumplimiento de los contratos variaban según las circunstancias específicas de cada caso y la evolución del Derecho Romano a lo largo del tiempo.

4.5 Nulidad y rescisión de los contratos

En el Derecho Romano, existían dos formas principales de poner fin a un contrato: la nulidad y la rescisión. Estas acciones permitían a las partes liberarse de las obligaciones contractuales en ciertas circunstancias específicas. A continuación, se describen la nulidad y la rescisión de los contratos en el Derecho Romano:

Nulidad del contrato: La nulidad de un contrato implicaba que este era considerado inválido desde su origen, como si nunca hubiera existido. La nulidad podía ser declarada por un juez o solicitada por una de las partes. Las causas de nulidad podían incluir vicios en el consentimiento, como el error, el dolo, la violencia o la lesión. También podía existir nulidad por objeto o causa ilícita, como contratos contrarios a la moral o al orden público. En caso de nulidad, las partes quedaban liberadas de las obligaciones contractuales y se restituían las prestaciones realizadas.

Rescisión del contrato: La rescisión de un contrato implicaba que este quedaba sin efecto a partir de un momento determinado. La rescisión podía ser solicitada por una de las partes en casos de incumplimiento grave por parte de la otra parte o por una causa justa establecida por la ley. La rescisión podía ser declarada por un juez o acordada por las partes de común acuerdo. En caso de rescisión, las partes quedaban liberadas de las obligaciones futuras, pero debían restituir las prestaciones realizadas hasta ese momento.

Es importante destacar que la nulidad y la rescisión estaban reguladas por las leyes y los principios del Derecho Romano. Además, las condiciones y los efectos de la nulidad y la rescisión podían variar según el tipo de contrato y las circunstancias específicas de cada caso. El objetivo de estas acciones era proteger los intereses de las partes y asegurar la equidad y la justicia en las relaciones contractuales.

4.6 Interpretación de los contratos en el Derecho Romano

En el Derecho Romano, la interpretación de los contratos era un aspecto crucial para determinar el alcance y el significado de las disposiciones contractuales. Aunque no existía un sistema de interpretación formalizado como el que conocemos hoy en día, se seguían algunos principios generales para comprender el contenido de los contratos. A continuación, se describen algunos aspectos clave de la interpretación de los contratos en el Derecho Romano:

Intención de las partes: La interpretación de los contratos se centraba en descubrir la intención de las partes al momento de celebrar el acuerdo. Se buscaba determinar el sentido y el alcance que las partes habían querido dar a las cláusulas y disposiciones contractuales.

Sentido común y buena fe: La interpretación de los contratos se basaba en el sentido común y la buena fe. Se buscaba dar a las palabras y términos contractuales el significado que les daba un hombre razonable y de buena fe en la misma situación. Esto implicaba evitar interpretaciones excesivamente literales o técnicas que pudieran distorsionar la intención real de las partes.

Contexto y circunstancias: La interpretación de los contratos consideraba el contexto y las circunstancias en las que se celebró el contrato. Se analizaban elementos como el propósito del contrato, las condiciones previas, las prácticas comerciales habituales y las cláusulas adicionales para comprender mejor el significado de las disposiciones contractuales.

Interpretación restrictiva: En caso de duda o ambigüedad en la redacción del contrato, se prefería una interpretación restrictiva que limitara el alcance de las obligaciones o las responsabilidades de las partes. Esto estaba en línea con el principio general del Derecho Romano de no imponer cargas excesivas o injustas a las partes.

Es importante destacar que la interpretación de los contratos en el Derecho Romano estaba sujeta a la discreción y la autoridad del juez encargado de resolver la disputa. La jurisprudencia romana, a través de las decisiones judiciales, también contribuyó al desarrollo y la evolución de los principios de interpretación contractual.

4.7 Evolución de los contratos en el Derecho Romano y su influencia en el derecho moderno

La evolución de los contratos en el Derecho Romano tuvo una gran influencia en el desarrollo del derecho moderno. El Derecho Romano sentó las bases para muchos de los principios y conceptos legales que aún se aplican en la actualidad. A continuación, se destacan algunas de las principales contribuciones del Derecho Romano en la evolución de los contratos y su influencia en el derecho moderno:

Formalismo contractual: El Derecho Romano estableció requisitos formales para la validez de los contratos, como el consentimiento, la capacidad y la causa lícita. Estos requisitos sentaron las bases para la idea de que los contratos deben ser celebrados con cierta formalidad y cumplir con ciertos elementos esenciales para ser válidos.

Principio de autonomía de la voluntad: El Derecho Romano reconocía la importancia de la voluntad de las partes en la formación de los contratos. Este principio de autonomía de la voluntad ha sido adoptado por muchos sistemas legales modernos, que permiten a las partes determinar libremente los términos y condiciones de sus contratos.

Acciones legales y remedios: El Derecho Romano estableció acciones legales para hacer valer los contratos y buscar remedios en caso de incumplimiento. Esta idea de que las partes tienen derecho a reclamar daños y perjuicios o buscar el cumplimiento específico de los contratos ha influido en los sistemas legales modernos y en el desarrollo de las leyes de obligaciones.

Doctrina de los vicios del consentimiento: El Derecho Romano reconoció la importancia de la integridad y la equidad en los contratos al establecer la doctrina de los vicios del consentimiento, como el error, el dolo, la violencia y la lesión. Estos vicios han sido incorporados en los sistemas legales modernos como fundamentos para la anulabilidad o la nulidad de los contratos.

Interpretación de los contratos: El enfoque de interpretación de los contratos en el Derecho Romano, basado en la intención de las partes, el sentido común y la buena fe, ha influido en la manera en que los contratos son interpretados en la actualidad. La búsqueda de la intención de las partes y la consideración del contexto y las circunstancias siguen siendo elementos importantes en la interpretación contractual.

Estos son solo algunos ejemplos de cómo la evolución de los contratos en el Derecho Romano ha influido en el derecho moderno. El Derecho Romano sentó las bases para muchos de los principios y conceptos fundamentales que aún se aplican en los sistemas legales contemporáneos en relación con los contratos y las obligaciones contractuales.

4.8 Estudio de casos de contratos famosos en la historia romana

A lo largo de la historia romana, se produjeron varios casos de contratos famosos que tuvieron un impacto significativo en la sociedad y el desarrollo del Derecho Romano. A continuación, se presentan tres ejemplos destacados:

El contrato de venta de un esclavo: En el año 62 a.C., ocurrió un caso famoso conocido como "El contrato de venta de un esclavo". En este caso, Publio Suilio vendió un esclavo llamado Marco Tullio Tirón a Marco Tulio Cicerón, el famoso orador y político romano. Sin embargo, el esclavo resultó ser sordo y mudo, lo que llevó a Cicerón a demandar a Suilio por incumplimiento de contrato. El caso tuvo repercusiones significativas en la jurisprudencia romana, ya que estableció la obligación del vendedor de garantizar la idoneidad del objeto vendido.

El contrato de arrendamiento de un local comercial: En la antigua Roma, los contratos de arrendamiento eran comunes. Uno de los casos más famosos fue el contrato de arrendamiento de un local comercial celebrado entre el poeta romano Horacio y Mecenas, un influyente patrón y mecenas de las artes. Este contrato fue significativo porque Horacio alquiló una casa en Roma donde estableció su hogar y su taller de escritura. El contrato reflejaba el apoyo y el mecenazgo de Mecenas hacia Horacio, y también evidenciaba la importancia de los contratos de arrendamiento en el ámbito comercial y artístico.

El contrato de préstamo de dinero: En el Derecho Romano, los contratos de préstamo eran frecuentes. Un caso famoso fue el contrato de préstamo de dinero entre el general romano Julio César y su amigo y senador Marco Junio Bruto. César prestó una suma considerable de dinero a Bruto para financiar sus actividades políticas. Este contrato se volvió significativo porque, posteriormente, Bruto se convirtió en uno de los líderes principales en la conspiración para asesinar a César en el año 44 a.C. El contrato de préstamo entre César y Bruto fue utilizado políticamente para cuestionar la lealtad y las intenciones de Bruto.

Estos casos famosos de contratos en la historia romana demuestran la importancia de los contratos en la vida cotidiana y el impacto que tuvieron en la sociedad y el desarrollo del Derecho Romano. Además, estos casos destacados ayudaron a establecer precedentes y principios legales que influyeron en la evolución del derecho contractual romano.

Capítulo 5:

Derecho de las Cosas

5.1 Concepto de cosa en el Derecho Romano

En el Derecho Romano, el concepto de "cosa" se refiere a cualquier objeto material que puede ser objeto de derechos y obligaciones legales. La noción de "cosa" en el Derecho Romano se basa en la distinción entre res mancipi y res nec mancipi.

Las res mancipi eran ciertos tipos de cosas que eran consideradas de mayor importancia y valor en la sociedad romana, como la tierra (ager Romanus), los esclavos (servi), los animales grandes de tiro (boves), las armas, los carros y algunos tipos específicos de edificios. Estas cosas se consideraban de tal importancia que estaban sujetas a un proceso especial de transferencia de propiedad llamado "mancipatio". La mancipatio era una ceremonia formal que implicaba la presencia de testigos y el uso de una balanza y cobre (libripens) para simbolizar la transacción.

Por otro lado, las res nec mancipi eran cosas de menor importancia y valor que no requerían la ceremonia de mancipatio para transferir la propiedad. Estas cosas incluían objetos como muebles, ropas, animales pequeños, dinero y otros bienes similares. La transferencia de propiedad de estas cosas se realizaba mediante un proceso menos formal, como la simple entrega física del objeto o un acuerdo verbal.

Es importante destacar que el concepto de "cosa" en el Derecho Romano no se limitaba solo a objetos materiales, sino que también incluía otros elementos, como derechos reales sobre las cosas (como la propiedad, el usufructo y las servidumbres), obligaciones contractuales y otros derechos y acciones legales que podían ser objeto de disputa y protección jurídica.

En resumen, en el Derecho Romano, el concepto de "cosa" se refería a los objetos materiales y otros derechos y acciones legales que podían ser objeto de derechos y obligaciones legales, tanto a través de la mancipatio para las res mancipi como de otros procesos para las res nec mancipi.

5.2 Clasificación de las cosas: res mancipi, res nec mancipi

En el Derecho Romano, las cosas se clasificaban en dos categorías principales: res mancipi y res nec mancipi. Esta clasificación tenía implicaciones legales y determinaba cómo se transferían y protegían los derechos de propiedad sobre dichas cosas.

1. Res Mancipi: Estas eran las cosas consideradas de mayor importancia y valor en la sociedad romana. Incluían:

- Ager Romanus: La tierra agrícola en Italia.
- Servi: Los esclavos.
- Boves: Animales grandes de tiro, como bueyes.
- Fundus: Terrenos rústicos (excluyendo el Ager Romanus).
- Sacrae res: Cosas sagradas, como los altares y las estatuas de los dioses.
- Predios rústicos de otros países.

La transferencia de propiedad de las res mancipi requería el uso de una ceremonia especial llamada "mancipatio". Esta ceremonia implicaba la presencia de testigos y el uso de una balanza y cobre (libripens) para simbolizar la transacción. La falta de cumplimiento de los requisitos formales de la mancipatio podría invalidar la transferencia de propiedad.

2. Res Nec Mancipi: Estas eran las cosas de menor importancia y valor en comparación con las res mancipi. Incluían:

- Muebles: Como objetos domésticos, utensilios y muebles.
- Ropa: Vestimenta y accesorios personales.
- Animales pequeños: Como perros, gatos, aves, etc.
- Dinero: Monedas y otros medios de intercambio monetario.
- Otros bienes muebles similares.

La transferencia de propiedad de las res nec mancipi no requería la ceremonia formal de mancipatio. En su lugar, la transferencia podía realizarse a través de la simple entrega física del objeto o mediante un acuerdo verbal. Estas transacciones eran menos formales y más flexibles en comparación con las res mancipi.

La distinción entre res mancipi y res nec mancipi tuvo implicaciones significativas en términos de transferencia de propiedad, protección legal y derechos de propiedad en el Derecho Romano.

5.3 Propiedad y posesión en el Derecho Romano

En el Derecho Romano, la propiedad (dominium) y la posesión (possessio) eran conceptos distintos pero relacionados entre sí. Ambos conceptos eran fundamentales en el sistema jurídico romano para determinar los derechos sobre las cosas.

1. Propiedad (dominium): La propiedad se refería al derecho absoluto y exclusivo de una persona sobre una cosa. El propietario tenía el derecho de usar, gozar, disponer y reivindicar la cosa contra cualquier tercero. La propiedad era considerada como un derecho real (ius in rem), es decir, era un derecho que se ejercía directamente sobre la cosa misma.

El sistema de propiedad romano reconocía diferentes formas de adquirir la propiedad, como la ocupación, la accesión, la tradición, la sucesión por herencia, entre otras. Además, existían restricciones y limitaciones a la propiedad, como las servidumbres, los derechos de usufructo y las limitaciones impuestas por la ley.

2. Posesión (possessio): La posesión se refería al poder físico y aparente que una persona ejercía sobre una cosa. La posesión implicaba el control y el ejercicio de hecho sobre la cosa, pero no necesariamente implicaba la titularidad de la propiedad. La posesión podía ser tanto de buena fe (bona fides) como de mala fe (mala fides).

La posesión tenía una importancia práctica en el sistema jurídico romano, ya que otorgaba ciertos derechos y protecciones legales al poseedor. Por ejemplo, la posesión de buena fe confería protección contra la reivindicación por parte del propietario durante un período determinado. Además, la posesión de una cosa durante un tiempo prolongado y sin oposición podía generar un derecho de propiedad llamado usucapio.

Es importante destacar que la posesión y la propiedad no siempre coincidían en el Derecho Romano. Podía haber casos en los que una persona poseía una cosa pero no era propietaria de ella, por ejemplo, cuando la posesión era ilegal o cuando el poseedor tenía un derecho de posesión pero no de propiedad.

En resumen, en el Derecho Romano, la propiedad se refería al derecho absoluto y exclusivo sobre una cosa, mientras que la posesión se refería al poder físico y aparente sobre la misma. Ambos conceptos tenían implicaciones legales y se regulaban de manera diferente en el sistema jurídico romano.

5.4 Adquisición y transmisión de la propiedad

En el Derecho Romano, la adquisición y transmisión de la propiedad se basaban en diferentes modos y procesos establecidos por la ley. Algunos de los modos comunes de adquirir y transmitir la propiedad eran los siguientes:

Ocupación (occupatio): La propiedad se adquiría por medio de la ocupación cuando una persona tomaba posesión de una cosa que no pertenecía a nadie. Por ejemplo, la caza de animales salvajes o la recolección de frutas en un terreno sin dueño eran formas de adquirir la propiedad por ocupación.

Accesión (accessio): La propiedad podía adquirirse por medio de la accesión cuando una persona agregaba su trabajo o materiales a una cosa que ya tenía un dueño. Por ejemplo, si alguien construía una casa en un terreno ajeno, podía adquirir la propiedad de la casa mediante la accesión.

Tradición (traditio): La propiedad se transmitía mediante la tradición, que consistía en la entrega física de la cosa por parte del propietario al adquirente. La tradición era el medio más común de transmisión de la propiedad y se aplicaba tanto a las cosas muebles como a las inmuebles.

Sucesión hereditaria (hereditas): La propiedad se transmitía mediante la sucesión hereditaria cuando una persona fallecía y sus bienes pasaban a sus herederos. La sucesión podía ocurrir de acuerdo con las disposiciones testamentarias del difunto (testamentaria) o en ausencia de un testamento, de acuerdo con las reglas de la sucesión intestada (ab intestato).

Usucapio: La propiedad se adquiría por medio de la usucapio cuando una persona poseía una cosa de manera pacífica, continua e ininterrumpida durante un período de tiempo establecido por la ley. Después de cumplir con los requisitos de posesión durante ese período, el poseedor adquiría la propiedad de manera automática.

Estos son solo algunos de los modos comunes de adquirir y transmitir la propiedad en el Derecho Romano. Cabe destacar que los detalles y requisitos precisos variaban según las diferentes épocas del Derecho Romano y las diferentes instituciones jurídicas que se aplicaban en cada caso.

5.5 Restricciones a la propiedad: usufructo, servidumbres, hipotecas, etc.

En el Derecho Romano, existían varias restricciones y limitaciones a la propiedad que afectaban los derechos del propietario sobre una cosa. Algunas de las restricciones comunes a la propiedad incluían:

Usufructo (usus et fructus): El usufructo era un derecho real que otorgaba a una persona (llamada usufructuario) el derecho de usar y disfrutar de los frutos o productos de una cosa que pertenecía a otro (llamado propietario). El usufructo podía recaer sobre bienes muebles o inmuebles y podía tener una duración determinada o vitalicia.

Servidumbres (servitutes): Las servidumbres eran derechos reales que permitían el uso o goce de una propiedad ajena en beneficio de otra propiedad. Por ejemplo, una servidumbre de paso permitía el derecho de paso a través de un terreno ajeno, o una servidumbre de luces y vistas permitía la entrada de luz o vistas desde una propiedad vecina. Las servidumbres eran derechos permanentes y podían ser establecidas por acuerdo, prescripción o por disposición legal.

Hipotecas (hypotheca): La hipoteca era un derecho real que permitía al acreedor tomar posesión o vender una propiedad en caso de que el deudor no cumpliera con sus obligaciones. El deudor otorgaba una garantía sobre la propiedad a favor del acreedor y, en caso de incumplimiento, el acreedor tenía derecho a ejecutar la hipoteca y satisfacer su crédito con el producto de la venta de la propiedad.

Prenda (pignus): La prenda era una forma de garantía en la cual el deudor entregaba una cosa mueble al acreedor como garantía del cumplimiento de una obligación. El acreedor tenía el derecho de retener y vender la cosa en caso de incumplimiento por parte del deudor.

Limitaciones legales y restricciones específicas: Además de las restricciones mencionadas anteriormente, existían otras limitaciones legales a la propiedad. Por ejemplo, ciertas áreas estaban reservadas para el uso público, como las calles y los ríos, y no podían ser objeto de propiedad privada. También había restricciones sobre la propiedad de ciertos bienes, como los bienes sagrados o religiosos.

Estas restricciones y limitaciones a la propiedad en el Derecho Romano buscaban equilibrar los derechos del propietario con los intereses de otros individuos o de la sociedad en general. Proporcionaban un marco legal para regular el uso y disfrute de la propiedad, proteger los derechos de terceros y mantener el orden en la sociedad.

5.6 Protección de la propiedad en el Derecho Romano

En el Derecho Romano, la protección de la propiedad era un principio fundamental y se establecían mecanismos legales para salvaguardar los derechos del propietario sobre una cosa. Algunas de las formas de protección de la propiedad en el Derecho Romano incluían:

Acción reivindicatoria (actio rei vindicatio): Esta acción permitía al propietario reclamar la restitución de su propiedad en caso de que alguien estuviera poseyendo la cosa de manera indebida. El propietario debía demostrar que tenía un derecho de propiedad válido y que el poseedor actual no tenía un derecho legítimo sobre la cosa.

Interdictos posesorios (interdicta): Los interdictos eran órdenes judiciales rápidas y provisionales que protegían la posesión legítima de una cosa. Si un poseedor legítimo era desposeído o amenazado de ser desposeído de la cosa, podía recurrir a un interdicto para obtener la protección judicial y recuperar la posesión de manera inmediata.

Acción negatoria (actio negatoria): Esta acción permitía al propietario defender su derecho de propiedad contra intromisiones o perturbaciones que afectaran su pleno goce de la cosa. El propietario podía demandar a terceros que interfirieran con su derecho de propiedad y buscar una orden judicial para cesar la intromisión y obtener una compensación por los daños sufridos.

Acción de daños (actio legis Aquiliae): Si la propiedad sufría daños o deterioro debido a la acción de otra persona, el propietario podía interponer una acción de daños para buscar compensación por las pérdidas sufridas. Esta acción era ampliamente utilizada en casos de daños a la propiedad, ya sea por acciones negligentes o intencionales de terceros.

Protección contra el despojo violento (vi bonorum raptorum): El Derecho Romano brindaba protección contra el despojo violento de la propiedad. Si un propietario era despojado de su propiedad por la fuerza, podía recurrir a las autoridades y alegar el despojo ilegal. Se establecían sanciones y castigos para aquellos que realizaban despojos violentos.

Estas son solo algunas de las formas de protección de la propiedad en el Derecho Romano. El sistema jurídico romano se basaba en la protección de los derechos de propiedad como un principio fundamental para garantizar la estabilidad y el orden en la sociedad. Los propietarios tenían la posibilidad de recurrir a los tribunales y utilizar acciones legales para hacer valer y proteger sus derechos sobre las cosas que les pertenecían.

5.7 Usucapión y prescripción adquisitiva

En el Derecho Romano, la usucapión y la prescripción adquisitiva eran dos instituciones relacionadas que permitían adquirir la propiedad de una cosa a través de la posesión continua y pacífica durante un período de tiempo determinado.

La usucapión era el proceso por el cual una persona adquiría la propiedad de una cosa mediante la posesión continua e ininterrumpida durante un tiempo establecido por la ley. La posesión debía ser pública, pacífica, ininterrumpida y de buena fe. La usucapión otorgaba al poseedor un título de propiedad válido y extinguía los derechos del propietario anterior. El período de posesión requerido variaba dependiendo del tipo de cosa y de si el poseedor era de buena fe o de mala fe. Por ejemplo, para bienes muebles, la posesión debía ser continuada durante un año si el poseedor era de buena fe, o dos años si era de mala fe. Para bienes inmuebles, el período requerido era generalmente de diez años.

La prescripción adquisitiva era similar a la usucapión, pero no se basaba en la buena fe del poseedor. Era un medio de adquirir la propiedad de una cosa a través de la posesión continua e ininterrumpida durante un período de tiempo establecido por la ley, sin importar si el poseedor tenía conocimiento de que la cosa pertenecía a otra persona. La prescripción adquisitiva otorgaba al poseedor un título de propiedad válido y extinguía los derechos del propietario anterior. El período de posesión requerido era generalmente más largo que el de la usucapión.

La finalidad de la usucapión y la prescripción adquisitiva en el Derecho Romano era promover la seguridad jurídica y premiar la posesión continuada y pacífica de una cosa. Estas instituciones permitían que una persona que poseía una cosa durante un tiempo determinado pudiera adquirir la propiedad sobre la misma, incluso si no era el propietario original. Sin embargo, era necesario cumplir con los requisitos legales establecidos y demostrar la posesión continua y pacífica durante el período requerido.

5.8 Defensa de la posesión y acciones posesorias

En el Derecho Romano, la posesión legítima de una cosa era protegida mediante acciones posesorias, que permitían al poseedor defender su posesión y recuperarla en caso de ser despojado o perturbado por terceros. Estas acciones posesorias eran rápidas y provisionales, destinadas a asegurar la posesión efectiva de la cosa y prevenir conflictos y disturbios.

Las acciones posesorias más comunes en el Derecho Romano incluían:

Interdicto de retener (interdictum retinendae possessionis): Esta acción se utilizaba cuando el poseedor legítimo era despojado de la posesión de la cosa. El interdicto permitía al poseedor solicitar una orden judicial para recuperar la posesión y mantenerla hasta que se resolviera el conflicto de manera definitiva.

Interdicto de recobrar (interdictum recuperandae possessionis): Esta acción se utilizaba cuando el poseedor legítimo había sido despojado recientemente de la posesión de la cosa y deseaba recuperarla. El interdicto permitía al poseedor solicitar una orden judicial para que se le restituyera la posesión de manera inmediata.

Interdicto de obra nueva (interdictum de nova opera): Esta acción se utilizaba cuando el poseedor legítimo veía amenazada su posesión debido a la realización de obras o construcciones por parte de terceros en la cosa poseída. El interdicto permitía al poseedor solicitar una orden judicial para que se detuvieran las obras y se restableciera la situación anterior.

Interdicto de despojo (interdictum de vi armata): Esta acción se utilizaba cuando el poseedor legítimo era despojado de la posesión de la cosa mediante violencia o fuerza armada. El interdicto permitía al poseedor solicitar una orden judicial para recuperar la posesión y obtener reparación por los daños sufridos.

Estos interdictos posesorios eran acciones rápidas y efectivas para proteger la posesión legítima de una cosa. Su objetivo era mantener la paz y el orden en la sociedad, evitando conflictos y enfrentamientos entre los poseedores y promoviendo la estabilidad en el ejercicio de los derechos posesorios.

Es importante destacar que las acciones posesorias se centraban en la protección de la posesión y no necesariamente implicaban una decisión sobre la propiedad de la cosa en disputa. La resolución final sobre la propiedad se determinaba a través de otras acciones legales, como la acción reivindicatoria, que tenía por objeto establecer el derecho de propiedad sobre la cosa.

Capítulo 6:

Derecho de Familia

6.1 Instituciones familiares en el Derecho Romano: manus, conventio in manum, etc.

El Derecho Romano tenía diversas instituciones relacionadas con la familia que regulaban el matrimonio, el poder sobre los hijos y otros aspectos familiares. Algunas de estas instituciones incluían:

Manus: La manus era una forma de poder marital en la que la esposa quedaba sujeta a la autoridad y el control absoluto del marido. Bajo la manus, la esposa pasaba de la patria potestas (poder del padre) a la manus del marido. La manus podía adquirirse mediante dos medios principales: el matrimonio cum manu y la confarreatio.

Matrimonio cum manu: En este tipo de matrimonio, la mujer pasaba bajo la manus del marido y quedaba sujeta a su autoridad. La esposa salía de la potestad de su familia y se convertía en una miembro de la familia del marido.

Confarreatio: La confarreatio era una ceremonia religiosa y solemne reservada a las clases patricias. El matrimonio celebrado mediante la confarreatio implicaba una unión religiosa y la adquisición de la manus por parte del marido.

Conventio in manum: La conventio in manum era una forma de matrimonio que implicaba la transferencia de la mujer bajo la manus del marido. Sin embargo, a diferencia del matrimonio cum manu, la conventio in manum era menos restrictiva y otorgaba a la esposa cierta autonomía y control sobre sus bienes.

Patria potestas: La patria potestas era el poder absoluto y paternal que tenía el pater familias (jefe de familia) sobre sus hijos y otros miembros dependientes. El pater familias tenía control sobre la vida, la libertad y los bienes de sus hijos, y podía tomar decisiones legales en su nombre. La patria potestas era hereditaria y se transmitía de padre a hijo.

Tutela: La tutela era una institución de protección legal para aquellos que no podían ejercer plenamente sus derechos, como los menores de edad y las mujeres bajo manus o conventio in manum. El tutor era una persona designada para representar y proteger los intereses del pupilo y tomar decisiones en su nombre.

Estas son solo algunas de las instituciones familiares en el Derecho Romano. El sistema jurídico romano tenía una estructura familiar patrilineal y patriarcal que otorgaba poder y autoridad al pater familias y regulaba las relaciones familiares en función de la manus, la patria potestas y la tutela.

6.2 Matrimonio en el Derecho Romano: requisitos, efectos, disolución

En el Derecho Romano, el matrimonio era una institución legalmente reconocida y regulada. Tenía requisitos específicos, generaba una serie de efectos legales y podía disolverse de diferentes maneras. A continuación, se detallan algunos aspectos relevantes sobre el matrimonio en el Derecho Romano:

Requisitos del matrimonio:

- **Capacidad para contraer matrimonio:** Las personas que podían contraer matrimonio debían ser ciudadanos romanos y cumplir con ciertas condiciones de capacidad, como haber alcanzado la edad mínima y no tener impedimentos matrimoniales, como estar casados previamente.

- **Consentimiento libre y mutuo:** El matrimonio se celebraba mediante el consentimiento libre y mutuo de ambas partes. No era necesario realizar una ceremonia específica, ya que el matrimonio se consideraba válido si ambas partes manifestaban su consentimiento ante testigos.

Efectos del matrimonio:

- **Cohabitación y vida en común:** El matrimonio implicaba la cohabitación y la vida en común de los cónyuges, quienes compartían un hogar y asumían responsabilidades mutuas.

- **Obligaciones y deberes conyugales:** Los cónyuges tenían obligaciones y deberes recíprocos, como la fidelidad, la asistencia y el apoyo mutuo.

- **Derechos y patrimonio:** El matrimonio generaba derechos sobre los bienes y el patrimonio de los cónyuges. Se creaba una comunidad de bienes, llamada "communio bonorum", en la que los cónyuges compartían los frutos y beneficios de sus propiedades.

Disolución del matrimonio:

- **Divorcio:** En el Derecho Romano, existía el divorcio, conocido como "divortium" o "repudium". Cualquiera de los cónyuges podía solicitar el divorcio y poner fin al matrimonio, aunque no era necesario un motivo específico. El divorcio podía ser unilateral, siendo suficiente la voluntad de uno de los cónyuges para disolver el matrimonio.

- **Muerte de uno de los cónyuges:** El matrimonio se disolvía automáticamente con la muerte de uno de los cónyuges.

Es importante tener en cuenta que las leyes y prácticas matrimoniales en el Derecho Romano evolucionaron a lo largo del tiempo y podían variar en diferentes períodos y contextos. Los aspectos mencionados anteriormente proporcionan una visión general de cómo se entendía y se regulaba el matrimonio en el Derecho Romano.

6.3 Patria potestad y filiación en el Derecho Romano

En el Derecho Romano, la patria potestad y la filiación eran instituciones fundamentales relacionadas con el poder y los derechos de los padres sobre sus hijos. A continuación, se describen estos conceptos en el contexto del Derecho Romano:

Patria potestad (patria potestas): La patria potestad era el poder absoluto que tenía el pater familias (jefe de familia) sobre sus hijos y otros miembros dependientes. El pater familias tenía autoridad sobre la vida, la libertad y los bienes de sus hijos, así como la capacidad para tomar decisiones legales en su nombre. Esta autoridad era hereditaria y se transmitía de padre a hijo.

Extensión de la patria potestad: La patria potestad se extendía a los hijos legítimos nacidos dentro del matrimonio, así como a los hijos adoptados legalmente. Sin embargo, no se aplicaba a los hijos nacidos de una unión no matrimonial (hijos naturales) ni a los hijos que se encontraban bajo otra forma de autoridad (por ejemplo, hijos bajo manus de su esposo).

Derechos y deberes del pater familias: El pater familias tenía amplios derechos y deberes en relación con sus hijos, incluyendo el derecho a decidir sobre su educación, el matrimonio y la administración de sus bienes. Además, el pater familias era responsable de brindar apoyo económico y protección a sus hijos.

Filiación (filiatio): La filiación se refería al vínculo de parentesco entre padres e hijos. En el Derecho Romano, la filiación podía establecerse de diversas formas:

Filiación legítima: La filiación legítima se establecía cuando un hijo nacía dentro de un matrimonio válido. En este caso, se presumía la filiación del hijo respecto al padre y la madre.

Filiación adoptiva: La filiación adoptiva era una forma de establecer la filiación legalmente, permitiendo a una persona sin hijos adoptar a un niño y otorgarle todos los derechos y deberes de un hijo legítimo.

Filiación natural: La filiación natural se refería a los hijos nacidos fuera del matrimonio. Estos hijos no tenían derechos hereditarios automáticos ni estaban bajo la patria potestad del padre, aunque el padre podía reconocerlos legalmente y asumir ciertos derechos y deberes sobre ellos.

La filiación en el Derecho Romano tenía implicaciones legales y sociales, y afectaba los derechos sucesorios, la ciudadanía y otros aspectos de la vida de los hijos. La ley romana reconocía y regulaba la importancia del vínculo filial y establecía derechos y deberes tanto para los padres como para los hijos en función de la patria potestad y la filiación.

6.4 Adopción y emancipación en el Derecho Romano

En el Derecho Romano, tanto la adopción como la emancipación eran instituciones legales que afectaban el estado y los derechos de las personas. A continuación, se describen brevemente cada una de ellas:

1. **Adopción (adoptio):** La adopción en el Derecho Romano era un proceso legal mediante el cual una persona adulta era incorporada a una nueva familia, rompiendo los vínculos de filiación con su familia de origen y adquiriendo una nueva filiación y patria potestad. La adopción podía ser tanto de hijos como de personas adultas.

    - **Requisitos para la adopción:** La adopción requería el consentimiento de las partes involucradas, así como de los jefes de las respectivas familias. En algunos casos, se podía requerir el consentimiento del Emperador o de las autoridades competentes.

    - **Efectos de la adopción:** La adopción generaba cambios significativos en la situación legal de la persona adoptada. El adoptado adquiría una nueva filiación y patria potestad, pasando bajo el poder y la autoridad del pater familias adoptante. Los lazos de parentesco y sucesión se modificaban, y se creaban derechos y deberes recíprocos entre el adoptado y su nueva familia.

2. **Emancipación (emancipatio):** La emancipación era un procedimiento mediante el cual un individuo menor de edad o bajo patria potestad era liberado de la autoridad de su pater familias y adquiría independencia legal. La emancipación podía ser voluntaria, cuando el pater familias consentía en liberar al hijo de su autoridad, o involuntaria, cuando se producía por ciertas circunstancias legales, como la captura en guerra.

    - **Efectos de la emancipación:** La emancipación tenía consecuencias legales importantes. El emancipado dejaba de estar sujeto a la patria potestad y adquiría autonomía legal, pudiendo ejercer sus derechos y gestionar su patrimonio de forma independiente. Sin embargo, es importante destacar que, en algunos casos, la emancipación podía llevar a la pérdida de ciertos derechos hereditarios o privilegios asociados a la filiación original.

La adopción y la emancipación eran mecanismos legales que permitían cambios en las relaciones familiares y en la situación jurídica de las personas. Estas instituciones reflejaban la importancia que se daba en el Derecho Romano al poder y los lazos familiares, así como a la autonomía y la capacidad de las personas para ejercer sus derechos y responsabilidades.

6.5 Sucesión testamentaria y sucesión intestada en el Derecho Romano

En el Derecho Romano, existían dos formas principales de sucesión, la sucesión testamentaria y la sucesión intestada, que determinaban cómo se distribuirían los bienes de una persona fallecida. A continuación, se describen brevemente cada una de ellas:

1. **Sucesión testamentaria (suus heres):** La sucesión testamentaria se basaba en la voluntad expresada por el fallecido en un testamento. El testador podía designar a quién deseaba dejar sus bienes y establecer las condiciones para su distribución. El testamento podía ser oral (nuncupatio), escrito (testamentum) o incluso un testamento militar (testamentum in procinctu), en caso de estar en campaña militar.

   - **Requisitos del testamento:** Para que un testamento fuera válido, se requerían ciertos requisitos formales. Esto incluía la capacidad legal del testador, la presencia de testigos y el cumplimiento de las formalidades prescritas por la ley romana.

   - **Libertad testamentaria:** El testador tenía una amplia libertad para disponer de sus bienes. Podía legar sus propiedades a familiares, amigos, instituciones o cualquier persona de su elección. Sin embargo, en algunos casos, existían limitaciones legales, como la institución de la cuarta falcidia, que protegía a los herederos forzosos al garantizarles al menos una cuarta parte de la herencia.

2. **Sucesión intestada (intestato):** La sucesión intestada o ab intestato se producía cuando el fallecido no dejaba un testamento válido o no había designado herederos para sus bienes. En este caso, la ley romana

establecía un orden de sucesión predeterminado basado en los lazos familiares y la relación de parentesco.

- **Orden de sucesión intestada:** El orden de sucesión intestada variaba según el período del Derecho Romano, pero generalmente se daba prioridad a los hijos legítimos y adoptados. Si no había descendientes, la herencia pasaba a otros parientes cercanos, como los padres, hermanos y sobrinos. En ausencia de parientes, los bienes podían pasar al Estado.

Es importante tener en cuenta que el sistema de sucesión romano evolucionó con el tiempo, y las reglas específicas podían variar según la época y la legislación aplicable. Sin embargo, tanto la sucesión testamentaria como la sucesión intestada eran elementos clave en la distribución de los bienes de una persona fallecida en el Derecho Romano.

6.6 Protección de la familia y los derechos de los hijos en el Derecho Romano

En el Derecho Romano, la protección de la familia y los derechos de los hijos eran aspectos fundamentales. Se establecieron diversas normas y principios para garantizar la estabilidad y el bienestar de la familia, así como para salvaguardar los derechos de los hijos. A continuación, se describen algunos elementos importantes relacionados con la protección de la familia y los derechos de los hijos en el Derecho Romano:

Patria potestad (patria potestas): La patria potestad era el poder absoluto que tenía el pater familias (jefe de familia) sobre sus hijos. Este poder confería al padre derechos y responsabilidades sobre la vida, la libertad y los bienes de los hijos. Sin embargo, la patria potestad también imponía deberes al padre, como la obligación de brindar apoyo económico y educación a sus hijos.

Obligación de mantener a los hijos (alimenta): Los padres estaban legalmente obligados a proporcionar el sustento y la manutención necesarios para sus hijos. Esta obligación se extendía tanto a los hijos legítimos como a los hijos naturales reconocidos por el padre.

Tutela: En caso de que el padre falleciera o fuera incapaz de ejercer la patria potestad, se designaba a un tutor para proteger los intereses y derechos de los hijos menores de edad. El tutor era responsable de velar por el bienestar de los hijos y administrar sus bienes.

Protección contra el abandono (expositio): El abandono de los hijos era considerado un acto inmoral y penalizado en el Derecho Romano. Se esperaba que los padres cuidaran y protegieran a sus hijos, y el abandono era una violación de esos deberes.

Herencia y derechos sucesorios: Los hijos tenían derechos hereditarios en la sucesión de sus padres. La ley romana establecía reglas específicas sobre cómo se distribuirían los bienes de los padres entre los hijos y otros herederos.

Es importante destacar que, en el Derecho Romano, el enfoque principal estaba en la figura del padre y en sus derechos y deberes sobre la familia. Sin embargo, a medida que evolucionó el Derecho Romano, se introdujeron algunas protecciones y reconocimientos legales adicionales para los hijos y otros miembros de la familia. Estos elementos reflejaban la importancia dada a la preservación y protección de la institución familiar en la sociedad romana.

6.7 Estudio de casos de familias famosas en la historia romana

En la historia romana, hubo varias familias famosas y prominentes que desempeñaron roles destacados en la política, el ejército y la sociedad en general. A continuación, se presentan algunos ejemplos de familias notables en la historia romana:

La gens Julia: La gens Julia era una familia patricia que alcanzó gran prominencia durante la época del Imperio Romano. Uno de los miembros más destacados fue Julio César, quien se convirtió en dictador perpetuo de Roma. Otros miembros notables incluyen a Octavio Augusto, quien se convirtió en el primer emperador romano, y el poeta romano Virgilio.

La gens Claudia: La gens Claudia era una antigua familia patricia que desempeñó un papel significativo en la República Romana y el Imperio. El emperador Tiberio, conocido por su gobierno durante los primeros años del

Imperio, era miembro de esta familia. También se destacan el emperador Calígula y el filósofo y político Séneca.

La gens Cornelia: La gens Cornelia fue una familia patricia de gran influencia en la República Romana. El general y político Lucio Cornelio Sila fue una figura destacada de esta familia. Sin embargo, el miembro más conocido y famoso es el estadista y militar Julio César, quien se convirtió en uno de los líderes más importantes de Roma.

La gens Fabia: La gens Fabia fue una destacada familia patricia que se destacó en el período republicano de Roma. La gens Fabia produjo numerosos líderes militares y políticos, como Quinto Fabio Máximo, quien obtuvo el apodo de "El Cunctator" por su estrategia de evasión contra Aníbal en la Segunda Guerra Púnica.

La gens Scipia: La gens Scipia era una familia patricia que incluía a varios generales y políticos destacados. Escipión el Africano, conocido por derrotar a Aníbal en la Batalla de Zama, y su nieto Escipión Emiliano, quien destruyó Cartago, fueron miembros notables de esta familia.

Estos son solo algunos ejemplos de las familias famosas en la historia romana. Cada una de estas familias dejó un legado duradero en la política, el gobierno y la cultura romana, y sus miembros jugaron un papel importante en la formación y evolución del Imperio Romano.

6.8 Comparación entre el derecho de familia romano y otros sistemas jurídicos antiguos

El derecho de familia romano, al igual que otros sistemas jurídicos antiguos, reflejaba las normas y valores sociales de su época. Si bien existen diferencias significativas entre los diferentes sistemas jurídicos antiguos, también se pueden encontrar algunas similitudes y puntos de comparación. A continuación, se presentan algunas características comunes y diferencias entre el derecho de familia romano y otros sistemas jurídicos antiguos:

Matrimonio y matrimonio arreglado: En muchos sistemas jurídicos antiguos, incluido el derecho romano, el matrimonio era una institución importante y se consideraba una unión legal y social. Sin embargo, había diferencias en la forma en que se llevaban a cabo los matrimonios y en la participación de los individuos en la elección de sus cónyuges. En algunos sistemas jurídicos, como el antiguo Egipto, se practicaba el matrimonio arreglado, donde los padres u otras figuras de autoridad tenían un papel central en la selección de los cónyuges. En el derecho romano, aunque existían formas de matrimonio arreglado, también se reconocía el matrimonio por consentimiento mutuo.

Papel del padre y patriarcado: En muchos sistemas jurídicos antiguos, incluido el derecho romano, se daba gran importancia al padre como jefe de familia y se establecía la patria potestad, el poder y la autoridad absoluta del padre sobre la familia. Sin embargo, el alcance y la extensión de la patria potestad podían variar entre los diferentes sistemas jurídicos. Por ejemplo, en el antiguo Egipto, el padre tenía un papel central en la familia, pero también existían derechos y protecciones legales para las madres y los hijos.

Herencia y sucesión: En los sistemas jurídicos antiguos, incluido el derecho romano, la cuestión de la herencia y la sucesión era fundamental. Sin embargo, las reglas y los principios que regulaban la distribución de los bienes podían variar. En el derecho romano, existía una amplia libertad testamentaria, lo que significaba que los individuos tenían la capacidad de decidir cómo distribuirían sus bienes en un testamento. En otros sistemas jurídicos, como el antiguo Egipto, las reglas de sucesión podían estar más influenciadas por la línea de sangre y el parentesco.

Derechos de los hijos y protección de la familia: En general, los sistemas jurídicos antiguos reconocían ciertos derechos y protecciones para los hijos y otros miembros de la familia. Esto podía incluir obligaciones de los padres de proporcionar sustento y educación a los hijos, así como derechos hereditarios y derechos en caso de divorcio o separación. Sin embargo, la forma y el alcance de estos derechos y protecciones podían variar entre los diferentes sistemas jurídicos antiguos.

Es importante tener en cuenta que estas son solo algunas comparaciones generales y que los sistemas jurídicos antiguos eran diversos y complejos en su funcionamiento. Cada sistema jurídico tenía sus propias características y particularidades, influenciadas por factores culturales, sociales y políticos específicos de cada sociedad.

Capítulo 7:

Derecho Penal Romano

7.1 Evolución histórica del derecho penal en Roma

El derecho penal en Roma experimentó una evolución histórica significativa a lo largo de los siglos. A continuación, se presenta un resumen de las etapas clave en la evolución del derecho penal romano:

Derecho penal arcaico: En los primeros tiempos de Roma, el derecho penal se basaba principalmente en la venganza privada (vindicta). Cada individuo tenía el derecho de tomar represalias por una ofensa personal. Sin embargo, esta forma de justicia privada se consideró inadecuada y peligrosa para el orden social, lo que llevó a la introducción de nuevas formas de sanción.

Ley de las Doce Tablas: En el siglo V a.C., se redactó la Ley de las Doce Tablas, el primer código legal escrito de Roma. Este código recogía normas penales básicas y establecía sanciones específicas para ciertos delitos. Abarcaba una amplia gama de temas, desde delitos menores hasta delitos graves, y establecía castigos proporcionales a las ofensas.

Derecho penal republicano: Durante la República Romana, se produjeron avances significativos en el derecho penal. Se estableció el principio de presunción de inocencia, y se adoptaron diferentes formas de sanciones, como multas, trabajos forzados y exilio. Se enfatizaba el carácter punitivo y disuasorio de las sanciones.

Época del Imperio: Con el establecimiento del Imperio Romano, el emperador Augusto promulgó una serie de leyes penales más estrictas conocidas como "leges Juliae". Estas leyes abordaban delitos como el adulterio, la traición, el envenenamiento y el soborno, y se centraban en proteger la moral y la estabilidad del Estado.

La influencia del derecho romano en el derecho europeo: El derecho penal romano ejerció una gran influencia en el desarrollo del derecho penal en Europa. Las instituciones y los principios del derecho penal romano se adoptaron y adaptaron en los sistemas legales de varios países europeos durante la Edad Media y más allá.

Es importante destacar que el derecho penal romano evolucionó con el tiempo y fue influenciado por factores políticos, sociales y culturales. La justicia penal en Roma buscaba mantener el orden social, proteger los derechos y la seguridad de los ciudadanos y garantizar la estabilidad del Estado.

7.2 Principios y características del derecho penal romano

El derecho penal romano se caracterizaba por una serie de principios y características que definían su funcionamiento y objetivos. A continuación, se presentan algunos de los principales principios y características del derecho penal romano:

Legalidad (nullum crimen, nulla poena sine lege): Este principio establecía que no podía haber delito ni pena sin una ley previa que los definiera. El derecho penal romano se basaba en normas legales escritas que establecían los delitos y las penas correspondientes. La ley debía ser conocida y accesible para que los ciudadanos pudieran conocer y comprender sus obligaciones y las consecuencias de sus acciones.

Presunción de inocencia: El derecho penal romano reconocía el principio de presunción de inocencia. Se consideraba que una persona era inocente hasta que se demostrara su culpabilidad de acuerdo con el debido proceso legal. Esto implicaba que la carga de la prueba recaía en la acusación, quien debía presentar pruebas suficientes para demostrar la culpabilidad del acusado.

Proporcionalidad de las penas: El derecho penal romano buscaba establecer una relación proporcional entre el delito cometido y la pena impuesta. Las penas debían ser proporcionales a la gravedad del delito y se basaban en el principio del talión (ojo por ojo). Sin embargo, a medida que evolucionó el derecho romano, se introdujeron penas más humanitarias, como multas, trabajos forzados y exilio, en lugar de recurrir a la venganza personal.

Prevención y disuasión: El derecho penal romano tenía como objetivo prevenir la comisión de delitos y disuadir a los ciudadanos de infringir la ley. Las penas tenían un carácter ejemplar y se utilizaban como medida de disuasión para desalentar a otros de cometer delitos similares.

Individuación de la pena: El derecho penal romano reconocía la importancia de considerar las circunstancias individuales del acusado al determinar la pena. Se tenían en cuenta factores como la edad, el estatus social, el historial delictivo y las motivaciones para delinquir al imponer una pena. Esto permitía una mayor individualización de la justicia penal y evitaba castigar de manera indiscriminada.

Estos principios y características del derecho penal romano sentaron las bases para el desarrollo posterior de los sistemas jurídicos en todo el mundo. Su influencia se extendió a lo largo de la historia y sigue siendo relevante en la comprensión y aplicación del derecho penal en la actualidad.

7.3 Delitos y penas en el Derecho Romano

En el derecho romano, existían varios delitos reconocidos y sanciones asociadas para mantener el orden social y la estabilidad del Estado. A continuación, se mencionan algunos delitos comunes y las penas correspondientes en el derecho romano:

Homicidio: El homicidio doloso se consideraba uno de los delitos más graves en el derecho romano. Dependiendo de las circunstancias y la intención, las penas podían variar desde la pena de muerte (por ejemplo, en casos de asesinato premeditado) hasta el destierro o la esclavitud.

Robo y hurto: El robo y el hurto eran delitos contra la propiedad en el derecho romano. Las penas podían incluir la restitución de los bienes robados, multas y en algunos casos, la esclavitud.

Fraude y estafa: Los delitos de fraude y estafa, como la falsificación de documentos, la malversación de fondos y el engaño, se consideraban graves en el derecho romano. Las penas podían incluir la restitución de los bienes defraudados, multas y la pérdida de derechos civiles.

Traición y conspiración: La traición contra el Estado o la conspiración contra el gobierno se consideraban delitos graves. Las penas podían incluir la pena de muerte, confiscación de bienes y la pérdida de derechos civiles.

Adulterio: El adulterio era considerado un delito en el derecho romano, aunque las penas variaban. En algunos casos, el marido ofendido podía divorciarse y la mujer adúltera podía perder derechos de propiedad y sufrir el estigma social.

Es importante tener en cuenta que el derecho penal romano era complejo y estaba sujeto a cambios a lo largo del tiempo. Además, las penas podían variar dependiendo de las circunstancias individuales y la interpretación del juez o magistrado encargado del caso.

Es necesario mencionar que la información proporcionada es general y no abarca todos los delitos y penas existentes en el derecho penal romano. Las leyes y las sanciones podían variar en diferentes períodos y contextos dentro del Imperio Romano.

7.4 Procedimientos y garantías procesales en el derecho penal romano

El derecho penal romano establecía procedimientos y garantías procesales para garantizar un juicio justo y equitativo. A continuación, se mencionan algunos de los aspectos más destacados de los procedimientos y garantías procesales en el derecho penal romano:

Acción penal: En el derecho romano, la acción penal (actio) era iniciada por el agraviado o la persona afectada, quien debía presentar una denuncia formal ante un magistrado. El magistrado tenía la autoridad para tomar decisiones sobre el proceso penal y podía ordenar la detención del acusado.

El principio de presunción de inocencia: En el derecho penal romano, se reconocía el principio de presunción de inocencia. El acusado se consideraba inocente hasta que se demostrara su culpabilidad más allá de una duda razonable.

Juez imparcial: Los juicios penales romanos eran presididos por un juez o magistrado imparcial encargado de asegurar que el proceso se desarrollara de manera justa y equitativa. Se esperaba que el juez actuara de manera imparcial y basara sus decisiones en las pruebas y argumentos presentados durante el juicio.

Audiencias públicas: Los juicios penales en Roma generalmente se llevaban a cabo de manera pública, lo que permitía la participación de los ciudadanos y garantizaba cierta transparencia en el proceso. La audiencia se realizaba en un lugar público, como el foro, y el acusado y su defensor tenían la oportunidad de presentar su caso ante el magistrado y el público presente.

Cuestión de hecho y de derecho: Durante el juicio, se debatían tanto cuestiones de hecho como de derecho. Las partes presentaban sus argumentos y pruebas, y el magistrado tomaba una decisión basada en la evidencia presentada y en su interpretación de la ley aplicable.

El derecho a la defensa: En el derecho romano, se reconocía el derecho del acusado a presentar su defensa. El acusado podía designar un abogado o hablar por sí mismo para exponer sus argumentos y presentar pruebas en su favor.

Examen de testigos: Las declaraciones de los testigos eran consideradas una forma importante de evidencia en los juicios penales romanos. Tanto la acusación como la defensa tenían la oportunidad de presentar testigos y cuestionarlos bajo juramento.

El derecho al debido proceso: El derecho romano exigía que los juicios penales se llevaran a cabo de acuerdo con el debido proceso legal. Esto implicaba que se debía seguir un conjunto de reglas y procedimientos establecidos, incluyendo el derecho a un juicio público, la notificación de los cargos, el derecho a presentar pruebas y testigos, y el derecho a impugnar las pruebas y testimonios presentados en su contra.

Derecho a apelar: En algunos casos, el acusado tenía el derecho de apelar la sentencia dictada en su contra. Esto permitía una revisión de la decisión por parte de una instancia superior y brindaba una oportunidad adicional de asegurar un juicio justo.

Es importante destacar que los procedimientos y garantías procesales en el derecho penal romano no eran tan desarrollados como los sistemas legales modernos. Sin embargo, el derecho romano sentó las bases para muchos de los principios y garantías procesales que se utilizan en la actualidad en los sistemas legales contemporáneos.

7.5 Derecho penal especial: delitos contra la propiedad, delitos contra la vida, etc.

En el derecho penal romano, existían categorías de delitos que se consideraban como delitos especiales y que estaban específicamente relacionados con ciertas áreas, como la propiedad, la vida y otros aspectos sociales. A continuación, se mencionan algunos ejemplos de estas categorías de delitos:

Delitos contra la propiedad (Delicta furtorum): Esto incluía delitos relacionados con el robo, el hurto y el fraude. Se consideraban ofensas graves contra la propiedad y podían llevar a penas que implicaban multas, restitución de bienes robados e incluso la esclavitud en algunos casos.

Delitos contra la vida (Delicta homicidiorum): Estos delitos abarcaban el homicidio y otras ofensas contra la vida de las personas. Dependiendo de las circunstancias y la intención, las penas podían variar desde la pena de muerte hasta el destierro o la esclavitud.

Delitos contra el honor (Delicta iniuriae): Estos delitos se relacionaban con el daño a la reputación y el honor de las personas. Incluían la difamación, el insulto y otras acciones que perjudicaban la buena reputación de alguien. Las penas podían consistir en multas y compensaciones económicas.

Delitos sexuales (Delicta stupri): Estos delitos involucraban acciones sexuales consideradas inapropiadas o ilegales. Incluían el adulterio, la violación y otros actos de naturaleza sexual no consensuados. Las penas variaban y podían incluir multas, exilio y en algunos casos la pérdida de derechos civiles.

Delitos económicos (Delicta pecuniariorum): Estos delitos estaban relacionados con la conducta fraudulenta y deshonesta en asuntos financieros. Incluían la falsificación de monedas, la malversación de fondos y el fraude comercial. Las penas podían ser la restitución de los bienes, multas y la pérdida de derechos civiles.

Estos son solo algunos ejemplos de las categorías de delitos especiales en el derecho penal romano. Es importante destacar que las leyes y las sanciones podían variar según el período histórico y las interpretaciones legales aplicadas en diferentes momentos del Imperio Romano.

7.6 Influencia del derecho penal romano en los sistemas jurídicos modernos

El derecho penal romano ha tenido una gran influencia en los sistemas jurídicos modernos. Aunque ha evolucionado a lo largo de los siglos, su legado perdura en diversas áreas del derecho penal contemporáneo. A continuación, se destacan algunas de las influencias más significativas:

Principios jurídicos fundamentales: El derecho romano sentó las bases para varios principios jurídicos fundamentales que aún se aplican en los sistemas jurídicos modernos. Estos incluyen el principio de presunción de inocencia, el derecho a un juicio justo, el derecho a la defensa y el derecho a apelar una sentencia, entre otros.

Categorización de delitos: El derecho romano clasificó los delitos en categorías y estableció diferentes penas para cada tipo de ofensa. Esta clasificación y diferenciación de delitos ha influido en la forma en que los sistemas jurídicos modernos organizan y penalizan las infracciones penales.

Influencia en el derecho civil y penal: El derecho romano tuvo una influencia significativa en el desarrollo tanto del derecho civil como del derecho penal. Los conceptos y principios establecidos en el derecho penal romano también se reflejan en el derecho civil, especialmente en relación con la protección de la propiedad, los contratos y la responsabilidad civil.

Influencia en la legislación y los códigos penales: Los sistemas jurídicos modernos han adoptado y adaptado muchos de los principios y conceptos del derecho penal romano en sus códigos penales y legislación. Por ejemplo, los sistemas legales contemporáneos reconocen el robo, el homicidio, la violación y otros delitos similares que se originaron en el derecho penal romano.

Importancia del precedente legal: El derecho romano sentó las bases para la importancia del precedente legal, es decir, las decisiones judiciales previas como referencia para casos similares en el futuro. Este enfoque de jurisprudencia ha sido ampliamente adoptado en los sistemas jurídicos modernos y se considera fundamental para garantizar la consistencia y la equidad en la aplicación de la ley.

En resumen, el derecho penal romano ha dejado una huella significativa en los sistemas jurídicos modernos en términos de principios jurídicos, clasificación de delitos, influencia en el derecho civil y penal, legislación y precedente legal. Su legado perdura en muchas de las bases fundamentales del derecho penal contemporáneo.

7.7 Estudio de casos de juicios famosos en la historia romana

A lo largo de la historia romana, se llevaron a cabo numerosos juicios famosos que tuvieron un impacto significativo en la sociedad y el desarrollo del derecho romano. A continuación, se presentan algunos casos destacados:

El juicio de Cayo Verres (70 a.C.): Cayo Verres fue un gobernador romano acusado de corrupción durante su mandato en Sicilia. Cicerón, uno de los oradores y políticos más destacados de la época, lo acusó en un famoso discurso conocido como "Las Verrinas" y logró su condena.

El juicio de Marco Antonio (44 a.C.): Después del asesinato de Julio César, se llevó a cabo un juicio político contra Marco Antonio por sus acciones durante el conflicto que siguió a la muerte de César. Otro famoso orador romano, Cicerón, pronunció una serie de discursos llamados "Filípicas" en su contra.

El juicio de Jesús de Nazaret (siglo I d.C.): Aunque no fue un juicio romano en estricto sentido, el juicio de Jesús ante el gobernador romano Poncio Pilato es uno de los casos más conocidos de la historia. Este juicio resultó en la crucifixión de Jesús y tuvo un impacto significativo en el desarrollo del cristianismo.

El juicio de Publio Ovidio Nasón (8 d.C.): Ovidio fue un famoso poeta romano acusado de adulterio por el emperador Augusto. Fue exiliado a Tomis (actualmente Constanza, Rumania) y sus obras fueron desterradas. Su caso destaca el control del emperador sobre la moral y la literatura en la antigua Roma.

El juicio de Lucio Anneo Séneca (65 d.C.): Séneca, filósofo y escritor romano, fue acusado de conspirar contra el emperador Nerón. Aunque Séneca se defendió en el juicio, finalmente fue condenado a muerte por suicidio forzado.

Estos son solo algunos ejemplos de juicios famosos en la historia romana que ilustran la importancia del sistema judicial romano y su impacto en la sociedad y la política de la época. Cabe destacar que la información histórica disponible sobre estos casos puede variar en detalle y precisión.

7.8 Comparación entre el derecho penal romano y otros sistemas jurídicos antiguos

El derecho penal romano tuvo algunas similitudes y diferencias con otros sistemas jurídicos antiguos. A continuación, se presenta una comparación entre el derecho penal romano y dos sistemas jurídicos antiguos prominentes: el derecho penal griego y el derecho penal babilónico.

Derecho penal romano vs. Derecho penal griego:

Participación ciudadana: Tanto en el derecho penal romano como en el griego, se permitía la participación de los ciudadanos en los juicios penales. Sin embargo, en Grecia, los juicios eran conducidos por un jurado de ciudadanos seleccionados al azar, mientras que en Roma, los juicios eran principalmente responsabilidad de los magistrados.

Pena de muerte: En el derecho penal romano, la pena de muerte era común y se aplicaba en casos de delitos graves. En contraste, en el derecho penal griego, la pena de muerte era menos frecuente y se prefería castigos como el destierro o el pago de multas.

Énfasis en la venganza privada: En el derecho penal griego, la venganza privada era una práctica común, donde la víctima o su familia podían tomar represalias contra el infractor. En cambio, en el derecho penal romano, se promovía la acción penal pública y la intervención del Estado en la administración de justicia.

Derecho penal romano vs. Derecho penal babilónico:

Código de leyes: El derecho penal romano no tenía un código de leyes unificado, mientras que el derecho penal babilónico estaba basado en el famoso Código de Hammurabi, que establecía leyes y penas para diferentes delitos.

Severidad de las penas: El derecho penal babilónico era conocido por su severidad en las penas, que a menudo involucraban la mutilación, la esclavitud o incluso la muerte. En comparación, el derecho penal romano tenía una gama más amplia de penas, incluyendo multas, destierro y esclavitud, pero también se aplicaba la pena de muerte en ciertos casos.

Énfasis en la compensación económica: El derecho penal babilónico ponía un fuerte énfasis en la compensación económica como forma de reparación por el delito, mientras que en el derecho penal romano, aunque existía la posibilidad de pagar multas o compensaciones, las penas también incluían castigos corporales y privación de libertad.

Estas son solo algunas comparaciones generales entre el derecho penal romano, el derecho penal griego y el derecho penal babilónico. Es importante tener en cuenta que cada sistema jurídico antiguo tenía sus propias características distintivas y que puede haber diferencias adicionales en función de los períodos históricos y las interpretaciones locales.

Capítulo 8:

Derecho Administrativo Romano

8.1 Evolución y desarrollo del derecho administrativo en Roma

El derecho administrativo en Roma experimentó una evolución significativa a lo largo de su historia. Inicialmente, en los primeros tiempos de la República Romana, no existía una rama del derecho administrativo propiamente dicha, ya que el poder político y administrativo estaba en manos de los magistrados y los senadores.

Con la expansión del Imperio Romano, surgió la necesidad de establecer una estructura administrativa más compleja para gobernar y administrar las provincias. Esta evolución condujo al desarrollo de principios y normas específicas que regulaban la administración pública romana.

El emperador Augusto, considerado uno de los principales impulsores de la organización administrativa en Roma, estableció una estructura burocrática para gestionar el Imperio. Creó oficinas administrativas, como la Prefectura del Pretorio y el Consejo de Estado, para supervisar y controlar la administración de justicia y los asuntos gubernamentales.

A lo largo de los siglos, el derecho administrativo romano se caracterizó por varios aspectos:

Centralización del poder: El emperador tenía un control absoluto sobre la administración pública, y todas las decisiones importantes se tomaban desde la cúspide del poder político.

Reglamentación y legislación: Se promulgaron leyes y edictos para regular la administración pública, estableciendo normas y procedimientos para la toma de decisiones, la gestión de recursos y el control de la conducta de los funcionarios.

Procedimientos administrativos: Se desarrollaron procedimientos administrativos para garantizar la imparcialidad y la legalidad en la toma de decisiones. Los ciudadanos tenían la posibilidad de presentar quejas y apelaciones ante las autoridades administrativas.

Responsabilidad de los funcionarios: Los funcionarios administrativos tenían la obligación de rendir cuentas por sus acciones y eran responsables de garantizar el cumplimiento de las leyes y reglamentos.

Es importante destacar que el derecho administrativo romano se basaba en gran medida en la costumbre y la tradición, y no existía un cuerpo sistemático de leyes o códigos específicos para regularlo. Las decisiones y prácticas administrativas se desarrollaban a través de la jurisprudencia y las interpretaciones legales.

El legado del derecho administrativo romano ha influido en los sistemas jurídicos posteriores, incluidos los sistemas jurídicos de Europa continental. Muchos principios y conceptos del derecho administrativo romano, como la centralización del poder, los procedimientos administrativos y la responsabilidad de los funcionarios, han dejado una huella duradera en la evolución y desarrollo del derecho administrativo en el mundo occidental.

8.2 Organización y funciones de la administración pública en Roma

En la antigua Roma, la administración pública se organizaba de manera jerárquica y se dividía en varias instituciones y cargos que desempeñaban funciones específicas. A continuación se describen algunas de las principales instituciones y funciones de la administración pública romana:

Senado: El Senado romano era una de las instituciones más importantes de la administración pública. Estaba compuesto por senadores, que eran nombrados por el emperador o elegidos por otros senadores. El Senado tenía funciones legislativas, administrativas y consultivas, y desempeñaba un papel crucial en la toma de decisiones políticas y la supervisión del gobierno.

Magistrados: Los magistrados eran funcionarios electos que tenían autoridad para ejercer el poder ejecutivo y administrativo. Algunos de los magistrados más destacados incluían a los cónsules, pretores, ediles y questores. Cada magistrado tenía funciones específicas, como la administración de justicia, la gestión de los asuntos públicos y la supervisión de la ciudad.

Prefecturas y procuradurías: Las prefecturas y procuradurías eran oficinas administrativas que se establecieron para administrar y gobernar las provincias del Imperio Romano. Los prefectos y procuradores eran funcionarios designados por el emperador y se encargaban de la recaudación de impuestos, la gestión financiera, la administración de justicia y el mantenimiento del orden en las provincias.

Consejo de Estado: El Consejo de Estado, también conocido como Consilium Principis, era un órgano consultivo formado por expertos y funcionarios de alto rango. Asesoraba al emperador en asuntos legislativos, administrativos y judiciales, y tenía un papel importante en la toma de decisiones políticas y la elaboración de políticas.

Funcionarios y burocracia: Además de los magistrados y los funcionarios de alto rango, la administración pública romana empleaba a una gran cantidad de funcionarios y burócratas que desempeñaban diversas funciones administrativas. Estos funcionarios se encargaban de tareas como la recaudación de impuestos, la gestión de los registros públicos, la administración de los bienes estatales y la supervisión de los servicios públicos.

Es importante destacar que la organización y las funciones de la administración pública romana variaron a lo largo del tiempo y fueron influenciadas por factores políticos, sociales y económicos. Sin embargo, estas instituciones y funciones mencionadas proporcionan una visión general de la estructura administrativa en la antigua Roma y su sistema de gobierno.

8.3 Actos administrativos en el derecho romano

En el derecho romano, existían diversas formas de actos administrativos que eran utilizados por las autoridades para el ejercicio de sus funciones. Aunque el término "acto administrativo" no se utilizaba en el sentido moderno, se pueden identificar ciertas acciones y decisiones que equivalen a actos administrativos en el contexto romano. A continuación, se mencionan algunos ejemplos:

Edictos: Los edictos eran proclamaciones o disposiciones emitidas por los magistrados, especialmente los pretores. Estas proclamaciones tenían un carácter normativo y se utilizaban para establecer reglas y principios aplicables a la administración de justicia y la resolución de conflictos.

Rescriptos: Los rescriptos eran respuestas escritas emitidas por el emperador o sus representantes a consultas legales o solicitudes de las autoridades o particulares. Estas respuestas tenían carácter vinculante y proporcionaban orientación legal en situaciones específicas.

Mandatos: Los mandatos eran órdenes o instrucciones emitidas por las autoridades, como los magistrados o los gobernadores provinciales. Estos mandatos se utilizaban para impartir directrices o instrucciones en relación con la administración pública, el mantenimiento del orden o la implementación de políticas específicas.

Decretos: Los decretos eran decisiones adoptadas por los magistrados o los tribunales en el ejercicio de sus funciones judiciales o administrativas. Estas decisiones tenían efecto vinculante y se utilizaban para resolver disputas, imponer sanciones o regular asuntos relacionados con la administración pública.

Nombramientos: Los nombramientos eran actos por los cuales se designaba a una persona para ocupar un cargo o desempeñar una función específica dentro de la administración pública romana. Estos nombramientos podían ser realizados por los magistrados, los gobernadores provinciales o el emperador, dependiendo del nivel jerárquico del cargo.

Es importante tener en cuenta que la terminología y la clasificación exacta de los actos administrativos pueden variar entre el derecho romano y los sistemas jurídicos modernos. Sin embargo, estos ejemplos ilustran la existencia de acciones y decisiones administrativas en el derecho romano que tenían un impacto en la vida social, política y legal de la antigua Roma.

8.4 Responsabilidad de la administración en el derecho romano

En el derecho romano, la responsabilidad de la administración era un concepto que se desarrolló gradualmente a lo largo de la historia romana. Aunque no existía una noción exacta de "responsabilidad de la administración" como se entiende en los sistemas jurídicos modernos, se reconocía la posibilidad de que la administración pudiera ser considerada responsable por sus acciones u omisiones.

En general, la responsabilidad de la administración se basaba en la idea de que los funcionarios públicos tenían la obligación de cumplir con sus deberes y ejercer sus funciones de manera diligente y justa. Si un funcionario actuaba de manera negligente, injusta o abusiva, podía ser objeto de acciones legales o sanciones.

Algunos aspectos relevantes de la responsabilidad de la administración en el derecho romano incluían:

Responsabilidad civil: Si un funcionario público causaba daños o perjuicios a un individuo como resultado de su actuación negligente, podía ser demandado y estar sujeto a la obligación de reparar los daños. Sin embargo, esta responsabilidad se centraba más en la compensación económica que en una noción amplia de responsabilidad por el interés público o el buen gobierno.

Acciones contra los funcionarios: Los ciudadanos romanos tenían la posibilidad de presentar acciones legales, como la actio iniuriarum, para demandar a los funcionarios por actos injustos, abusos de poder o violaciones de los derechos civiles. Estas acciones permitían a los ciudadanos buscar reparación por los daños sufridos y, en algunos casos, imponer sanciones a los funcionarios culpables.

Responsabilidad del Estado: Aunque la idea de responsabilidad del Estado como entidad separada de los funcionarios individuales no estaba bien desarrollada en el derecho romano, se reconocía que el Estado podía ser responsable por las acciones u omisiones de sus agentes, en la medida en que se considerara que había fallado en el ejercicio adecuado de su poder y deberes.

Es importante tener en cuenta que el grado de responsabilidad de la administración y las opciones de recurso legal podían variar dependiendo del período histórico y las circunstancias específicas. Además, el derecho romano se basaba en gran medida en el principio de la venganza privada, lo que implicaba que, en algunos casos, la responsabilidad de la administración podía ser abordada a través de acciones privadas más que de un sistema de justicia administrativa formal.

En resumen, aunque la responsabilidad de la administración en el derecho romano no se entendía de la misma manera que en los sistemas jurídicos modernos, existían conceptos y mecanismos que permitían la rendición de cuentas de los funcionarios y la posibilidad de buscar compensación por los daños causados por la administración.

8.5 Control y jurisdicción administrativa en el derecho romano

En el derecho romano, el control y la jurisdicción administrativa no estaban desarrollados de la misma manera que en los sistemas jurídicos modernos. Sin embargo, existían mecanismos para supervisar y controlar la administración pública, y se podían presentar reclamaciones y disputas relacionadas con acciones administrativas.

Acciones judiciales: En caso de que un ciudadano considerara que la administración pública había actuado de manera injusta, arbitraria o ilegal, podía recurrir a las acciones judiciales disponibles en el sistema legal romano. Estas acciones podían presentarse ante los tribunales ordinarios, como los tribunales civiles, y buscaban obtener una resolución justa y equitativa.

Provinciae: Las provincias del Imperio Romano estaban bajo el control directo del emperador o de los gobernadores designados. Estos gobernadores tenían la autoridad para administrar y gobernar las provincias, pero también estaban sujetos a ciertos controles y supervisión. Si un ciudadano o grupo de ciudadanos tenía problemas o quejas con la administración provincial, podían presentarlas ante el gobernador o, en algunos casos, directamente al emperador.

Reclamaciones ante el Senado: En ocasiones, los ciudadanos podían presentar sus reclamaciones o quejas ante el Senado romano, especialmente en casos que implicaban asuntos de interés público o que afectaban a un gran número de personas. El Senado tenía la autoridad para investigar estas reclamaciones y, en algunos casos, tomar medidas para corregir los problemas identificados.

Es importante destacar que la administración pública en Roma estaba altamente centralizada y, en última instancia, bajo el control del emperador. El emperador tenía un amplio poder para supervisar y controlar la administración, y su voluntad era considerada suprema en asuntos administrativos. Por lo tanto, muchas decisiones y resoluciones se tomaban directamente por el emperador o por funcionarios designados por él.

Sin embargo, el sistema legal romano también reconocía la importancia de garantizar un trato justo y equitativo a los ciudadanos, y existían mecanismos para abordar reclamaciones y disputas relacionadas con la administración pública. Estos mecanismos, aunque limitados en comparación con los sistemas modernos, permitían cierto grado de control y supervisión sobre las acciones de la administración en el derecho romano.

8.6 Legado del derecho administrativo romano en la administración pública actual

El derecho administrativo romano ha dejado un importante legado en la administración pública actual, especialmente en sistemas jurídicos que se basan en tradiciones legales romano-germánicas. Algunos aspectos destacados del legado del derecho administrativo romano son los siguientes:

Principios generales: El derecho administrativo romano sentó las bases para muchos de los principios y conceptos fundamentales que son fundamentales en la administración pública actual. Estos incluyen la idea de que la administración debe actuar de manera justa, imparcial y de acuerdo con el interés público, así como el principio de legalidad, que establece que la administración debe actuar dentro de los límites establecidos por la ley.

Organización y estructura administrativa: El derecho administrativo romano proporcionó modelos para la organización y estructura de la administración pública. Los conceptos de jerarquía, división de poderes y roles y responsabilidades de los funcionarios administrativos se derivan en gran medida del sistema administrativo romano.

Procedimientos administrativos: El derecho administrativo romano también estableció normas y procedimientos para la toma de decisiones administrativas y la resolución de disputas. Estos incluyen el derecho a ser escuchado, el derecho a la defensa y el derecho a recurrir las decisiones administrativas ante instancias superiores.

Responsabilidad administrativa: Aunque el concepto moderno de responsabilidad administrativa ha evolucionado con el tiempo, el derecho administrativo romano sentó las bases para la noción de que la administración pública puede ser responsable por sus acciones u omisiones. Esto incluye la posibilidad de exigir compensación por daños causados por la administración o de recurrir las decisiones administrativas ante tribunales independientes.

Transparencia y rendición de cuentas: El derecho administrativo romano estableció la importancia de la transparencia en la administración pública y la necesidad de que los funcionarios públicos rindan cuentas por sus acciones. Estos principios se reflejan en las regulaciones y prácticas actuales que promueven la transparencia en la toma de decisiones y la obligación de los funcionarios de justificar sus acciones ante la sociedad.

En resumen, el derecho administrativo romano ha influido en gran medida en los sistemas jurídicos modernos en términos de principios, estructura organizativa, procedimientos administrativos, responsabilidad y rendición de cuentas. Aunque ha habido adaptaciones y desarrollos a lo largo de los siglos, el legado del derecho administrativo romano sigue siendo relevante en la administración pública actual.

8.7 Estudio de casos de decisiones administrativas en la historia romana

A continuación, se presentan algunos ejemplos de decisiones administrativas destacadas en la historia romana:

Construcción de infraestructuras: Durante el Imperio Romano, se tomaron numerosas decisiones administrativas para la construcción de infraestructuras que beneficiaron a la sociedad romana. Un ejemplo destacado es la construcción de la red de carreteras conocida como la Vía Apia, que conectaba Roma con la región sureña de Italia. Esta decisión administrativa permitió facilitar el transporte y el comercio en la región y fortaleció la unificación del imperio.

Políticas agrarias: Durante la República Romana, se implementaron diversas políticas agrarias para abordar problemas de tierras y distribución de la riqueza. Una de las decisiones más notables fue la Lex Sempronia Agraria, promulgada en el año 133 a.C. por el tribuno de la plebe Tiberio Sempronio Graco. Esta ley establecía la redistribución de tierras públicas a los ciudadanos más pobres y limitaba la cantidad de tierras que podía poseer una persona. Esta decisión administrativa buscaba reducir la desigualdad y promover la estabilidad social en la República.

Políticas fiscales: Durante el Imperio Romano, se tomaron decisiones administrativas en materia fiscal que tuvieron un impacto significativo en la economía del imperio. Por ejemplo, el emperador Augusto estableció un sistema tributario más equitativo y eficiente, reorganizando y estandarizando la recaudación de impuestos. Esta decisión administrativa contribuyó a fortalecer las finanzas del imperio y mejorar la administración fiscal en general.

Concesión de ciudadanía: En ocasiones, se tomaron decisiones administrativas para conceder la ciudadanía romana a individuos o comunidades específicas. Un ejemplo destacado es la Lex Iulia de Civitate Latinis Danda, promulgada por el emperador Augusto en el año 45 a.C. Esta ley otorgaba la ciudadanía romana a los habitantes de las ciudades latinas y establecía una serie de requisitos y beneficios asociados a la ciudadanía romana. Esta decisión administrativa tuvo un impacto significativo en la ampliación de los derechos y privilegios para los habitantes de las ciudades latinas.

Estos son solo algunos ejemplos de decisiones administrativas importantes en la historia romana. Es importante destacar que las decisiones administrativas en Roma estaban estrechamente ligadas a la autoridad y el poder de los gobernantes y funcionarios, y podían tener un impacto significativo en la vida social, política y económica de la sociedad romana.

8.8 Comparación entre el derecho administrativo romano y otros sistemas jurídicos antiguos

El derecho administrativo romano se desarrolló de manera única en comparación con otros sistemas jurídicos antiguos. Sin embargo, es posible establecer algunas comparaciones y contrastes con otros sistemas para comprender mejor sus similitudes y diferencias. A continuación, se presentan algunas comparaciones con otros sistemas jurídicos antiguos:

Derecho administrativo griego: Aunque el derecho administrativo romano no tiene un equivalente exacto en el sistema jurídico griego, existen algunas similitudes. Tanto en Grecia como en Roma, los asuntos administrativos estaban estrechamente relacionados con el poder del Estado y el gobierno de la ciudad. Ambos sistemas establecieron procedimientos y normas para la toma de decisiones administrativas, aunque los griegos se enfocaron más en la asamblea ciudadana y la participación directa de los ciudadanos en la toma de decisiones.

Derecho administrativo egipcio: El antiguo Egipto tenía una administración pública altamente centralizada y burocratizada, similar a la estructura administrativa romana. Ambos sistemas tenían una jerarquía clara de funcionarios y se basaban en la autoridad del faraón o el emperador para tomar decisiones administrativas. Sin embargo, el derecho administrativo egipcio se centraba más en cuestiones como la recolección de impuestos y la gestión de los recursos naturales.

Derecho administrativo mesopotámico: El derecho administrativo en Mesopotamia, especialmente en los imperios acadio y babilónico, tenía similitudes con el derecho administrativo romano en términos de estructura y jerarquía administrativa. Ambos sistemas tenían funcionarios designados que se encargaban de la administración pública y la toma de decisiones. Sin embargo, el derecho administrativo mesopotámico se centraba más en la regulación de la agricultura, la construcción y el comercio.

Derecho administrativo chino: En la antigua China, el derecho administrativo estaba estrechamente relacionado con los conceptos de gobernanza y burocracia. Al igual que en Roma, se estableció una estructura administrativa jerárquica con funcionarios designados para gestionar los asuntos públicos. Sin embargo, el enfoque chino en la administración pública se centraba más en la ética y la moral, y los funcionarios eran evaluados en función de su desempeño ético y su capacidad para promover el bienestar público.

Estas comparaciones ilustran que, si bien hay algunas similitudes en términos de estructura y organización administrativa, el derecho administrativo romano tenía sus características únicas. La influencia del derecho administrativo romano en los sistemas jurídicos modernos es notable, ya que sentó las bases para muchos principios y conceptos fundamentales que todavía se aplican en la administración pública actual.

Capítulo 9:

Derecho Procesal Romano

9.1 Introducción al derecho procesal romano

El derecho procesal romano se refiere al conjunto de normas y principios que regulaban los procedimientos judiciales en la antigua Roma. Este sistema jurídico se caracterizaba por su enfoque en la formalidad, la escritura y la aplicación de leyes y normas establecidas.

El derecho procesal romano se basaba en gran medida en el derecho civil romano, que era el cuerpo de leyes y normas que regían las relaciones entre los ciudadanos romanos. Los procedimientos judiciales en Roma se desarrollaban principalmente en el ámbito del derecho civil, aunque también existían procedimientos penales y administrativos.

En el derecho procesal romano, se reconocía la importancia de garantizar a las partes un juicio justo y equitativo. Se establecían reglas claras sobre cómo se debían llevar a cabo los juicios, incluyendo la presentación de pruebas, la producción de testimonios y la argumentación de las partes.

El proceso judicial romano se desarrollaba ante un magistrado o un juez, quien tenía la autoridad para tomar decisiones y emitir sentencias. Las partes en el proceso tenían el derecho a presentar sus argumentos y pruebas, así como a tener asistencia legal si así lo deseaban.

El derecho procesal romano también establecía diferentes tipos de acciones legales que las partes podían ejercer para proteger sus derechos o reclamar una compensación por daños sufridos. Estas acciones legales se clasificaban en acciones de ley (legis actiones) y acciones de equidad (actiones bonae fidei), y cada una tenía sus propias reglas y procedimientos específicos.

Es importante destacar que el derecho procesal romano tuvo una influencia significativa en el desarrollo de los sistemas jurídicos posteriores. Muchos de los principios y conceptos establecidos en el derecho procesal romano, como el derecho a la defensa, la presunción de inocencia y el derecho a una decisión fundamentada, han perdurado en los sistemas jurídicos modernos.

En resumen, el derecho procesal romano se caracterizaba por su enfoque en la formalidad, la escritura y la aplicación de leyes y normas establecidas. Establecía reglas y procedimientos para garantizar un juicio justo y equitativo, y sentó las bases para muchos principios y conceptos que siguen siendo fundamentales en los sistemas jurídicos actuales.

9.2 Tipos de procedimientos en el derecho romano: legis actiones, formulario, cognitio extraordinaria, etc.

El derecho romano tenía varios tipos de procedimientos legales, cada uno con características y reglas específicas. A continuación, se mencionan algunos de los procedimientos más importantes en el derecho romano:

Legis actiones: También conocido como procedimiento de las acciones de ley, era el sistema más antiguo de procedimiento en el derecho romano. Se basaba en una serie de fórmulas rituales y solemnes que debían ser recitadas por las partes durante el juicio. Este procedimiento se utilizaba para resolver disputas en casos civiles y se caracterizaba por su rigidez y formalidad.

Formulario: El procedimiento formulario fue una evolución del sistema de legis actiones. Se introdujo para brindar una mayor flexibilidad y adaptabilidad a los casos legales. En este procedimiento, las partes presentaban una fórmula escrita que describía la reclamación y las pretensiones de cada una. El juez se encargaba de escuchar los argumentos y evaluar las pruebas presentadas por las partes.

Cognitio extraordinaria: Este procedimiento se utilizaba en casos que no se ajustaban a los procedimientos anteriores, como asuntos penales y ciertos casos civiles complejos. En la cognitio extraordinaria, el juez tenía un mayor poder discrecional y podía investigar y recopilar pruebas de manera más activa. Este procedimiento permitía una mayor flexibilidad y adaptabilidad a las circunstancias específicas del caso.

In iure: Este procedimiento se llevaba a cabo ante un magistrado y se utilizaba para la presentación de una reclamación o demanda formal. Las partes presentaban sus argumentos y pruebas, y el magistrado decidía si el caso debía ser llevado a juicio o si podía ser resuelto de otra manera, como a través de una transacción o un acuerdo entre las partes.

Estos son solo algunos ejemplos de los procedimientos utilizados en el derecho romano. A lo largo del tiempo, el sistema legal romano evolucionó y se adaptó a las necesidades cambiantes de la sociedad, lo que condujo al desarrollo de diferentes tipos de procedimientos. Estos procedimientos reflejaban la importancia dada a la formalidad, la justicia y la equidad en el sistema legal romano.

9.3 Actores y roles en el proceso romano: jueces, magistrados, litigantes, testigos, etc.

En el proceso romano, participaban varios actores y desempeñaban roles específicos. A continuación, se mencionan los actores más relevantes en el proceso romano:

Jueces (iudices): Eran los encargados de tomar decisiones y emitir sentencias en los casos legales. Los jueces podían ser ciudadanos romanos seleccionados para este propósito. Dependiendo del tipo de caso y del procedimiento utilizado, el número de jueces podía variar.

Magistrados (magistratus): Eran funcionarios públicos que tenían autoridad y poder para administrar justicia en algunos casos. Los magistrados, como los pretores o los cónsules, supervisaban y dirigían el proceso legal. También podían ejercer funciones legislativas y administrativas.

Litigantes (litigatores): Eran las partes involucradas en el proceso legal, es decir, los demandantes y los demandados. Los litigantes tenían derecho a presentar sus reclamaciones y argumentos ante el juez o el magistrado correspondiente. Podían estar representados por abogados, aunque en los primeros tiempos del derecho romano, era común que las partes se representaran a sí mismas.

Abogados (advocati): Eran profesionales del derecho que asistían y representaban a los litigantes en el proceso legal. Los abogados podían presentar los argumentos y las pruebas en nombre de sus clientes y brindarles asesoramiento legal. Con el tiempo, el papel de los abogados se volvió más prominente y especializado en el derecho romano.

Testigos (testes): Eran personas que presenciaban los hechos relevantes del caso y podían proporcionar testimonio sobre ellos. Los testigos tenían la responsabilidad de presentar sus testimonios de manera veraz y completa ante el juez o el magistrado. Los testimonios de los testigos eran considerados una forma importante de prueba en el proceso romano.

Estos son algunos de los actores y roles clave en el proceso romano. Cada uno desempeñaba una función específica y contribuía a la administración de justicia y a la resolución de los casos legales. Su participación aseguraba la aplicación de la ley y la protección de los derechos de las partes involucradas.

9.4 Etapas del proceso romano: in iure, apud iudicem, executionis

El proceso romano se dividía en varias etapas, cada una con sus propias características y funciones. A continuación, se mencionan las etapas principales del proceso romano:

In iure: Esta etapa se llevaba a cabo ante un magistrado y era el inicio formal del proceso. En esta etapa, el demandante presentaba una reclamación o demanda formal (intentio) ante el magistrado. El demandado tenía la oportunidad de responder a la demanda y presentar sus argumentos. El magistrado evaluaba los argumentos de ambas partes y decidía si el caso debía ser llevado a juicio o si podía ser resuelto de otra manera, como a través de una transacción o un acuerdo entre las partes.

Apud iudicem: Si el caso avanzaba a la etapa de juicio, se trasladaba ante un juez (iudex). Esta etapa se conocía como "apud iudicem", que significa "ante el juez". Durante el juicio, las partes presentaban sus argumentos, pruebas y testimonios ante el juez. El juez evaluaba la evidencia presentada y tomaba una decisión sobre el caso. En algunos casos, podían utilizarse jurados (iudices) para ayudar al juez en la toma de decisiones.

Executionis: Una vez que se emitía una sentencia por parte del juez, se procedía a la etapa de ejecución. En esta etapa, se hacía cumplir la sentencia y se llevaban a cabo las acciones necesarias para asegurar su cumplimiento. Esto podía incluir el pago de una compensación, la entrega de una propiedad o cualquier otra medida que fuera ordenada por el juez. Si la sentencia no se cumplía voluntariamente, se podían tomar medidas coercitivas para garantizar su ejecución.

Es importante destacar que el proceso romano podía variar en función del tipo de caso y del procedimiento utilizado. Por ejemplo, en el procedimiento formulario, las etapas de "in iure" y "apud iudicem" podían fusionarse en un solo procedimiento ante el juez. Además, en ciertos casos más complejos o excepcionales, se podían emplear otros procedimientos como la cognitio extraordinaria, que implicaba una mayor intervención del juez en la investigación de los hechos.

Estas etapas del proceso romano reflejan la secuencia general que se seguía en los casos legales. Cada etapa tenía sus propias reglas y procedimientos, y se garantizaba a las partes el derecho a presentar sus argumentos y pruebas, así como a recibir una decisión fundamentada por parte del juez.

9.5 Pruebas y medios de prueba en el derecho procesal romano

En el derecho procesal romano, se utilizaban diferentes medios de prueba para establecer los hechos relevantes en un caso. A continuación, se mencionan algunos de los medios de prueba más comunes en el derecho romano:

Testimonios (testes): Los testimonios de testigos eran considerados una forma importante de prueba en el derecho romano. Los testigos eran personas que presenciaban los hechos relevantes del caso y podían proporcionar información sobre ellos. Los testigos eran llamados a declarar ante el juez o el magistrado y debían presentar su testimonio de manera veraz y completa.

Documentos escritos (instrumenta): Los documentos escritos también se utilizaban como medios de prueba en el derecho romano. Estos documentos podían ser contratos, testamentos, registros comerciales u otros registros escritos que respaldaran los hechos o las reclamaciones presentadas en el caso.

Los documentos escritos eran presentados ante el juez o el magistrado como evidencia.

Pruebas materiales (res): Las pruebas materiales consistían en la presentación de objetos, documentos o cualquier otro tipo de evidencia física que respaldara los hechos del caso. Por ejemplo, en un caso de propiedad, se podía presentar el objeto en disputa como prueba material. Estas pruebas se presentaban ante el juez o el magistrado durante el proceso.

Confesiones (confessio): Las confesiones eran consideradas una forma poderosa de prueba en el derecho romano. Si una de las partes admitía abiertamente los hechos que se le imputaban, su confesión podía ser utilizada en su contra como prueba de culpabilidad. Sin embargo, las confesiones debían ser realizadas voluntariamente y no bajo coacción.

Juramentos (ius iurandum): En ciertos casos, se utilizaban juramentos como medio de prueba. Las partes podían prestar un juramento bajo ciertas circunstancias para afirmar la veracidad de sus afirmaciones. Estos juramentos podían tener consecuencias legales si se demostraba que se habían hecho falsamente.

Es importante tener en cuenta que el derecho romano tenía sus propias reglas y procedimientos con respecto a la admisibilidad y valoración de las pruebas. Además, la carga de la prueba recaía generalmente en la parte que afirmaba un hecho, lo que significaba que dicha parte debía presentar pruebas suficientes para respaldar sus afirmaciones.

Estos son algunos de los medios de prueba utilizados en el derecho procesal romano. Cada medio de prueba se evaluaba y valoraba de acuerdo con las normas y los principios establecidos en ese sistema jurídico.

9.6 Garantías procesales y recursos en el derecho procesal romano

En el derecho procesal romano, se reconocían ciertas garantías procesales y recursos para proteger los derechos de las partes en un proceso legal. A continuación, se presenta una lista de algunas de estas garantías y recursos:

Derecho a la defensa: Las partes tenían el derecho de ser informadas sobre las acusaciones en su contra y de presentar su defensa de manera adecuada. Esto incluía la posibilidad de presentar argumentos, pruebas y testigos en apoyo de su caso.

Derecho a un juicio imparcial: Se garantizaba a las partes un juicio imparcial y objetivo. Los jueces y magistrados debían ser imparciales y decidir en base a la ley y la evidencia presentada en el caso.

Derecho a la confrontación: Las partes tenían el derecho de enfrentar y cuestionar a los testigos y las pruebas presentadas en su contra. Podían interrogar a los testigos y presentar argumentos para impugnar la credibilidad de la evidencia presentada.

Derecho a la presunción de inocencia: Se presumía la inocencia de las personas acusadas hasta que se probara su culpabilidad más allá de toda duda razonable. Esto implicaba que la carga de la prueba recaía en la parte acusadora.

Derecho a un juicio público: En la mayoría de los casos, los juicios eran públicos, lo que significa que estaban abiertos al público en general. Esto permitía que el proceso fuera transparente y que se pudiera ejercer una mayor vigilancia sobre las actuaciones judiciales.

Derecho a la apelación: En algunos casos, se permitía la apelación de las sentencias dictadas por los tribunales inferiores. La apelación implicaba una revisión del caso por parte de un tribunal superior para verificar si se habían cometido errores legales o si la sentencia era injusta.

Derecho a la revisión: Si se presentaban circunstancias nuevas o se descubría evidencia adicional después de la conclusión del caso, se podía solicitar una revisión del juicio. Esto permitía una reconsideración de los hechos y la posibilidad de modificar o anular la sentencia anterior.

Derecho a la indemnización: En caso de que una parte sufriera daños o perjuicios como resultado de un proceso injusto o indebido, tenía derecho a buscar una compensación adecuada por parte del Estado o de la parte responsable.

Es importante tener en cuenta que el derecho procesal romano se desarrolló a lo largo de varios siglos y que las garantías y recursos procesales variaron en diferentes periodos y bajo diferentes sistemas legales. Esta lista proporciona una visión general de algunas de las principales garantías y recursos reconocidos en el derecho procesal romano.

9.7 Estudio de casos de procesos judiciales famosos en la historia romana

A lo largo de la historia romana, hubo varios procesos judiciales famosos que tuvieron un impacto significativo en la sociedad y el derecho romano. A continuación, se presentan algunos ejemplos de casos destacados:

Proceso de Publio Cornelio Escipión Nasica (149 a.C.): Publio Cornelio Escipión Nasica, un destacado político y líder de la facción aristocrática, fue acusado de soborno y corrupción durante su mandato como cónsul. Aunque se desconocen los detalles precisos del proceso, su reputación se vio afectada y se le prohibió ocupar cargos públicos.

Proceso de Sexto Roscio (80 a.C.): Sexto Roscio fue acusado del asesinato de su padre y se enfrentó a un juicio en el que fue defendido por el famoso orador Cicerón. Cicerón logró demostrar la inocencia de Roscio, y el caso se convirtió en uno de los logros más destacados de su carrera como abogado.

Proceso de Cayo Verres (70 a.C.): Cayo Verres fue un gobernador romano acusado de corrupción durante su mandato en Sicilia. Cicerón fue el abogado que lideró el caso en su contra y presentó pruebas contundentes de su malversación de fondos y abuso de poder. El juicio de Verres fue un hito en la lucha contra la corrupción en el sistema judicial romano.

Proceso de Catilina (63 a.C.): Lucio Sergio Catilina fue un senador romano acusado de conspirar contra la República romana. Cicerón también fue el abogado principal en este caso y pronunció una serie de famosos discursos conocidos como las "Catilinarias". Catilina fue declarado culpable y se exilió antes de su ejecución.

Proceso de Gayo Rabirio (54 a.C.): Gayo Rabirio fue acusado de envenenar a su padre, un cargo grave en el derecho romano. Cicerón también defendió a

Rabirio en este caso y logró probar su inocencia. El proceso fue notable por su complejidad y el uso de argumentos legales innovadores por parte de Cicerón.

Proceso de Julio César y Tito Labieno (50 a.C.): Julio César, el famoso líder militar y político romano, fue acusado de violar la ley al cruzar el río Rubicón y entrar en Roma con sus tropas. Tito Labieno, un general y antiguo aliado de César, también fue acusado de traición. Estos procesos fueron parte del conflicto que condujo a la guerra civil romana.

Proceso de Marco Antonio y Cayo Octavio (43 a.C.): Después del asesinato de Julio César, Marco Antonio y Cayo Octavio (futuro emperador Augusto) se enfrentaron en un proceso político y militar para obtener el control del Estado romano. Estos procesos y conflictos llevaron a la formación del Segundo Triunvirato.

Proceso de Jesús de Nazaret (siglo I d.C.): Aunque Roma no era directamente responsable de la crucifixión de Jesús, el proceso y la condena de Jesús por las autoridades judías y su posterior ejecución por parte de las autoridades romanas se consideran un evento importante en la historia del derecho y la justicia.

Proceso de Sejano (31 d.C.): Lucio Elio Sejano fue el poderoso prefecto del pretorio bajo el emperador Tiberio. Sin embargo, fue acusado de conspirar contra el emperador y fue condenado a muerte después de un juicio político. Su proceso y ejecución demostraron la autoridad y el control del emperador en el sistema judicial romano.

Proceso de Valerio Asiático (47 d.C.): Valerio Asiático fue un senador romano acusado de traición y conspiración contra el emperador Claudio. Fue condenado a muerte, lo que generó controversia debido a las acusaciones políticas y al proceso judicial aparentemente injusto.

Proceso de Apuleyo (158 d.C.): Lucio Apuleyo, un filósofo y escritor romano, fue acusado de brujería y de utilizar magia para seducir y casarse con una mujer adinerada. El caso se convirtió en un espectáculo mediático y Apuleyo fue defendido por su habilidad oratoria y su conocimiento de la ley.

Proceso de los cristianos en Roma: Durante los primeros siglos del Imperio Romano, los cristianos fueron perseguidos y sometidos a procesos judiciales por su negativa a adorar a los dioses romanos. Estos procesos tuvieron un impacto significativo en la historia de la persecución religiosa en el Imperio Romano.

Estos casos representan una variedad de procesos judiciales famosos en la historia romana, abarcando diferentes períodos y circunstancias. Cada uno de ellos dejó su huella en el desarrollo del sistema judicial romano y en la sociedad de la época.

9.8 Comparación entre el derecho procesal romano y otros sistemas jurídicos antiguos

El derecho procesal romano tuvo influencia en varios sistemas jurídicos antiguos y, a su vez, también se vio influenciado por otros sistemas legales de la época. A continuación, se presenta una comparación entre el derecho procesal romano y otros sistemas jurídicos antiguos:

Derecho procesal griego: Tanto el derecho romano como el derecho griego compartían algunas similitudes en términos de estructura y procedimientos legales. Ambos sistemas se basaban en la oralidad y en la presentación de argumentos orales por parte de los litigantes. Sin embargo, mientras que el derecho romano se centraba más en la aplicación de la ley y en la autoridad del juez, el derecho griego daba mayor importancia a los argumentos persuasivos y retóricos de los abogados.

Derecho procesal egipcio: El derecho procesal egipcio se caracterizaba por su complejidad y formalidad. A diferencia del derecho romano, que tenía una mayor flexibilidad en los procedimientos, el derecho egipcio era altamente ritualizado y se regía por una serie de reglas y ceremonias estrictas. Además, en Egipto se utilizaban diferentes tribunales especializados para tratar diferentes tipos de casos.

Derecho procesal babilónico: El derecho procesal babilónico, codificado en el famoso Código de Hammurabi, tenía una fuerte orientación hacia la ley escrita y establecía penas específicas para diferentes delitos. A diferencia del derecho romano, que se basaba en la jurisprudencia y la interpretación de los jueces, el derecho babilónico se centraba en la aplicación literal de la ley y en la autoridad del rey como fuente suprema de justicia.

Derecho procesal hebreo: El derecho procesal hebreo se basaba en la Ley Mosaica y en los principios religiosos y morales. A diferencia del derecho romano, que tenía una estructura más secular, el derecho hebreo incorporaba elementos religiosos en los procesos judiciales. Además, el sistema judicial hebreo daba importancia a la mediación y la reconciliación, buscando la restauración de la armonía en lugar de la simple aplicación de la ley.

Estas son solo algunas comparaciones generales entre el derecho procesal romano y otros sistemas jurídicos antiguos. Cada sistema tenía sus propias características distintivas y reflejaba las particularidades de la sociedad y la cultura en la que se desarrolló. Aunque había similitudes en algunos aspectos, también existían diferencias significativas en términos de procedimientos, enfoques legales y fundamentos filosóficos.

Capítulo 10:

Derecho Internacional Romano

10.1 El Derecho Romano y las relaciones con otros pueblos y culturas

El Derecho Romano tuvo un impacto significativo en las relaciones con otros pueblos y culturas durante el período de expansión y dominio del Imperio Romano. A medida que Roma extendía su influencia sobre diferentes territorios y absorbía diversas culturas, también se produjo un intercambio de ideas y prácticas legales. A continuación, se presentan algunos aspectos destacados de las relaciones del Derecho Romano con otros pueblos y culturas:

Romanización: A medida que Roma conquistaba nuevos territorios, buscaba establecer un sistema legal y administrativo uniforme en sus provincias. Esto implicaba la aplicación del Derecho Romano a la población local y la romanización de las instituciones legales existentes. En algunos casos, se permitía que ciertos aspectos de los sistemas legales locales coexistieran con el Derecho Romano, dando lugar a una combinación de tradiciones legales.

Recepción del Derecho Romano: En algunos territorios, especialmente en el ámbito del Derecho Privado, se adoptó voluntariamente el Derecho Romano. Esto se debió a la reputación del sistema legal romano como una fuente de justicia imparcial y sofisticada. Algunos ejemplos notables de la recepción del Derecho Romano se encuentran en las áreas de Europa continental que fueron influenciadas por el Derecho Romano a través del proceso de romanización.

Incorporación de leyes locales: A medida que el Imperio Romano se expandía y absorbía culturas y pueblos diversos, también reconocía y respetaba las leyes locales en cierta medida. En algunas provincias, se permitía que las comunidades mantuvieran sus propias leyes y costumbres, siempre que no entraran en conflicto con los principios fundamentales del Derecho Romano. Esto reflejaba una política de tolerancia y reconocimiento de la diversidad legal y cultural.

Sincretismo legal: En el ámbito del Derecho Público, el Derecho Romano también se vio influenciado por las prácticas legales de los pueblos conquistados. A medida que Roma incorporaba territorios y absorbía sus sistemas políticos y administrativos, también adoptaba y adaptaba ciertos elementos de esas estructuras legales. Esto condujo a un sincretismo legal en el que se combinaban aspectos del Derecho Romano con prácticas locales.

En resumen, el Derecho Romano interactuó de diversas maneras con otros pueblos y culturas durante la expansión del Imperio Romano. Si bien Roma buscaba establecer una base legal y administrativa uniforme en sus provincias, también hubo un reconocimiento de la diversidad legal y cultural, así como una influencia mutua entre el Derecho Romano y las prácticas legales de otros pueblos. Esta interacción contribuyó a la evolución y adaptación del Derecho Romano a lo largo del tiempo.

10.2 Tratados y alianzas en el Derecho Romano

En el Derecho Romano, los tratados y alianzas desempeñaron un papel fundamental en las relaciones diplomáticas y políticas con otros pueblos y estados. Estos acuerdos establecían derechos, obligaciones y términos específicos para regular las relaciones entre Roma y otras entidades políticas. A continuación, se presentan algunos aspectos destacados sobre los tratados y alianzas en el Derecho Romano:

Foedus: El foedus era el término utilizado para referirse a un tratado o alianza formal entre Roma y otro estado o comunidad. Estos acuerdos podían ser de diferentes tipos y se basaban en el consentimiento mutuo de las partes involucradas. Los foedus establecían los términos y condiciones de la relación, como la protección mutua, la cooperación militar, el comercio, la delimitación de fronteras y la resolución de disputas.

Societas: La societas era una forma de alianza más estrecha y duradera entre Roma y otra entidad política, como una ciudad o una comunidad. En una societas, las partes implicadas se comprometían a mantener una relación de amistad y cooperación continua. Estas alianzas podían tener un carácter militar, político o económico, y solían estar respaldadas por acuerdos específicos que detallaban las obligaciones y beneficios para ambas partes.

Indutiae: Las indutiae eran tratados de paz temporales o treguas que se establecían entre Roma y un enemigo durante un período determinado. Estos acuerdos permitían una suspensión temporal de las hostilidades y brindaban un período de calma y negociación. Las indutiae eran particularmente comunes durante los conflictos militares y podían renovarse o terminar según lo acordado.

Pacta: Los pacta eran acuerdos verbales o informales entre Roma y otras entidades políticas. Aunque no tenían la misma formalidad que los foedus o las societates, los pacta podían ser igualmente vinculantes y establecer compromisos y obligaciones. Estos acuerdos podían abordar una amplia gama de asuntos, desde la cooperación militar hasta el intercambio comercial y la resolución de disputas.

Los tratados y alianzas en el Derecho Romano se basaban en los principios de la voluntad mutua y el consentimiento entre las partes involucradas. Estos acuerdos eran reconocidos y respetados por el derecho romano, y su violación podía tener consecuencias legales y políticas. La firma y el cumplimiento de los tratados y alianzas eran fundamentales para mantener la estabilidad y las relaciones internacionales de Roma con otros pueblos y estados.

10.3 Protección de los extranjeros en el Derecho Romano

El Derecho Romano tenía disposiciones para proteger los derechos y la seguridad de los extranjeros que vivían en el Imperio Romano. Aunque no existía un estatuto legal específico para los extranjeros, se reconocía la necesidad de garantizarles ciertos derechos y protecciones básicas. A continuación, se presentan algunas de las formas en las que se protegía a los extranjeros en el Derecho Romano:

Ius gentium: El ius gentium (derecho de las gentes) era una rama del Derecho Romano que regulaba las relaciones entre los ciudadanos romanos y los extranjeros. Establecía principios y normas básicas que se aplicaban a todas las personas, independientemente de su nacionalidad o estatus legal. Este cuerpo legal buscaba garantizar la igualdad ante la ley y la protección de los derechos fundamentales de los individuos, incluidos los extranjeros.

Protección contractual: Los extranjeros que celebraban contratos con ciudadanos romanos estaban protegidos por las leyes romanas en términos de cumplimiento de los términos y condiciones del contrato. Si un extranjero era perjudicado o engañado en una transacción comercial, tenía derecho a buscar reparación y justicia ante los tribunales romanos.

Seguridad personal: Los extranjeros en el Imperio Romano gozaban de protección contra la violencia y el abuso. Si un extranjero era víctima de agresión física o de alguna forma de injusticia, podía buscar la intervención de las autoridades romanas y recurrir a los tribunales para buscar justicia y reparación.

Derecho a la propiedad: Los extranjeros podían poseer propiedades en el Imperio Romano, ya sea a través de la adquisición directa o mediante contratos de arrendamiento. Tenían derecho a disfrutar y administrar sus propiedades de acuerdo con las leyes romanas, y estaban protegidos contra el robo o el daño a sus bienes.

Derecho al litigio: Los extranjeros también tenían acceso a los tribunales romanos para resolver disputas legales. Podían presentar demandas y defender sus derechos ante los jueces romanos, aunque a veces podían enfrentar restricciones o requisitos adicionales en comparación con los ciudadanos romanos.

Si bien los extranjeros tenían ciertas protecciones legales en el Derecho Romano, también es importante destacar que no todos los extranjeros recibían las mismas garantías que los ciudadanos romanos. El estatus y la nacionalidad del extranjero podían influir en la extensión de las protecciones legales que se les otorgaban. Además, el tratamiento de los extranjeros podía variar en diferentes épocas y bajo diferentes emperadores, dependiendo de las políticas y las circunstancias particulares.

10.4 Conflictos y resolución de disputas internacionales en el Derecho Romano

En el Derecho Romano, los conflictos y las disputas internacionales se abordaban a través de una combinación de diplomacia, negociación y, en algunos casos, el uso de la fuerza militar. A continuación, se presentan algunos aspectos destacados sobre los conflictos y la resolución de disputas internacionales en el Derecho Romano:

Negociación y tratados: Cuando surgían conflictos entre Roma y otras entidades políticas, se buscaba primero una solución pacífica a través de la negociación y la firma de tratados. Estos tratados establecían los términos y condiciones para la resolución del conflicto, incluyendo posibles compensaciones, cesiones territoriales o acuerdos de no agresión. Los tratados eran vinculantes y su violación podía tener consecuencias legales y políticas.

Arbitraje: En algunos casos, cuando las partes en conflicto no podían llegar a un acuerdo directo, se recurría al arbitraje. Los árbitros, generalmente personas de confianza y respetadas por ambas partes, actuaban como mediadores imparciales para resolver el conflicto. Sus decisiones eran aceptadas y cumplidas por las partes involucradas.

Recursos militares: En situaciones en las que no se podía lograr una solución pacífica, Roma recurría al uso de la fuerza militar para resolver los conflictos. Las legiones romanas eran enviadas para hacer valer los intereses de Roma y someter a los rebeldes o enemigos. La guerra era vista como un medio legítimo para proteger los intereses y la seguridad del Imperio Romano.

Jurisdicción romana: El Derecho Romano se aplicaba a los territorios conquistados y las provincias del Imperio Romano. Esto implicaba que las disputas legales entre ciudadanos romanos y personas o entidades extranjeras podían ser llevadas ante los tribunales romanos. Estos tribunales tenían jurisdicción sobre los asuntos legales y se esperaba que administraran justicia de acuerdo con el Derecho Romano.

Es importante tener en cuenta que la resolución de disputas internacionales en el Derecho Romano variaba dependiendo de la situación y las circunstancias específicas. A lo largo de la historia romana, hubo casos de negociaciones exitosas, tratados duraderos y conflictos militares prolongados. La resolución de disputas internacionales en el Derecho Romano reflejaba las realidades políticas y militares de la época, así como los intereses y objetivos del Imperio Romano.

10.5 Derecho de guerra y conquista en el Derecho Romano

En el Derecho Romano, el derecho de guerra y conquista jugó un papel significativo en la expansión del Imperio Romano y en el establecimiento de su dominio sobre territorios conquistados. El derecho de guerra en Roma estaba basado en la noción de que Roma tenía el derecho legítimo de defender sus intereses y de expandir su territorio a través de la conquista. A continuación, se presentan algunos aspectos clave relacionados con el derecho de guerra y conquista en el Derecho Romano:

Ius Belli: El ius belli, o derecho de guerra, era el conjunto de normas y principios que regulaban la conducta de Roma en tiempos de guerra. Establecía las reglas para declarar la guerra, los derechos y obligaciones de los combatientes, y las normas para tratar a los prisioneros de guerra y a los territorios conquistados.

Bellum Iustum: El bellum iustum, o guerra justa, era el concepto según el cual Roma podía emprender una guerra legítima si se cumplían ciertos criterios. Según el derecho romano, una guerra era considerada justa si se declaraba en respuesta a una agresión previa, si se llevaba a cabo con un propósito legítimo, y si se seguían ciertas normas y restricciones en el proceso de conquista.

Diritto di Conquista: El derecho de conquista, o ius conquestum, era el principio que sostenía que una vez que Roma había conquistado un territorio, adquiría el derecho legítimo sobre ese territorio y su población. Esto implicaba que Roma tenía el poder de establecer su gobierno y sus leyes en los territorios conquistados, así como imponer tributos y exigir lealtad de los habitantes.

Tratados y acuerdos: Después de la conquista, Roma solía establecer tratados y acuerdos con los territorios y pueblos conquistados. Estos acuerdos podían establecer los términos y condiciones para la integración de los territorios conquistados dentro del Imperio Romano, así como los derechos y obligaciones de los habitantes.

Esclavitud y saqueo: En el contexto de la guerra y la conquista, el Derecho Romano permitía la esclavización de los prisioneros de guerra y el saqueo de los territorios conquistados. Los prisioneros de guerra eran considerados propiedad del Estado romano y podían ser vendidos como esclavos. Además, los romanos tenían derecho a saquear y apropiarse de los recursos y riquezas de los territorios conquistados.

Es importante señalar que la perspectiva del derecho de guerra y conquista en el Derecho Romano está influenciada por el contexto histórico y las prácticas de la época. Al igual que en otros sistemas jurídicos antiguos, las normas y prácticas relacionadas con la guerra y la conquista en el Derecho Romano difieren significativamente de los principios y normas contemporáneas que rigen el derecho internacional y los derechos humanos.

10.6 Influencia del Derecho Internacional Romano en el derecho internacional contemporáneo

El Derecho Internacional Romano ha tenido una influencia significativa en el desarrollo del derecho internacional contemporáneo. A continuación, se presentan algunas áreas en las que se puede observar esa influencia:

Tratados y pactos: El derecho romano sentó las bases para la celebración de tratados y pactos entre estados. Los romanos fueron hábiles en la negociación y celebración de acuerdos con otras entidades políticas, y establecieron principios y prácticas que han perdurado en el derecho internacional. Los conceptos de consentimiento mutuo, obligaciones recíprocas y respeto a los tratados se derivan de las prácticas romanas.

Jurisdicción y arbitraje: El Derecho Romano estableció la idea de que los estados tienen jurisdicción sobre los asuntos internos y externos y pueden resolver disputas a través de medios pacíficos, como el arbitraje. La jurisdicción de los tribunales romanos sobre asuntos internacionales sentó las bases para la jurisdicción de los tribunales internacionales contemporáneos y el sistema de resolución de disputas internacionales.

Derechos y protección de los extranjeros: El Derecho Romano desarrolló normas y principios para la protección de los extranjeros, conocidos como peregrinos, que vivían o comerciaban en el Imperio Romano. Estos derechos y protecciones incluían la libertad de movimiento, la seguridad personal y la protección de la propiedad. Estas ideas han influido en el desarrollo de normas internacionales que protegen los derechos de los extranjeros en los Estados soberanos.

Derechos humanos y derecho de gentes: El concepto romano de ius gentium, o derecho de gentes, sentó las bases para el desarrollo del derecho internacional contemporáneo. El ius gentium se refería a las normas y principios que se consideraban comunes a todos los pueblos, más allá de las leyes particulares de cada Estado. Este concepto contribuyó al reconocimiento de los derechos humanos universales y a la idea de que ciertos principios fundamentales son aplicables a todos los seres humanos, independientemente de su nacionalidad o afiliación estatal.

Herencia jurídica: El Derecho Romano ha tenido una influencia duradera en el desarrollo de los sistemas jurídicos en Europa y en otras partes del mundo. Muchos sistemas legales contemporáneos, como el derecho civil y el derecho canónico, se basan en gran medida en los principios y conceptos del Derecho Romano. A través de esta influencia indirecta, el Derecho Internacional Romano ha dejado una huella en el derecho internacional contemporáneo.

Si bien el Derecho Internacional Romano ha influido en gran medida en el derecho internacional contemporáneo, también es importante tener en cuenta que el contexto histórico y las prácticas romanas difieren en muchos aspectos de las normas y principios contemporáneos. El derecho internacional ha evolucionado significativamente a lo largo de los siglos y ha incorporado nuevas realidades y desafíos que no existían en la época romana.

10.7 Estudio de casos de relaciones internacionales en la historia romana

Relaciones con Cartago: Las guerras púnicas entre Roma y Cartago son un ejemplo destacado de las relaciones internacionales en la historia romana. Estas guerras fueron conflictos prolongados que tuvieron un impacto significativo en la expansión del poder romano en el Mediterráneo. Las guerras púnicas resultaron en la destrucción de Cartago y en la consolidación del dominio romano en la región.

Relaciones con Grecia: La relación de Roma con Grecia fue compleja y evolucionó a lo largo del tiempo. Inicialmente, Roma tuvo una actitud respetuosa hacia la cultura y el conocimiento griegos, y muchos intelectuales y artistas griegos fueron bienvenidos en Roma. Sin embargo, también hubo conflictos y tensiones entre Roma y algunas ciudades-estado griegas, lo que llevó a conflictos militares en ocasiones.

Relaciones con Egipto: La conquista de Egipto por parte de Roma en el año 30 a.C. estableció una relación especial entre ambos. Egipto se convirtió en una provincia romana, pero mantuvo cierta autonomía y fue gobernada por una serie de gobernantes designados por Roma. Esta relación permitió a Roma controlar los recursos y la riqueza de Egipto, así como beneficiarse de su posición estratégica en el Mediterráneo.

Relaciones con el Imperio Parto: Roma mantuvo relaciones diplomáticas y militares con el Imperio Parto, que abarcaba la región de Persia y Mesopotamia. Hubo una serie de conflictos y tratados entre ambos imperios, y las fronteras entre ellos estaban sujetas a cambios y disputas constantes. La relación entre Roma y el Imperio Parto fue una mezcla de conflicto y cooperación a lo largo de la historia romana.

Relaciones con los bárbaros: A medida que el Imperio Romano se expandía, también se encontraba en contacto con varios pueblos bárbaros. Estas relaciones variaban desde la cooperación y la diplomacia hasta la confrontación militar. Algunas tribus bárbaras se aliaron con Roma, mientras que otras representaban una amenaza para el imperio. El manejo de las relaciones con los pueblos bárbaros fue un desafío importante para Roma.

Relaciones con las provincias: El Imperio Romano incluía numerosas provincias que tenían una relación específica con Roma. Estas provincias tenían diferentes niveles de autonomía y estaban sujetas a las leyes y regulaciones romanas. La relación entre Roma y las provincias implicaba aspectos administrativos, económicos, sociales y culturales.

Relaciones con los germanos: Durante el período final del Imperio Romano, se produjo una serie de migraciones y conflictos con los pueblos germánicos, como los visigodos, ostrogodos y vándalos. Estas migraciones y conflictos tuvieron un impacto significativo en el colapso del Imperio Romano de Occidente y en el establecimiento de los reinos germánicos en Europa.

Relaciones con el Imperio Sasánida: El Imperio Sasánida, que abarcaba la región de Persia y Mesopotamia, fue un rival importante de Roma en el oriente. Hubo numerosos conflictos y tratados entre ambos imperios a lo largo de la historia romana, y las relaciones entre ellos estuvieron marcadas por la rivalidad y la competencia por el poder.

Relaciones con las tribus celtas: Las tribus celtas habitaban gran parte de Europa occidental y central antes de la expansión romana. Roma tuvo relaciones tanto pacíficas como conflictivas con las tribus celtas, y la conquista y romanización de algunas regiones celtas fue un proceso prolongado.

Estos casos ilustran la diversidad y la complejidad de las relaciones internacionales en la historia romana, que abarcaron desde alianzas diplomáticas hasta conflictos militares y la incorporación de nuevas regiones bajo el dominio romano.

10.8 Comparación entre el derecho internacional romano y otros sistemas jurídicos antiguos

El derecho internacional romano, también conocido como el derecho de gentes romano, presenta algunas similitudes y diferencias con otros sistemas jurídicos antiguos. A continuación, se realiza una comparación entre el derecho internacional romano y dos sistemas jurídicos antiguos importantes: el derecho mesopotámico y el derecho griego.

Derecho Internacional Romano vs. Derecho Mesopotámico:

Universalidad del derecho: Tanto el derecho internacional romano como el derecho mesopotámico reconocían la existencia de un cuerpo de normas y principios que se aplicaban a todos los pueblos, más allá de sus leyes internas. El derecho de gentes romano se basaba en la idea del ius gentium, mientras que el derecho mesopotámico se basaba en el concepto de "derecho de gentes" o "derecho de las naciones".

Tratados y alianzas: Ambos sistemas jurídicos reconocían la importancia de los tratados y las alianzas como medios para regular las relaciones entre los estados. Tanto Roma como Mesopotamia celebraban tratados con otras entidades políticas y establecían cláusulas para la protección mutua y la resolución de disputas.

Diferencias en la forma de gobierno: Mientras que Roma era una república que se convirtió en un imperio, Mesopotamia estaba compuesta por ciudades-estado y, posteriormente, fue dominada por imperios como el Imperio Asirio y el Imperio Babilónico. Esto implicaba diferencias en la organización política y en las normas y procedimientos legales aplicables.

Derecho Internacional Romano vs. Derecho Griego:

Concepto de derecho de gentes: Tanto el derecho internacional romano como el derecho griego reconocían la existencia de un conjunto de normas y principios que se aplicaban a todas las personas y pueblos más allá de las leyes internas. Sin embargo, mientras que los romanos desarrollaron el concepto de ius gentium, los griegos se referían al "derecho de gentes" o "derecho de las naciones".

Influencia de las polis: En Grecia, el concepto de ciudad-estado, o polis, era central en la vida política y legal. Esto implicaba que las leyes y normas variaban entre las diferentes polis, lo que dificultaba la existencia de un derecho internacional uniforme. En contraste, el derecho romano se desarrolló en un contexto de imperio, con un sistema legal más centralizado y uniforme.

Perspectiva filosófica: La filosofía griega tuvo una influencia significativa en el pensamiento jurídico y político de la época, y esto se reflejó en el derecho griego. Por ejemplo, filósofos como Platón y Aristóteles reflexionaron sobre la justicia y la organización política. En el caso del derecho romano, aunque también hubo influencias filosóficas, como el estoicismo, el enfoque estaba más orientado a la pragmática y a la práctica legal.

En general, el derecho internacional romano compartía algunos principios y conceptos con otros sistemas jurídicos antiguos, como la idea de tratados y alianzas y el reconocimiento de un conjunto de normas comunes a todos los pueblos. Sin embargo, las diferencias en la organización política, las influencias filosóficas y los contextos históricos específicos dieron lugar a características distintivas en cada uno de estos sistemas jurídicos antiguos.

Capítulo 11:

Derecho Fiscal Romano

11.1 Sistema tributario en Roma

El sistema tributario en Roma era una parte fundamental de la administración financiera del Imperio Romano. A medida que el imperio se expandía y conquistaba nuevas tierras, también se establecían sistemas tributarios para recolectar ingresos y mantener el funcionamiento del gobierno.

A continuación se presentan algunas características del sistema tributario en Roma:

Impuestos directos: Roma aplicaba varios impuestos directos sobre la población. Uno de los impuestos más importantes era el tributum, un impuesto sobre la propiedad y la riqueza personal. Este impuesto se basaba en una evaluación periódica de los activos y se cobraba de acuerdo con la capacidad económica de cada individuo.

Impuestos indirectos: Además de los impuestos directos, Roma también implementaba impuestos indirectos, como el portorium, que era un impuesto sobre el comercio y las mercancías que ingresaban a los puertos romanos. También se aplicaban impuestos sobre la venta de bienes y servicios, como el vectigal.

Colonos y arrendatarios: En algunas provincias del Imperio Romano, se establecían colonos o arrendatarios que tenían la responsabilidad de recolectar los impuestos y entregarlos al gobierno central. Estos colonos eran generalmente ciudadanos romanos o personas designadas por el gobierno.

Exenciones fiscales: Algunas personas y grupos sociales podían estar exentos de ciertos impuestos. Por ejemplo, los soldados romanos en servicio activo y los ciudadanos romanos más pobres podían estar exentos de ciertos impuestos directos.

Contribuciones en especie: Además de los impuestos en efectivo, Roma también recolectaba impuestos en especie, como productos agrícolas, ganado o servicios laborales. Estas contribuciones eran utilizadas para abastecer a las legiones romanas, mantener el funcionamiento del gobierno y cubrir las necesidades de la población.

Control y administración: El sistema tributario romano era administrado por funcionarios gubernamentales designados específicamente para esta tarea. Había un cuerpo de funcionarios encargados de la recolección de impuestos y la supervisión de las finanzas públicas, como los publicani.

Es importante destacar que el sistema tributario en Roma no era uniforme en todo el imperio. Había variaciones en los impuestos y las formas de recolección dependiendo de la región y las circunstancias específicas. Además, el sistema tributario romano evolucionó a lo largo del tiempo a medida que el imperio crecía y se enfrentaba a nuevos desafíos políticos y económicos.

11.2 Impuestos y tasas en el Derecho Romano

En el Derecho Romano, existían diferentes tipos de impuestos y tasas que se aplicaban a la población con el fin de recaudar ingresos para el gobierno y mantener el funcionamiento del Estado. A continuación, se mencionan algunos de los impuestos y tasas más relevantes:

Tributum: El tributum era un impuesto directo sobre la propiedad y la riqueza personal de los ciudadanos romanos. Se basaba en una evaluación periódica de los activos de cada individuo y se cobraba de acuerdo con su capacidad económica. El tributum se utilizaba para financiar los gastos generales del Estado.

Portorium: El portorium era un impuesto indirecto que se aplicaba al comercio y a las mercancías que ingresaban a los puertos romanos. Este impuesto se cobraba sobre el valor de las mercancías y era una fuente importante de ingresos para el gobierno.

Vectigal: El vectigal era un impuesto sobre la venta de bienes y servicios. Se aplicaba a actividades comerciales y a transacciones específicas, como la venta de tierras o la transferencia de propiedades. El vectigal se utilizaba para financiar proyectos específicos, como la construcción de infraestructuras y el mantenimiento de obras públicas.

Impuesto sobre la herencia: Roma también aplicaba un impuesto sobre las herencias y las sucesiones. Cuando una persona fallecía, sus herederos debían pagar un porcentaje de los bienes heredados al Estado como impuesto.

Tasa de aduanas: Además del portorium, existían tasas de aduanas específicas que se cobraban en los límites de las provincias romanas. Estas tasas se aplicaban a los bienes que ingresaban o salían de una provincia y eran utilizadas para financiar los gastos de administración y defensa de la provincia.

Contribuciones en especie: Además de los impuestos en efectivo, también se recolectaban contribuciones en especie, como productos agrícolas o ganado. Estas contribuciones eran utilizadas para abastecer a las legiones romanas, mantener el funcionamiento del gobierno y cubrir las necesidades de la población.

Es importante tener en cuenta que la estructura y la aplicación de los impuestos y tasas en el Derecho Romano podían variar a lo largo del tiempo y en diferentes regiones del imperio. Además, las exenciones fiscales y las condiciones particulares también podían afectar la forma en que se aplicaban estos impuestos y tasas.

11.3 Administración y recaudación de impuestos en Roma

En Roma, la administración y recaudación de impuestos era una responsabilidad fundamental para mantener el funcionamiento del Estado y financiar sus actividades. A continuación, se describen los aspectos principales de la administración y recaudación de impuestos en el antiguo Imperio Romano:

Cuestores: Los cuestores eran los funcionarios encargados de la administración financiera del Estado romano. Eran responsables de la recaudación de impuestos y de la gestión de los fondos públicos. Los cuestores se encargaban de supervisar los ingresos y gastos del gobierno, así como de llevar registros detallados de las transacciones financieras.

Publicani: Los publicani eran contratistas privados que se encargaban de la recaudación de impuestos en nombre del Estado romano. Estos contratistas tenían la responsabilidad de recolectar los impuestos y entregar los fondos al gobierno central. Los publicani competían por los contratos de recaudación de impuestos y generalmente ofrecían al Estado una suma fija de dinero por el derecho de recolectar los impuestos en una determinada región.

Centurias fiscales: Las centurias fiscales eran unidades administrativas encargadas de la recaudación de impuestos en áreas específicas. Cada centuria fiscal estaba dirigida por un centurión fiscal, quien supervisaba a un grupo de recolectores de impuestos. Estos recolectores se encargaban de visitar a los contribuyentes, evaluar sus propiedades y cobrar los impuestos correspondientes.

Catastro: Para llevar a cabo una evaluación precisa de los bienes y la riqueza de los contribuyentes, Roma llevaba registros detallados de las propiedades y los activos de cada individuo. Se realizaban censos y se mantenían registros de la propiedad, lo que permitía a las autoridades fiscales determinar la base imponible de cada contribuyente.

Exenciones fiscales: Aunque los impuestos eran una obligación general, había ciertas categorías de personas y grupos sociales que estaban exentos de pagar algunos impuestos. Por ejemplo, los soldados romanos en servicio activo y los ciudadanos romanos más pobres podían estar exentos de ciertos impuestos directos.

Control y sanciones: Las autoridades fiscales tenían el poder de auditar las declaraciones de impuestos y verificar su exactitud. Si se encontraban irregularidades o evasión de impuestos, se imponían sanciones y multas. Además, se establecieron penas severas para aquellos que cometieran fraudes fiscales o evasión de impuestos.

El sistema de administración y recaudación de impuestos en Roma era complejo y estaba sujeto a regulaciones y procedimientos específicos. Los fondos recaudados a través de los impuestos se utilizaban para financiar las actividades del Estado, incluyendo la construcción de infraestructuras, el mantenimiento del ejército, la administración gubernamental y el bienestar público.

11.4 Beneficios fiscales y exenciones en el Derecho Romano

En el Derecho Romano, existían algunos beneficios fiscales y exenciones que se otorgaban a ciertos individuos o grupos en relación con el pago de impuestos. Estas exenciones y beneficios fiscales tenían como objetivo promover ciertos intereses o fomentar actividades específicas. A continuación, se mencionan algunos ejemplos de beneficios fiscales y exenciones en el Derecho Romano:

Privilegios fiscales para soldados y veteranos: Los soldados romanos en servicio activo o los veteranos podían recibir exenciones o reducciones de impuestos. Esto se hacía como una forma de reconocimiento por su servicio al Estado y como un incentivo para unirse al ejército o mantener su lealtad.

Exenciones para ciertas actividades económicas: En algunas circunstancias, ciertas actividades económicas específicas podían estar exentas de impuestos. Por ejemplo, la agricultura y la producción de alimentos básicos a menudo recibían beneficios fiscales para fomentar la producción y asegurar el suministro de alimentos a la población.

Exenciones religiosas: Algunas instituciones religiosas y sacerdotes podían estar exentos de ciertos impuestos como una forma de reconocimiento de su función en la sociedad y la importancia de las prácticas religiosas.

Exenciones para proyectos públicos: En algunas ocasiones, se otorgaban exenciones fiscales a personas o grupos que participaban en proyectos de interés público, como la construcción de obras públicas o el suministro de bienes y servicios esenciales para la comunidad.

Beneficios para ciertas clases sociales: En ciertos momentos, se podían establecer beneficios fiscales para grupos específicos de la población, como los ciudadanos más pobres o los agricultores de pequeña escala. Estos beneficios tenían como objetivo aliviar su carga fiscal y garantizar un nivel mínimo de bienestar.

Es importante tener en cuenta que las exenciones y beneficios fiscales en el Derecho Romano no eran universales y podían variar en función de la legislación específica y las políticas imperiales. Además, las exenciones fiscales no significaban una exención total de impuestos, sino que generalmente implicaban reducciones o diferencias en los montos a pagar.

11.5 Sanciones y evasión fiscal en el Derecho Romano

En el Derecho Romano, existían sanciones para aquellos que cometieran evasión fiscal o fraudes fiscales. El incumplimiento de las obligaciones fiscales podía resultar en multas, confiscación de bienes y otros castigos. A continuación, se detallan algunas de las sanciones y medidas aplicadas en caso de evasión fiscal en el Derecho Romano:

Multas: Los evasores fiscales podían ser sancionados con el pago de multas proporcionales al monto de impuestos evadidos. Estas multas se imponían como una forma de compensar la pérdida de ingresos fiscales y disuadir a otros de cometer fraudes similares.

Confiscación de bienes: En casos graves de evasión fiscal, las autoridades podían confiscar los bienes y propiedades del evasor para recuperar los impuestos adeudados. Estos bienes se vendían y los ingresos se destinaban a cubrir la deuda fiscal.

Privación de derechos: A los evasores fiscales también se les podían privar de ciertos derechos o privilegios en la sociedad. Esto podía incluir la pérdida del estatus social, restricciones en su participación política o la exclusión de ciertas actividades comerciales.

Penas adicionales: En algunos casos, se imponían penas adicionales a los evasores fiscales, como la pérdida de la ciudadanía romana, el exilio o incluso el encarcelamiento.

Es importante destacar que el Derecho Romano abordaba la evasión fiscal como un delito y buscaba aplicar sanciones proporcionales a la gravedad del fraude. La evasión fiscal se consideraba un acto perjudicial para la comunidad y se tomaban medidas para asegurar el cumplimiento de las obligaciones fiscales por parte de los ciudadanos.

Sin embargo, también es importante señalar que las prácticas y las sanciones en relación con la evasión fiscal podían variar a lo largo del tiempo y dependiendo de las políticas de los emperadores y las circunstancias específicas.

11.6 Legado del Derecho Fiscal Romano en la fiscalidad actual

El Derecho Fiscal Romano dejó un importante legado en la fiscalidad actual y ha influido en el desarrollo de los sistemas fiscales modernos en varios aspectos. A continuación, se presentan algunos ejemplos:

Principio de legalidad: En el Derecho Romano, existía el principio de que ningún impuesto podía ser impuesto sin una base legal clara. Este principio se ha mantenido en los sistemas fiscales actuales, donde los impuestos deben estar establecidos por ley y seguir procedimientos legales.

Administración y recaudación: La estructura y los métodos utilizados en la administración y recaudación de impuestos en el Derecho Romano han influido en los sistemas fiscales modernos. El concepto de tener funcionarios encargados de la recaudación de impuestos y la utilización de registros y controles para la gestión fiscal se remonta a la época romana.

Principios de equidad y proporcionalidad: En el Derecho Romano, se buscaba una distribución equitativa de la carga fiscal y se establecían impuestos en función de la capacidad económica de los contribuyentes. Estos principios de equidad y proporcionalidad siguen siendo fundamentales en los sistemas fiscales actuales.

Exenciones y beneficios fiscales: El Derecho Fiscal Romano también estableció la posibilidad de otorgar exenciones y beneficios fiscales a ciertos grupos o actividades. Esta práctica ha continuado en los sistemas fiscales modernos, donde se pueden ofrecer exenciones o reducciones de impuestos con el objetivo de promover ciertos intereses económicos o sociales.

Lucha contra la evasión fiscal: El Derecho Romano también abordó la evasión fiscal como un delito y estableció sanciones para quienes cometieran fraude fiscal. Esta preocupación por la evasión fiscal y el establecimiento de medidas para combatirla ha sido un legado importante en los sistemas fiscales contemporáneos.

Es importante destacar que, si bien el Derecho Fiscal Romano ha influido en la fiscalidad actual, también ha habido importantes desarrollos y cambios a lo largo de los siglos, y los sistemas fiscales modernos se han adaptado a las necesidades y realidades actuales.

11.7 Estudio de casos de conflictos fiscales en la historia romana

A continuación, se presentan algunos casos famosos de conflictos fiscales en la historia romana:

La rebelión de los judíos en Judea (66-73 d.C.): Durante este período, los judíos en Judea se levantaron contra el dominio romano, en parte debido a la carga fiscal impuesta por el gobierno romano. Los impuestos opresivos y la corrupción en la recaudación de impuestos fueron factores clave que contribuyeron a la rebelión.

La revuelta de los bagaudas en Galia (s. III-IV d.C.): Los bagaudas eran campesinos y ciudadanos romanos en la Galia que se rebelaron contra las autoridades romanas debido a la carga fiscal excesiva y la explotación económica. Esta revuelta fue impulsada en gran medida por las dificultades económicas y la opresión fiscal que sufrían.

La revuelta de los esclavos liderada por Espartaco (73-71 a.C.): Aunque esta revuelta tuvo principalmente motivaciones sociales y políticas, también hubo un componente de descontento con los impuestos y la explotación económica por parte de los romanos. Los esclavos rebeldes, encabezados por Espartaco, buscaban la libertad y la justicia frente a la opresión romana, que incluía impuestos y exacciones excesivas.

La revuelta de los gremios y comerciantes en Egipto (275-282 d.C.): Durante este período, los gremios y comerciantes en Egipto se levantaron contra las políticas fiscales y la opresión económica del gobierno romano. Protestaron contra los impuestos onerosos y la explotación por parte de las autoridades romanas.

Estos casos representan conflictos fiscales significativos en la historia romana, donde los impuestos y la carga fiscal excesiva desempeñaron un papel importante en el descontento y las revueltas contra el gobierno romano. Muestran cómo los problemas fiscales y económicos pueden generar tensiones y conflictos en una sociedad, incluso en el contexto del antiguo Imperio Romano.

11.8 Comparación entre el derecho fiscal romano y otros sistemas jurídicos antiguos

El derecho fiscal romano presentaba algunas características distintivas en comparación con otros sistemas jurídicos antiguos. A continuación, se realiza una comparación entre el derecho fiscal romano y otros sistemas jurídicos antiguos:

Estructura administrativa: El derecho fiscal romano se caracterizaba por tener una estructura administrativa bien organizada y centralizada. Los funcionarios fiscales romanos tenían la responsabilidad de administrar y recaudar impuestos de manera eficiente. En comparación, algunos sistemas jurídicos antiguos carecían de una administración fiscal centralizada y podían depender más de líderes locales o gobernantes regionales para la recaudación de impuestos.

Principio de legalidad: El principio de legalidad, que establece que los impuestos deben estar establecidos por ley, era una característica central del derecho fiscal romano. Esto significaba que ningún impuesto podía ser impuesto sin una base legal clara y sin seguir los procedimientos legales correspondientes. Algunos sistemas jurídicos antiguos no tenían este principio tan arraigado y los impuestos podían imponerse de manera más arbitraria.

Exenciones fiscales: El derecho fiscal romano incluía la posibilidad de otorgar exenciones y beneficios fiscales a ciertos grupos o actividades. Esto podía incluir exenciones para ciertas instituciones religiosas, veteranos militares y actividades agrícolas específicas. En otros sistemas jurídicos antiguos, las exenciones fiscales podían ser menos comunes o estar limitadas a ciertos privilegiados.

Sanciones por evasión fiscal: El derecho fiscal romano establecía sanciones para aquellos que cometieran evasión fiscal o fraudes fiscales. Esto incluía multas, confiscación de bienes y pérdida de derechos o privilegios. La forma en que se abordaba la evasión fiscal y las sanciones aplicadas podían variar en otros sistemas jurídicos antiguos, y en algunos casos, la evasión fiscal podría no estar tan penalizada.

Es importante tener en cuenta que la comparación entre el derecho fiscal romano y otros sistemas jurídicos antiguos puede ser compleja debido a las diferencias en el tiempo, la ubicación geográfica y las características propias de cada sistema jurídico. Cada sistema tenía sus propias normas y prácticas fiscales, adaptadas a sus necesidades y realidades específicas.

Capítulo 12:

Derecho Laboral Romano

12.1 Organización del trabajo en la antigua Roma

La organización del trabajo en la antigua Roma se basaba en una estructura social jerárquica y estratificada. A continuación, se presentan algunos aspectos importantes de la organización del trabajo en ese período:

Esclavitud: La esclavitud desempeñaba un papel central en la organización del trabajo en la antigua Roma. Los esclavos, que eran considerados propiedad de sus dueños, realizaban la mayor parte del trabajo manual en diversos sectores, como la agricultura, la construcción, la minería, el comercio y los servicios domésticos.

Ciudadanos libres: Los ciudadanos libres romanos también desempeñaban un papel importante en el trabajo, aunque su estatus y oportunidades laborales variaban según su clase social y su riqueza. Algunos ciudadanos libres se dedicaban a la agricultura, la artesanía, el comercio y otros oficios.

Clientela y patronazgo: El sistema de clientela y patronazgo era común en la antigua Roma. Los patronos eran personas ricas y poderosas que ofrecían protección y apoyo a sus clientes, quienes, a cambio, les brindaban su lealtad y servicios. Esta relación podía implicar trabajos y servicios diversos, como asistencia legal, ayuda política, trabajo agrícola, entre otros.

Gremios y colegios: Los gremios y colegios eran asociaciones profesionales que agrupaban a trabajadores de un mismo oficio o actividad. Estas organizaciones regulaban y protegían los intereses laborales de sus miembros, establecían normas de calidad y competencia, y promovían la formación y el desarrollo de habilidades en sus respectivos oficios.

Funcionarios públicos y militares: El Estado romano empleaba una variedad de funcionarios públicos y militares que desempeñaban diversas funciones y roles en la administración, el gobierno y el ejército. Estos funcionarios eran ciudadanos romanos que recibían salarios o beneficios por sus servicios al Estado.

Es importante destacar que la organización del trabajo en la antigua Roma estaba fuertemente influenciada por la estructura social y política de la época. La esclavitud y la estratificación social eran características fundamentales de esta organización laboral, y las oportunidades y condiciones de trabajo variaban ampliamente según el estatus social y la posición en la sociedad romana.

12.2 Contratación y condiciones laborales en el Derecho Romano

En el Derecho Romano, la contratación y las condiciones laborales estaban reguladas por diversas normas y principios. Aunque la mayor parte del trabajo en la antigua Roma era realizado por esclavos, también existían relaciones laborales entre ciudadanos libres. A continuación, se presentan algunos aspectos relevantes relacionados con la contratación y las condiciones laborales en el Derecho Romano:

Contratos de trabajo: Los ciudadanos libres podían celebrar contratos de trabajo, conocidos como "locatio conductio operarum". Estos contratos establecían los términos y condiciones del empleo, incluyendo la duración, el salario y las responsabilidades del trabajador. También existían contratos específicos para trabajos temporales, como los contratos de arrendamiento de servicios ("locatio conductio operis").

Salario y remuneración: El salario y las formas de remuneración en el Derecho Romano variaban según el tipo de trabajo y el acuerdo entre las partes. En algunos casos, el salario se establecía como una suma fija de dinero, mientras que en otros se podían utilizar diferentes formas de pago, como alimentos, alojamiento o una parte de las ganancias obtenidas.

Protección laboral: El Derecho Romano reconocía ciertos derechos y protecciones para los trabajadores. Por ejemplo, existían normas que regulaban la duración de la jornada laboral y la obligación del empleador de proporcionar un entorno de trabajo seguro y saludable. Además, en caso de incumplimiento de las condiciones laborales, los trabajadores podían recurrir a los tribunales para buscar compensación o rescindir el contrato.

Responsabilidad del empleador: El empleador romano tenía la responsabilidad de garantizar el cumplimiento de las condiciones laborales y proporcionar un trato justo a sus trabajadores. En caso de incumplimiento, el empleador podía ser demandado y estaba sujeto a sanciones y reparaciones.

Es importante tener en cuenta que, si bien el Derecho Romano contenía algunas normas relacionadas con la contratación y las condiciones laborales, estas disposiciones estaban más centradas en la relación entre ciudadanos libres, y no se aplicaban a los esclavos, quienes carecían de derechos laborales reconocidos. Además, las condiciones laborales y las prácticas variaban según la época, la ubicación y la situación económica, y las disposiciones legales podían cambiar a lo largo del tiempo.

12.3 Derechos y deberes de los trabajadores en Roma

En el Derecho Romano, los derechos y deberes de los trabajadores, especialmente los ciudadanos libres, estaban determinados por las normas y costumbres de la época. Aunque la mayoría de los trabajadores en la antigua Roma eran esclavos y carecían de derechos laborales reconocidos, los ciudadanos libres tenían ciertos derechos y deberes en relación con su empleo. A continuación, se presentan algunos aspectos relevantes:

Derechos de los trabajadores:

Salario justo: Los trabajadores tenían el derecho de recibir un salario justo y acordado por contrato o práctica común. El salario podía ser en forma de dinero, alimentos, alojamiento u otras formas de remuneración.

Cumplimiento de las condiciones laborales: Los trabajadores tenían derecho a que se cumplieran las condiciones laborales establecidas en el contrato o acordadas de antemano, como la duración de la jornada laboral, los descansos, las condiciones de trabajo seguras y saludables, entre otros.

Protección legal: Los trabajadores tenían el derecho de buscar protección legal en caso de incumplimiento de las condiciones laborales. Podían recurrir a los tribunales para buscar compensación o rescindir el contrato en caso de violación por parte del empleador.

Libertad de asociación: Los trabajadores tenían el derecho de asociarse y formar gremios o asociaciones profesionales para proteger y promover sus intereses laborales. Estas organizaciones podían negociar con los empleadores en nombre de los trabajadores y participar en la regulación de las condiciones de trabajo.

Deberes de los trabajadores:

Cumplimiento de las obligaciones laborales: Los trabajadores tenían la obligación de cumplir con las obligaciones laborales establecidas en el contrato o acordadas de antemano, como realizar el trabajo asignado de manera diligente y respetar las instrucciones y políticas del empleador.

Lealtad al empleador: Los trabajadores tenían el deber de lealtad hacia su empleador y actuar en el mejor interés de la empresa o persona para la que trabajaban.

Confidencialidad y protección de los intereses del empleador: Los trabajadores tenían el deber de mantener la confidencialidad de la información y los secretos comerciales a los que tuvieran acceso en el desempeño de sus funciones, así como proteger los intereses comerciales y la reputación del empleador.

Es importante tener en cuenta que los derechos y deberes de los trabajadores en el Derecho Romano pueden haber variado en función de diversos factores, como la posición social, la ocupación y el tipo de trabajo realizado. Además, los derechos laborales y las prácticas pueden haber evolucionado a lo largo del tiempo y diferir según las circunstancias específicas.

12.4 Protección y seguridad laboral en el Derecho Romano

En el Derecho Romano, la protección y seguridad laboral no estaban tan desarrolladas como en los sistemas jurídicos modernos. Sin embargo, existían algunas disposiciones que buscaban garantizar cierto nivel de seguridad para los trabajadores en determinadas circunstancias. A continuación, se presentan algunos aspectos relevantes sobre la protección y seguridad laboral en el Derecho Romano:

Responsabilidad del empleador: El empleador tenía la responsabilidad de proporcionar un entorno de trabajo seguro y saludable en la medida de lo posible. Si el empleador no cumplía con esta responsabilidad y se producía un accidente o lesión laboral debido a su negligencia, podía ser considerado responsable y estar sujeto a una demanda por daños y perjuicios.

Defectos ocultos y vicios redhibitorios: Si el empleador vendía o arrendaba un lugar de trabajo con defectos ocultos que representaban un riesgo para la salud o seguridad del trabajador, el empleado podía buscar una indemnización o rescindir el contrato por medio de una acción legal basada en los vicios redhibitorios.

Protección en la construcción: En el ámbito de la construcción, se reconocía la necesidad de ciertas precauciones para evitar accidentes y lesiones. Por ejemplo, se establecieron normas para garantizar la estabilidad de los andamios y la seguridad de los trabajadores en la construcción de edificios.

Protección de los trabajadores públicos: Los trabajadores que desempeñaban funciones públicas o estaban empleados por el Estado podían gozar de ciertas protecciones adicionales. Por ejemplo, los funcionarios públicos podían tener derecho a una compensación por lesiones sufridas en el cumplimiento de sus deberes.

Es importante tener en cuenta que la protección y seguridad laboral en el Derecho Romano eran limitadas en comparación con los estándares actuales. La legislación romana no abarcaba un marco legal exhaustivo para la protección de los trabajadores y no existía una institución equivalente a la seguridad social moderna. La protección laboral estaba más centrada en la responsabilidad individual del empleador y las acciones legales en caso de incumplimiento.

12.5 Resolución de conflictos laborales en el Derecho Romano

En el Derecho Romano, la resolución de conflictos laborales se realizaba principalmente a través de acciones legales presentadas ante los tribunales. Aunque el sistema jurídico romano no tenía una jurisdicción específica dedicada exclusivamente a los asuntos laborales, los trabajadores podían recurrir a los tribunales ordinarios para resolver sus disputas laborales. A continuación, se presentan algunas formas comunes de resolución de conflictos laborales en el Derecho Romano:

Acciones legales: Los trabajadores podían presentar acciones legales ante los tribunales para buscar remedios en caso de incumplimiento de las condiciones laborales o cualquier otra violación de sus derechos. Estas acciones legales podían incluir reclamaciones por salarios no pagados, condiciones de trabajo injustas o cualquier otro tipo de conflicto laboral.

Arbitraje: En algunos casos, las partes en conflicto podían acordar someter su disputa a un arbitraje privado. El arbitraje implicaba la intervención de un tercero neutral que escuchaba los argumentos de ambas partes y tomaba una decisión vinculante para resolver la disputa.

Negociación y mediación: Antes de llegar a los tribunales, las partes involucradas en un conflicto laboral podían intentar resolverlo a través de la negociación directa o la mediación. En estas etapas, se buscaba llegar a un acuerdo mutuamente satisfactorio con la ayuda de un mediador o mediante la discusión y el compromiso entre las partes.

Conciliación: En algunos casos, un funcionario público, como un magistrado, podía intervenir para facilitar la resolución de un conflicto laboral. Este funcionario actuaba como un conciliador y trabajaba con las partes para llegar a un acuerdo o una solución aceptable para ambas partes.

Es importante tener en cuenta que la resolución de conflictos laborales en el Derecho Romano dependía en gran medida de las acciones legales y las instituciones judiciales existentes en ese momento. No había una legislación laboral específica y detallada como la que existe en los sistemas jurídicos modernos, y la resolución de conflictos laborales se basaba en gran medida en las normas y prácticas establecidas en la época.

12.6 Influencia del Derecho Laboral Romano en el derecho laboral contemporáneo

El Derecho Laboral Romano ha tenido una influencia significativa en el desarrollo del derecho laboral contemporáneo. Aunque el derecho laboral romano no era tan extenso y detallado como las legislaciones modernas, sentó algunas bases y principios que aún se reflejan en las normativas laborales actuales. A continuación, se presentan algunas áreas en las que el Derecho Laboral Romano ha dejado su legado:

Protección de los derechos de los trabajadores: El Derecho Laboral Romano establecía ciertas protecciones para los trabajadores, como el derecho a recibir una remuneración justa por su trabajo y el derecho a condiciones de trabajo razonables. Estos principios básicos de protección de los derechos de los trabajadores han influido en la legislación laboral moderna, que busca garantizar un trato justo y condiciones laborales adecuadas para los empleados.

Contratos de trabajo: En el Derecho Romano existían diversos tipos de contratos de trabajo, que establecían las condiciones y obligaciones tanto del empleador como del trabajador. Esta noción de un contrato de trabajo como base de la relación laboral ha sido adoptada en el derecho laboral contemporáneo, donde se requiere un acuerdo contractual entre ambas partes y se regulan los derechos y deberes de cada una.

Protección de los trabajadores vulnerables: El Derecho Romano reconocía la necesidad de proteger a ciertos grupos de trabajadores considerados más vulnerables, como los esclavos y los trabajadores en condiciones precarias. Esta preocupación por la protección de los trabajadores más desfavorecidos ha sido un punto de partida para el desarrollo de legislaciones laborales que buscan salvaguardar los derechos de los trabajadores en situaciones similares en la actualidad.

Acciones legales y resolución de disputas laborales: El Derecho Romano proporcionaba mecanismos legales para que los trabajadores pudieran hacer valer sus derechos y resolver disputas laborales. Estas acciones legales sentaron las bases para el desarrollo de los sistemas judiciales y de resolución de conflictos laborales en la actualidad, en los que los trabajadores pueden recurrir a los tribunales para buscar remedios y solucionar disputas relacionadas con sus condiciones de trabajo.

Si bien el Derecho Laboral Romano no se asemeja exactamente al derecho laboral contemporáneo en su alcance y complejidad, su influencia se puede observar en los principios fundamentales y las bases conceptuales del derecho laboral actual. Ha sentado las bases para la protección de los derechos de los trabajadores, la regulación de las relaciones laborales y la resolución de disputas laborales, aspectos esenciales en cualquier sistema jurídico laboral.

12.7 Estudio de casos de conflictos laborales en la historia romana

La Revuelta de los Esclavos (73-71 a.C.): Conducida por Espartaco, esta revuelta de esclavos en la antigua Roma fue uno de los conflictos laborales más notorios de la historia. Miles de esclavos se levantaron contra sus amos y desataron una serie de batallas y enfrentamientos. Aunque la revuelta fue finalmente sofocada por las fuerzas romanas, dejó una profunda impresión en la sociedad romana y generó debates sobre la esclavitud y los derechos de los trabajadores.

La huelga de los constructores de Pompeya (73 a.C.): Durante la construcción del anfiteatro de Pompeya, los trabajadores encargados de la obra se declararon en huelga en protesta por las malas condiciones de trabajo y los bajos salarios. La huelga paralizó la construcción durante algún tiempo y finalmente se resolvió mediante la intervención de las autoridades locales.

El conflicto de los trabajadores agrícolas (131 d.C.): Durante el reinado del emperador Adriano, los trabajadores agrícolas en Egipto se levantaron en protesta por las condiciones laborales injustas y la explotación por parte de los propietarios de tierras. La revuelta fue reprimida por el ejército romano, pero puso de relieve las tensiones existentes entre los trabajadores rurales y los terratenientes.

El conflicto entre los fabricantes de vestidos y los sastres (siglo III d.C.): En Roma, hubo un conflicto laboral entre los fabricantes de vestidos (fullones) y los sastres (sartores). Los fabricantes de vestidos exigieron una regulación más estricta sobre la importación de ropa y la calidad de los tejidos, mientras que los sastres argumentaban que esto afectaría negativamente a su trabajo y sus ingresos. La disputa se resolvió mediante negociaciones y la intervención de las autoridades.

La revuelta de los trabajadores portuarios en Ostia (408 d.C.): En el puerto de Ostia, los trabajadores portuarios se levantaron en protesta por las malas condiciones laborales y los bajos salarios. La revuelta llevó a la paralización del comercio en el puerto y requirió la intervención del gobierno para resolver la situación y garantizar una compensación adecuada para los trabajadores.

Estos son solo algunos ejemplos de conflictos laborales que tuvieron lugar en la antigua Roma. Estos eventos ilustran las tensiones y desafíos que existían en las relaciones laborales de la época, así como los esfuerzos de los trabajadores por mejorar sus condiciones y luchar por sus derechos.

12.8 Comparación entre el derecho laboral romano y otros sistemas jurídicos antiguos

El derecho laboral romano tuvo características distintivas en comparación con otros sistemas jurídicos antiguos. A continuación, se presenta una comparación entre el derecho laboral romano y otros sistemas jurídicos de la antigüedad:

Derecho laboral en el antiguo Egipto: En el antiguo Egipto, existían regulaciones y contratos laborales que protegían los derechos de los trabajadores. Sin embargo, a diferencia del derecho romano, el sistema egipcio estaba más enfocado en la servidumbre y la esclavitud. Los trabajadores no tenían el mismo grado de protección legal y las disposiciones eran más favorables para los empleadores.

Derecho laboral en la antigua Grecia: En la antigua Grecia, el derecho laboral estaba menos desarrollado en comparación con Roma. La legislación griega se centraba principalmente en los derechos y deberes de los ciudadanos libres, mientras que los esclavos y los trabajadores no ciudadanos tenían menos protecciones legales. En contraste, el derecho laboral romano ofrecía una mayor protección a los trabajadores, incluso a los esclavos.

Derecho laboral en la antigua Mesopotamia: En la antigua Mesopotamia, existían leyes y códigos que regulaban las relaciones laborales. Sin embargo, estas leyes se centraban principalmente en los derechos y obligaciones de los trabajadores asalariados y no se aplicaban a los esclavos. Además, el sistema legal mesopotámico era más rígido y menos flexible en comparación con el derecho romano, que tenía una mayor variedad de contratos laborales y disposiciones legales.

En general, el derecho laboral romano se destacaba por su mayor protección a los trabajadores, incluso a los esclavos, en comparación con otros sistemas jurídicos antiguos. La legislación romana establecía derechos y obligaciones claros para las partes involucradas en una relación laboral y proporcionaba mecanismos para resolver disputas. Además, el derecho romano reconocía la importancia de garantizar condiciones laborales justas y salarios adecuados para los trabajadores, lo que lo diferenciaba de otros sistemas antiguos que a menudo privilegiaban los intereses de los empleadores.

Capítulo 13:

Derecho de Sucesiones Romano

13.1 Sucesión testamentaria y sucesión intestada en el Derecho Romano

En el Derecho Romano, la sucesión testamentaria y la sucesión intestada eran dos formas de transmitir la herencia de una persona fallecida. A continuación se detalla cada una de ellas:

Sucesión testamentaria: La sucesión testamentaria se llevaba a cabo cuando el fallecido dejaba un testamento válido que designaba a sus herederos y establecía cómo se distribuirían sus bienes. El testamento podía ser escrito u oral, dependiendo de la época y las disposiciones legales vigentes. En el testamento, el fallecido podía nombrar a sus herederos y legatarios, y también podía establecer condiciones o restricciones sobre la distribución de los bienes. La sucesión testamentaria permitía al fallecido ejercer su voluntad y controlar el destino de sus propiedades después de su muerte.

Sucesión intestada: La sucesión intestada tenía lugar cuando el fallecido no dejaba un testamento válido o no nombraba a herederos específicos en el testamento. En este caso, la ley determinaba cómo se distribuirían los bienes del fallecido entre sus parientes más cercanos. El sistema de sucesión intestada variaba a lo largo del tiempo en el Derecho Romano, pero generalmente se basaba en un orden de preferencia establecido por la ley. Por ejemplo, en ausencia de un testamento, la sucesión intestada podría otorgar los bienes del fallecido a sus hijos, cónyuge, padres u otros parientes cercanos en un orden específico.

Es importante tener en cuenta que el Derecho Romano evolucionó a lo largo del tiempo y las reglas y procedimientos de sucesión también experimentaron cambios. Sin embargo, en general, tanto la sucesión testamentaria como la sucesión intestada eran mecanismos reconocidos en el Derecho Romano para transferir los bienes de un fallecido a sus herederos.

13.2 Instituciones sucesorias: herederos, legatarios, fideicomisos, etc.

En el Derecho Romano, existían varias instituciones sucesorias que determinaban cómo se transmitían los bienes de una persona fallecida. A continuación, se mencionan algunas de las instituciones sucesorias más comunes:

Herederos: Los herederos eran las personas designadas para recibir la herencia del fallecido. Podían ser herederos legítimos (heredes sui iuris) o herederos testamentarios (heredes testamentarii). Los herederos legítimos incluían a los hijos y descendientes del fallecido, así como a otros parientes cercanos según el orden de sucesión establecido por la ley. Los herederos testamentarios eran aquellos nombrados en el testamento del fallecido.

Legatarios: Los legatarios eran personas designadas por el fallecido para recibir un legado específico en el testamento. Los legados podían ser bienes muebles, inmuebles, sumas de dinero u otros derechos o beneficios. Los legatarios no recibían la herencia completa, sino que tenían derecho a recibir lo especificado en el testamento.

Fideicomisos (Fideicommissa): Los fideicomisos eran disposiciones testamentarias que permitían al fallecido transferir bienes o derechos a una persona (el fiduciario) con la obligación de transmitirlos posteriormente a otra persona (el fideicomisario). Los fideicomisos eran comunes para asegurar la protección y administración adecuada de los bienes heredados, especialmente cuando había menores de edad o personas incapaces de administrarlos directamente.

Bonorum Possessio: La bonorum possessio era una institución mediante la cual se otorgaba a los herederos una posesión provisional de los bienes del fallecido antes de que se hiciera la división final de la herencia. Esto les permitía administrar y proteger los bienes mientras se resolvían disputas o se llevaba a cabo la liquidación de la herencia.

Es importante tener en cuenta que las instituciones sucesorias en el Derecho Romano podían variar dependiendo de la época y las disposiciones legales vigentes. Además, el testamento tenía un papel fundamental en la designación de herederos, legatarios y fideicomisarios, ya que permitía al fallecido ejercer su voluntad y establecer cómo se distribuirían sus bienes.

13.3 Formas de testamento en el Derecho Romano

En el Derecho Romano, existían varias formas de testamento que permitían a una persona expresar sus deseos sobre la distribución de sus bienes después de su muerte. A continuación, se mencionan las principales formas de testamento utilizadas en el Derecho Romano:

Testamento Calatis Comitiis: Esta forma de testamento se realizaba en presencia del comitia calata, una antigua asamblea popular romana. El testador pronunciaba sus disposiciones testamentarias en voz alta ante los comitia calata y testigos presentes. Esta forma de testamento estaba reservada para los ciudadanos romanos y tenía un carácter solemne y ritual.

Testamento in procinctu: Esta forma de testamento se utilizaba en situaciones de guerra o peligro inminente. El testador expresaba sus deseos testamentarios ante testigos en un ambiente militar, como en el campamento antes de una batalla. Tenía un carácter más informal y se aceptaba como válido debido a las circunstancias excepcionales.

Testamento Per Epistulam: En este tipo de testamento, el testador expresaba sus disposiciones testamentarias por escrito y las entregaba a un tercero de confianza para su custodia. Este tercero, llamado "tabellio", debía presentar el testamento después de la muerte del testador. Esta forma de testamento permitía una mayor flexibilidad y era más común en períodos posteriores del Derecho Romano.

Es importante tener en cuenta que el Derecho Romano evolucionó a lo largo del tiempo y las formas de testamento también experimentaron cambios. Estas son solo algunas de las formas más destacadas, pero existieron otras variantes y adaptaciones según las prácticas y regulaciones legales vigentes en diferentes períodos de la historia romana.

13.4 Adquisición y transmisión de herencias en el Derecho Romano

En el Derecho Romano, la adquisición y transmisión de herencias se regían por ciertos principios y reglas. A continuación, se detallan los procesos principales involucrados en la adquisición y transmisión de herencias en el Derecho Romano:

Adquisición de la herencia: La adquisición de una herencia podía tener lugar de dos formas principales:

a. Adquisición por testamento: Cuando una persona fallecía dejando un testamento válido, los herederos designados en el testamento adquirían la herencia. Estos herederos debían cumplir con los requisitos y formalidades establecidos por la ley para que el testamento fuera válido y efectivo.

b. Adquisición intestada: En ausencia de un testamento válido o cuando el testamento no designaba herederos para la totalidad de los bienes, se aplicaban las reglas de la sucesión intestada. Estas reglas establecían un orden de prioridad para la sucesión de los herederos, generalmente basado en la relación de parentesco y la proximidad familiar con el fallecido.

Aceptación de la herencia: Una vez que una persona era designada como heredero, tenía la opción de aceptar o renunciar a la herencia. La aceptación implicaba asumir la responsabilidad de los activos y pasivos de la herencia. La renuncia, por otro lado, significaba que el heredero renunciaba a sus derechos sobre la herencia y no tenía ninguna obligación hacia ella.

Transmisión de la herencia: Una vez que se había adquirido una herencia, los bienes y derechos pertenecientes a la misma podían transmitirse a través de diversas formas:

a. Transmisión por sucesión: Cuando el heredero fallecía, su herencia se transmitía a sus propios herederos, ya sea según lo dispuesto en su propio testamento o según las reglas de la sucesión intestada.

b. Transmisión por acto jurídico: El heredero podía transferir parte o la totalidad de la herencia a otra persona mediante actos jurídicos como la venta, donación o cesión. Estos actos requerían el cumplimiento de los requisitos formales y sustantivos establecidos por la ley.

Es importante tener en cuenta que el Derecho Romano evolucionó a lo largo del tiempo y las reglas y procedimientos relacionados con la adquisición y transmisión de herencias también experimentaron cambios. Además, las reglas y prácticas pueden variar en función del período y la legislación específica vigente en cada caso.

13.5 Impuestos y cargas sucesorias en el Derecho Romano

En el Derecho Romano, existían impuestos y cargas sucesorias que se aplicaban en relación a las herencias. A continuación, se mencionan algunos de los principales impuestos y cargas sucesorias en el Derecho Romano:

Falcidia: La falcidia era una carga sucesoria que establecía que el testador debía dejar a cada uno de sus herederos legítimos una porción mínima de la herencia. Esta porción mínima solía ser de al menos una cuarta parte de la herencia, garantizando así que los herederos recibieran una parte sustancial de los bienes.

Vicesima hereditatium: Esta era una forma de impuesto que se aplicaba sobre las herencias. Consistía en un tributo del 5% del valor de la herencia que debía ser pagado al fisco. Este impuesto se aplicaba a todas las herencias, independientemente de su tamaño o del grado de parentesco entre el fallecido y los herederos.

Legítima: La legítima era una porción de la herencia que estaba reservada a ciertos herederos forzosos, como los hijos o descendientes directos del fallecido. Esta porción se consideraba inalienable y no podía ser privada a menos que se cumplieran ciertas circunstancias excepcionales establecidas por la ley.

Impuestos indirectos: Además de los impuestos y cargas directamente relacionados con las herencias, en el Derecho Romano existían también impuestos indirectos que se aplicaban a las transacciones comerciales y actividades económicas en general. Estos impuestos podían tener un impacto indirecto en la herencia, ya que afectaban la economía en la que se generaban los bienes que formaban parte de la herencia.

Es importante tener en cuenta que las cargas sucesorias y los impuestos en el Derecho Romano podían variar en función del período y la legislación específica vigente en cada caso. Además, las normas y prácticas relacionadas con las cargas sucesorias y los impuestos han evolucionado a lo largo del tiempo, y las legislaciones modernas pueden tener diferencias significativas en comparación con el Derecho Romano.

13.6 Protección de los derechos de los herederos en el Derecho Romano

En el Derecho Romano, se otorgaba cierta protección a los derechos de los herederos con el fin de garantizar que pudieran recibir y disfrutar de su herencia de manera adecuada. A continuación, se mencionan algunas de las formas de protección de los derechos de los herederos en el Derecho Romano:

Acciones hereditarias: Los herederos tenían a su disposición acciones legales para proteger sus derechos en caso de que se vieran perjudicados. Por ejemplo, podían ejercer la actio familiae erciscundae para reclamar la división de la herencia entre los coherederos.

Acciones contra los albaceas: Los herederos podían tomar acciones legales contra los albaceas o administradores designados para asegurar que cumplieran con sus responsabilidades y administraran la herencia correctamente. Esto incluía el deber de rendir cuentas y garantizar que los bienes hereditarios fueran preservados y distribuidos de acuerdo con la voluntad del testador.

Protección contra los acreedores: Los herederos contaban con cierta protección frente a los acreedores del fallecido. En el Derecho Romano, existían normas que limitaban la responsabilidad de los herederos por las deudas del difunto, asegurando que no fueran responsables más allá del valor de la herencia recibida.

Acciones para reclamar bienes hereditarios: En caso de que los herederos tuvieran dificultades para obtener o reclamar los bienes que les correspondían, podían recurrir a acciones legales para exigir su entrega. Estas acciones incluían la actio in rem verso, que permitía reclamar los bienes que habían sido transferidos indebidamente.

Es importante tener en cuenta que las formas de protección de los derechos de los herederos en el Derecho Romano podían variar en función del período y la legislación específica vigente en cada caso. Además, las legislaciones modernas pueden tener diferencias significativas en comparación con el Derecho Romano en cuanto a la protección de los derechos de los herederos.

13.7 Estudio de casos de sucesiones famosas en la historia romana

La historia romana está repleta de casos fascinantes de sucesiones y disputas dinásticas. A continuación, te presento algunos de los casos más destacados:

Sucesión de Julio César (49-44 a.C.): Tras la muerte de Julio César, se desató una lucha por el poder entre sus herederos y partidarios. Octaviano, sobrino nieto de César, finalmente emergió como el líder victorioso y se convirtió en el primer emperador romano con el nombre de Augusto.

Sucesión de Augusto (27 a.C.-14 d.C.): A pesar de que Augusto tuvo varios hijos y herederos, ninguno de ellos sobrevivió hasta su muerte. Como resultado, Augusto nombró a su hijastro Tiberio como sucesor, quien gobernó durante 23 años después de la muerte de Augusto.

Sucesión de Nerón (54-68 d.C.): Después de la muerte de Nerón, se desató un período de guerra civil conocido como el "Año de los cuatro emperadores" (69 d.C.). Galba, Otón, Vitelio y finalmente Vespasiano lucharon por el trono en una sucesión rápida y violenta.

Sucesión de Vespasiano (69-79 d.C.): Vespasiano fue sucedido por sus dos hijos, Tito y Domiciano. Tito gobernó brevemente antes de morir, y Domiciano asumió el poder y gobernó durante 15 años hasta que fue asesinado en una conspiración liderada por su propia esposa.

Sucesión de Marco Aurelio (161-180 d.C.): Marco Aurelio nombró a su hijo Cómodo como sucesor, pero la relación entre padre e hijo era tensa. Después de la muerte de Marco Aurelio, Cómodo se convirtió en emperador, pero su reinado estuvo marcado por la crueldad y la inestabilidad, y finalmente fue asesinado en un complot.

Estos son solo algunos ejemplos de las complejas y a menudo turbulentas sucesiones que ocurrieron en la historia romana. La lucha por el poder y las intrigas políticas eran una constante en la antigua Roma, y estas sucesiones desempeñaron un papel importante en la formación y evolución del Imperio Romano.

13.8 Comparación entre el derecho de sucesiones romano y otros sistemas jurídicos antiguos

El derecho de sucesiones romano se desarrolló de manera única en comparación con otros sistemas jurídicos antiguos. Aquí hay algunas comparaciones entre el derecho de sucesiones romano y otros sistemas:

Derecho de sucesiones romano vs. Derecho de sucesiones egipcio: El derecho de sucesiones egipcio se basaba en gran medida en la tradición de la primogenitura, donde el hijo mayor heredaba la mayor parte de la propiedad del padre fallecido. En contraste, el derecho de sucesiones romano permitía una mayor flexibilidad en la distribución de la herencia, y los padres tenían la capacidad de designar herederos y distribuir sus bienes según su voluntad.

Derecho de sucesiones romano vs. Derecho de sucesiones hebreo: El derecho de sucesiones hebreo, como se encuentra en la Biblia, estaba influenciado por la religión y la tradición. La ley hebrea establecía ciertas normas sobre la sucesión, como el derecho de los hijos varones a heredar antes que las hijas o la prohibición de heredar a los hijos ilegítimos. Por otro lado, el derecho de sucesiones romano permitía una mayor libertad testamentaria y reconocía la posibilidad de nombrar herederos fuera de la familia inmediata.

Derecho de sucesiones romano vs. Derecho de sucesiones germánico: El derecho de sucesiones germánico, que prevalecía en las tribus germánicas antes de la influencia romana, se basaba en el principio de herencia por línea paterna y la división igualitaria de los bienes entre los hijos. En contraste, el derecho de sucesiones romano permitía una mayor flexibilidad en la designación de herederos y en la distribución de la herencia.

Derecho de sucesiones romano vs. Derecho de sucesiones hindú: El derecho de sucesiones hindú, tal como se encuentra en las leyes dhármicas, se rige por el principio de la división de la herencia entre los miembros de la familia, conocido como coparcenaria. La herencia se divide entre los miembros masculinos de la familia en partes iguales, y las mujeres generalmente reciben una dote. El derecho de sucesiones romano difería en términos de libertad testamentaria y la posibilidad de designar herederos fuera de la familia.

Estas comparaciones destacan las diferencias en los sistemas de sucesión entre el derecho romano y otros sistemas jurídicos antiguos. El derecho de sucesiones romano otorgaba una mayor libertad testamentaria y flexibilidad en la distribución de la herencia en comparación con otros sistemas que estaban más arraigados en tradiciones religiosas o culturales.

Capítulo 14:

Derecho Mercantil Romano

14.1 Orígenes y desarrollo del derecho mercantil en Roma

El derecho mercantil en Roma, conocido como "ius mercatorum" o "ius commercii", se desarrolló gradualmente a lo largo de la historia romana. Aquí están los principales aspectos de sus orígenes y desarrollo:

Orígenes: Los orígenes del derecho mercantil romano se remontan a la antigua República Romana. Durante esta época, Roma tenía una economía en expansión y se desarrollaron relaciones comerciales cada vez más complejas. Se necesitaba una regulación legal para resolver disputas comerciales y proteger los intereses de los comerciantes. La legislación romana comenzó a abordar temas comerciales, como contratos, préstamos comerciales y transporte de mercancías.

Leyes imperiales: A medida que Roma se convirtió en un imperio, los emperadores romanos promulgaron leyes para regular el comercio y proteger los derechos de los comerciantes. El emperador Augusto emitió el "Edicto del Mercado" (Edictum de Pretiis Rerum Venalium) para regular los precios y evitar el acaparamiento. El emperador Caracalla promulgó el "Edicto de Caracalla" en el siglo III d.C., que otorgaba la ciudadanía romana a todos los habitantes libres del imperio, lo que facilitó la actividad comercial y el comercio en todo el territorio.

Lex Rhodia de Iactu: La Lex Rhodia de Iactu, una ley marítima, era una parte importante del derecho mercantil romano. Esta ley establecía normas para los seguros marítimos y reglamentaba las prácticas y responsabilidades de los propietarios de embarcaciones y comerciantes en caso de pérdidas o daños durante el transporte marítimo.

Las acciones mercatorias: El derecho mercantil romano también desarrolló acciones especiales para resolver disputas comerciales, conocidas como "acciones mercatorias". Estas acciones permitían a los comerciantes presentar demandas en casos de incumplimiento de contratos comerciales, competencia desleal o fraudes comerciales.

Creación de los bancos y las sociedades comerciales: En la época imperial, Roma vio el surgimiento de bancos y sociedades comerciales que desempeñaron un papel importante en el comercio y la economía. Se establecieron regulaciones legales para regular la actividad de los bancos y las prácticas comerciales de las sociedades comerciales.

El derecho mercantil romano sentó las bases para muchas de las instituciones y principios del derecho mercantil que se desarrollaron posteriormente en Europa. Su influencia se extendió a través del Derecho Romano y se mantuvo vigente durante siglos después de la caída del Imperio Romano de Occidente, influyendo en la legislación comercial de las naciones europeas durante la Edad Media y la Edad Moderna.

14.2 Instituciones mercantiles en el Derecho Romano: societates, negotiatores, naufragium, etc.

En el Derecho Romano, había varias instituciones mercantiles que regulaban y facilitaban la actividad comercial. Aquí están algunas de las principales:

Societates: Las "societates" eran asociaciones comerciales entre dos o más personas para llevar a cabo una actividad económica conjunta. Existían diferentes tipos de societates, como la societas omnium bonorum, donde los socios compartían todos los bienes y responsabilidades, y la societas leonina, en la cual un socio tenía una participación mayoritaria en las ganancias y los demás solo compartían las pérdidas. Estas asociaciones se regían por acuerdos privados y tenían regulaciones específicas en cuanto a la responsabilidad de los socios y la administración de la sociedad.

Negotiatores: Los "negotiatores" eran comerciantes que se dedicaban a la compraventa de mercancías. Eran considerados como una categoría especial de comerciantes y se les otorgaban ciertos privilegios y protecciones legales. Los negotiatores podían utilizar el comercio marítimo y terrestre para llevar a cabo sus transacciones y estaban sujetos a regulaciones específicas en cuanto a la responsabilidad por pérdidas y daños.

Naufragium: El naufragium se refería a las normas legales relacionadas con el naufragio y los daños sufridos durante el transporte marítimo. El Derecho Romano establecía reglas específicas para la división de las pérdidas y la distribución de la responsabilidad en caso de naufragio. Por ejemplo, la Lex Rhodia de Iactu era una ley marítima que regulaba los seguros marítimos y establecía normas para los propietarios de embarcaciones y comerciantes en caso de pérdidas o daños durante el transporte marítimo.

Actio institoria: La actio institoria era una acción legal que permitía a un comerciante demandar a un agente (institor) por incumplimiento de contrato o negligencia en el desempeño de sus funciones. Esta acción era importante para proteger los intereses de los comerciantes en las transacciones comerciales y garantizar que los agentes actuaran de acuerdo con sus deberes.

Estas instituciones mercantiles en el Derecho Romano reflejaban la importancia y la complejidad de la actividad comercial en la sociedad romana. Establecían reglas y regulaciones para proteger los derechos y las responsabilidades de los comerciantes y facilitar el comercio en el Imperio Romano.

14.3 Contratos y prácticas comerciales en el Derecho Romano

El Derecho Romano desarrolló una amplia variedad de contratos y prácticas comerciales que sentaron las bases para muchas de las instituciones y conceptos legales utilizados en el comercio moderno. Aquí están algunos de los contratos y prácticas comerciales más importantes en el Derecho Romano:

Venta (emptio-venditio): El contrato de venta era uno de los contratos más comunes en el Derecho Romano. Establecía los términos y condiciones de la transferencia de propiedad de un bien a cambio de un precio acordado. Incluía garantías y responsabilidades para ambas partes.

Préstamo (mutuum): El contrato de préstamo permitía el préstamo de dinero u otros bienes fungibles. El mutuum establecía la obligación del prestatario de devolver el mismo tipo y cantidad de bienes prestados.

Depósito (depositum): El contrato de depósito se utilizaba para la custodia de bienes por parte de una persona (depositario) a solicitud de otra (depositante). El depositario estaba obligado a custodiar los bienes y devolverlos en su estado original.

Comodato (commodatum): El contrato de comodato permitía el préstamo de bienes no fungibles, como libros, utensilios, etc. El comodatario recibía el bien prestado y debía devolverlo después de su uso, sin compensación económica.

Sociedades (societates): Las sociedades comerciales, como se mencionó anteriormente, eran acuerdos entre dos o más personas para llevar a cabo una actividad económica conjunta. Las sociedades podían establecerse para un proyecto comercial específico o para una empresa a largo plazo.

Contratos marítimos: El Derecho Romano también regulaba los contratos marítimos, como el fletamento (locatio-conductio) de barcos, donde se arrendaban embarcaciones para el transporte de mercancías.

Prácticas comerciales: Además de los contratos, había prácticas comerciales específicas en el Derecho Romano. Por ejemplo, el "negotium gestio" se refería a la gestión de negocios por parte de una persona en beneficio de otra sin un mandato expreso. También existía el "stipulatio", una forma de contrato oral que se basaba en preguntas y respuestas, donde las partes establecían acuerdos vinculantes.

Estos son solo algunos ejemplos de los contratos y prácticas comerciales en el Derecho Romano. Estas instituciones y prácticas sentaron las bases para el desarrollo del derecho mercantil y tuvieron una influencia duradera en el derecho comercial moderno.

14.4 Protección y regulación del comercio en el Derecho Romano

El Derecho Romano proporcionaba protección y regulación para el comercio en varias formas. Aquí están algunos aspectos destacados de la protección y regulación del comercio en el Derecho Romano:

Leyes comerciales: El Derecho Romano promulgaba leyes específicas para regular diversas actividades comerciales. Por ejemplo, el "Edictum de Pretiis Rerum Venalium" emitido por el emperador Augusto regulaba los precios de los bienes y evitaba la especulación y el acaparamiento. También existían leyes para regular las prácticas comerciales, los contratos y las responsabilidades de los comerciantes.

Acciones legales: El Derecho Romano proporcionaba acciones legales para resolver disputas comerciales. Estas acciones permitían a los comerciantes buscar reparación en caso de incumplimiento de contratos, fraude comercial o competencia desleal. Por ejemplo, la "actio empti" era una acción legal para el comprador en caso de incumplimiento de la venta.

Instituciones de arbitraje: El Derecho Romano fomentaba el uso de instituciones de arbitraje para resolver disputas comerciales. Los comerciantes podían acordar resolver sus disputas a través de árbitros designados, quienes emitían decisiones vinculantes basadas en la equidad y la ley comercial. El arbitraje proporcionaba una forma eficiente y rápida de resolver disputas sin recurrir a los tribunales.

Protección de los derechos de propiedad: El Derecho Romano protegía los derechos de propiedad de los comerciantes. Se reconocía el derecho de propiedad sobre bienes muebles e inmuebles, y había acciones legales para proteger la propiedad y buscar indemnización en caso de daños o pérdidas.

Regulación de las actividades mercantiles: El Derecho Romano establecía regulaciones para diversas actividades comerciales, como el transporte marítimo, el comercio de esclavos y la banca. Estas regulaciones incluían requisitos específicos, estándares de calidad y responsabilidades de los comerciantes en el ejercicio de sus actividades.

Responsabilidad contractual: El Derecho Romano establecía principios de responsabilidad contractual para proteger los intereses de las partes en las transacciones comerciales. Las partes tenían obligaciones y responsabilidades específicas según los términos y condiciones de los contratos, y podían buscar reparación en caso de incumplimiento.

Estas medidas de protección y regulación del comercio en el Derecho Romano buscaban fomentar la confianza en las transacciones comerciales, garantizar la equidad y proteger los derechos e intereses de los comerciantes. Sentaron las bases para el desarrollo del derecho comercial y tuvieron una influencia duradera en la regulación del comercio en las sociedades posteriores.

14.5 Responsabilidad y resolución de disputas comerciales en el Derecho Romano

En el Derecho Romano, la responsabilidad y la resolución de disputas comerciales se abordaban a través de varias instituciones y acciones legales. Aquí están algunos aspectos importantes relacionados con la responsabilidad y la resolución de disputas comerciales en el Derecho Romano:

1. **Responsabilidad contractual:** El Derecho Romano establecía principios de responsabilidad contractual para las transacciones comerciales. Las partes tenían obligaciones y responsabilidades específicas según los términos y condiciones de los contratos. En caso de incumplimiento, la parte afectada tenía derecho a buscar remedios legales.

2. **Acciones legales:** El Derecho Romano ofrecía acciones legales para la resolución de disputas comerciales. Estas acciones permitían a los comerciantes buscar reparación en caso de incumplimiento de contratos, fraude comercial, competencia desleal y otras situaciones. Algunas de las acciones legales comunes incluían:

- **Actio empti-venditi:** Era una acción que permitía al comprador buscar compensación por el incumplimiento de un contrato de venta.
- **Actio quanti minoris:** Era una acción que permitía al comprador solicitar una reducción en el precio de compra en caso de defectos o disminución del valor del bien adquirido.

- **Actio redhibitoria:** Era una acción que permitía al comprador devolver el bien y recibir un reembolso en caso de defectos ocultos en el bien vendido.
- **Actio furti:** Era una acción que permitía al comerciante demandar a una persona por robo o hurto de sus bienes comerciales.

3. **Arbitraje:** El Derecho Romano promovía el uso de instituciones de arbitraje para resolver disputas comerciales. Los comerciantes podían acordar resolver sus disputas a través de árbitros designados, quienes emitían decisiones vinculantes basadas en la equidad y la ley comercial. El arbitraje ofrecía una forma eficiente y rápida de resolver disputas sin tener que recurrir a los tribunales.

4. **Jurisprudencia:** La jurisprudencia romana, basada en las decisiones de los magistrados y los juristas, también desempeñaba un papel importante en la resolución de disputas comerciales. Las decisiones previas en casos similares se tomaban en cuenta y servían como precedentes para casos futuros, proporcionando orientación y claridad en la aplicación de la ley comercial.

5. **Medidas cautelares:** El Derecho Romano permitía la adopción de medidas cautelares para proteger los intereses de las partes en disputas comerciales. Estas medidas podían incluir la retención de bienes, la prohibición de ciertas acciones o la imposición de garantías para asegurar el cumplimiento de las obligaciones contractuales.

En general, el Derecho Romano abordaba la responsabilidad y la resolución de disputas comerciales a través de un sistema legal bien desarrollado, que buscaba proteger los derechos de las partes involucradas y promover la equidad en el comercio. Muchas de estas instituciones y principios legales han influido en el desarrollo del derecho comercial en sociedades posteriores.

14.6 Influencia del Derecho Mercantil Romano en el derecho comercial moderno

El Derecho Mercantil Romano ha tenido una influencia significativa en el desarrollo del derecho comercial moderno en diversas jurisdicciones. A continuación, se presentan algunas áreas donde se puede observar su influencia:

Concepto de comercio y contratos comerciales: El Derecho Romano definió y reconoció el comercio como una actividad legal y legítima. Estableció conceptos y principios fundamentales relacionados con los contratos comerciales, como la venta, el préstamo, el depósito y las sociedades comerciales. Estos conceptos han sido adoptados y desarrollados en el derecho comercial moderno, proporcionando una base para la regulación de las transacciones comerciales.

Protección de los derechos de propiedad: El Derecho Romano estableció normas y principios para proteger los derechos de propiedad en el ámbito comercial. Reconoció la importancia de los derechos de propiedad y ofreció acciones legales para su protección y resolución de disputas. Estos principios han sido incorporados en el derecho comercial moderno, proporcionando protección legal a los derechos de propiedad y garantizando un entorno seguro para las transacciones comerciales.

Responsabilidad contractual y acciones legales: El Derecho Romano desarrolló principios y acciones legales para abordar el incumplimiento de contratos comerciales y las disputas comerciales en general. Estos principios, como la responsabilidad por incumplimiento, las acciones de indemnización y las acciones por defectos ocultos, han influido en el desarrollo de los remedios y las acciones legales en el derecho comercial moderno.

Derecho marítimo y seguro marítimo: El Derecho Romano tenía regulaciones específicas para el comercio marítimo y el seguro marítimo. Estas regulaciones han influido en el desarrollo del derecho marítimo moderno, estableciendo normas para la responsabilidad de los transportistas marítimos, la distribución de riesgos y las prácticas de seguro en el ámbito marítimo.

Jurisprudencia y desarrollo legal: La jurisprudencia romana, que se basaba en las decisiones de los magistrados y los juristas, sentó las bases para la creación de principios y precedentes legales en el derecho comercial. La influencia de la jurisprudencia romana se puede observar en el sistema de precedentes y la formación de doctrina en el derecho comercial moderno.

En general, el Derecho Mercantil Romano sentó las bases para el desarrollo del derecho comercial moderno al establecer conceptos, principios y regulaciones fundamentales para la actividad comercial. Su influencia perdura en la actualidad, ya que muchos de sus principios y estructuras legales han sido adoptados y desarrollados en los sistemas jurídicos contemporáneos.

14.7 Estudio de casos de transacciones comerciales famosas en la historia romana

Aquí hay algunos ejemplos de transacciones comerciales famosas en la historia romana:

El comercio de seda: Durante el Imperio Romano, la seda era un bien muy valorado y se importaba principalmente de China a través de la Ruta de la Seda. Las transacciones comerciales de seda eran lucrativas y desempeñaron un papel importante en el comercio romano. El emperador Justiniano incluso envió una embajada a China en el siglo VI para obtener los secretos de la producción de seda.

El comercio de especias: Las especias, como la pimienta, la canela y el jengibre, eran productos altamente demandados en el Imperio Romano. Estas especias se importaban principalmente de las regiones del este, como la India y el sudeste asiático. El comercio de especias era lucrativo y se llevaban a cabo transacciones comerciales importantes para su adquisición y distribución.

El comercio de esclavos: El comercio de esclavos fue una parte integral de la economía romana. Los esclavos se adquirían y vendían en grandes cantidades para diversas tareas y roles en la sociedad romana. Las transacciones comerciales de esclavos eran comunes, y los mercados de esclavos florecían en las principales ciudades del Imperio Romano.

El comercio de grano: Roma dependía en gran medida de la importación de grano para alimentar a su creciente población. Las transacciones comerciales de grano eran esenciales para garantizar el suministro de alimentos en la ciudad de Roma. Egipto se convirtió en una fuente importante de grano para el Imperio Romano, y se establecieron contratos a largo plazo para asegurar el suministro constante.

El comercio de vino: El vino era un producto muy apreciado en la sociedad romana. Las transacciones comerciales de vino eran comunes y se importaba vino de diversas regiones, como el norte de África y las provincias del sur de Francia. El vino romano ganó reputación por su calidad y se exportaba a varias partes del Imperio.

Estos son solo algunos ejemplos de transacciones comerciales famosas en la historia romana. El comercio desempeñó un papel vital en la economía y la sociedad romana, y estas transacciones fueron cruciales para el intercambio de bienes y la prosperidad del Imperio Romano.

14.8 Comparación entre el derecho mercantil romano y otros sistemas jurídicos antiguos

El derecho mercantil romano, al igual que otros sistemas jurídicos antiguos, compartía ciertas similitudes y diferencias con respecto a la regulación del comercio. Aquí hay una comparación entre el derecho mercantil romano y otros sistemas jurídicos antiguos:

Códigos legales y legislación: Tanto el derecho mercantil romano como otros sistemas jurídicos antiguos, como el Código de Hammurabi en Mesopotamia y las leyes de Eshnunna en Babilonia, tenían códigos legales que regulaban el comercio y las actividades económicas. Estos códigos establecían derechos y obligaciones para los comerciantes, así como sanciones en caso de incumplimiento.

Leyes y contratos comerciales: En el derecho mercantil romano, se reconocían y regulaban diversos tipos de contratos comerciales, como la compraventa, el préstamo y las sociedades comerciales. De manera similar, otros sistemas jurídicos antiguos también tenían leyes y normas para regular los contratos y las transacciones comerciales, aunque podían variar en términos de su alcance y detalles específicos.

Protección de la propiedad y responsabilidad: Tanto el derecho mercantil romano como otros sistemas jurídicos antiguos establecían principios y normas para proteger los derechos de propiedad y responsabilidades en las transacciones comerciales. Esto incluía la responsabilidad por incumplimiento de contratos, acciones legales para buscar reparación y medidas para proteger la propiedad contra daños o robos.

Arbitraje y resolución de disputas: El uso de la resolución de disputas a través del arbitraje era común tanto en el derecho mercantil romano como en otros sistemas jurídicos antiguos. Los comerciantes podían acordar resolver sus disputas a través de árbitros designados, quienes emitían decisiones vinculantes basadas en la equidad y la ley comercial.

Influencias culturales y geográficas: Los sistemas jurídicos antiguos variaban en función de las influencias culturales y geográficas de cada región. El derecho mercantil romano, por ejemplo, estaba influenciado por la legislación griega y las prácticas comerciales de las ciudades-estado griegas. Del mismo modo, otros sistemas jurídicos antiguos también reflejaban las características y tradiciones legales de sus respectivas culturas y regiones.

Es importante destacar que, si bien existían similitudes en la regulación del comercio entre el derecho mercantil romano y otros sistemas jurídicos antiguos, también había diferencias significativas en términos de alcance, enfoque y detalles específicos de las leyes y regulaciones comerciales. Cada sistema jurídico antiguo tenía sus propias peculiaridades y adaptaciones a las necesidades y circunstancias de su época y lugar.

Capítulo 15:

Derecho de la Propiedad Intelectual en Roma

15.1 Reconocimiento y protección de los derechos de autor en el Derecho Romano

El concepto moderno de derechos de autor, tal como se entiende en la actualidad, no existía en el Derecho Romano de manera específica. Sin embargo, se pueden identificar algunos elementos relacionados con la protección de la propiedad intelectual en el contexto romano.

En la Roma antigua, la protección de los derechos de autor se abordaba principalmente a través del derecho de propiedad y de las acciones legales disponibles para proteger los intereses de los autores. Aunque los escritores y poetas romanos tenían derechos morales y económicos sobre sus obras, la protección de estos derechos se basaba más en el concepto de propiedad y en la reputación del autor que en un sistema legal específico de derechos de autor.

En términos de propiedad, se reconocía el derecho de los autores a controlar la copia y distribución de sus obras. Por ejemplo, un autor podía prohibir la reproducción o copia no autorizada de sus escritos. Sin embargo, la protección de estos derechos era más un asunto privado y dependía de la reputación y el prestigio del autor para hacer valer sus derechos.

Además, en el ámbito de la competencia desleal, existían acciones legales para proteger a los autores contra la falsificación o la atribución indebida de sus obras. Estas acciones se basaban en la reputación y el daño a la reputación del autor más que en una protección específica de los derechos de autor.

Es importante tener en cuenta que el enfoque romano respecto a la propiedad intelectual y los derechos de autor era diferente al sistema moderno. La sociedad romana valoraba más la fama y la reputación del autor que la protección legal de los derechos de autor en sí. Además, la idea de la propiedad intelectual como un derecho exclusivo y temporal sobre las obras creativas no se desarrolló plenamente hasta épocas más modernas.

En resumen, aunque no existía un sistema de derechos de autor en el sentido moderno en el Derecho Romano, se reconocía cierta protección para los autores en términos de propiedad y reputación. Sin embargo, este reconocimiento y protección eran más informales y se basaban en la reputación y el prestigio del autor, en lugar de una legislación específica de derechos de autor como la que existe en la actualidad.

15.2 Patentes y marcas en el Derecho Romano

En el Derecho Romano, no existía un sistema de patentes y marcas tal como se entienden en la actualidad. Sin embargo, se pueden encontrar algunos elementos relacionados con la protección de la innovación y la identificación comercial en el contexto romano.

En cuanto a las patentes, no había una legislación específica para proteger las invenciones o los procesos técnicos. El enfoque romano se basaba más en la secrecía y la confidencialidad para mantener la ventaja competitiva. Los artesanos y los comerciantes romanos podían mantener en secreto sus métodos de producción o técnicas especiales como una forma de proteger su ventaja comercial.

En relación con las marcas comerciales, aunque no había un sistema formal de registro y protección de marcas en el Derecho Romano, se reconocía la importancia de la reputación y la identificación comercial. Los comerciantes podían hacer uso de marcas o signos distintivos para identificar sus productos y distinguirlos de los de otros. Estos signos podían ser logos, símbolos o incluso el nombre del comerciante. La reputación de la marca y la calidad del producto se volvían esenciales para el éxito comercial.

Aunque la protección de las patentes y las marcas no se basaba en un sistema legal específico en el Derecho Romano, existía una protección más informal basada en la reputación, el prestigio y el reconocimiento en el mercado. Los comerciantes y artesanos confiaban en su reputación y en la calidad de sus productos para atraer a los clientes y mantener su posición en el mercado.

En resumen, en el Derecho Romano no había un sistema legal formal de patentes y marcas como los que existen en la actualidad. La protección se basaba más en el secreto comercial, la reputación y la identificación distintiva de los productos. Sin embargo, es importante tener en cuenta que estos conceptos en el Derecho Romano difieren significativamente de los sistemas modernos de patentes y marcas, que se basan en legislación específica y un sistema de registro formal para garantizar la protección legal de la innovación y la identificación comercial.

15.3 Limitaciones y excepciones en el Derecho de Propiedad Intelectual romano

En el Derecho Romano, no existían limitaciones y excepciones específicas en el sentido moderno en lo que respecta al derecho de propiedad intelectual. Sin embargo, se pueden identificar ciertos conceptos y prácticas que podrían considerarse como limitaciones o excepciones informales.

Uso personal y privado: Los romanos reconocían el derecho de los individuos a utilizar y disfrutar de las obras literarias y artísticas de otros para uso personal y privado. Esto implicaba que las obras podían ser leídas, copiadas o utilizadas para el disfrute personal sin el consentimiento del autor. Sin embargo, estas actividades estaban sujetas a la ética y la moralidad romana, y no se permitía la explotación comercial sin el consentimiento del autor.

Uso educativo y académico: En el ámbito educativo y académico, se permitía el uso de obras protegidas por derechos de autor con fines de enseñanza y estudio. Los profesores y estudiantes podían utilizar y citar obras en sus actividades educativas sin el permiso expreso del autor. Esto se consideraba una práctica aceptada para promover el aprendizaje y la transmisión de conocimientos.

Parodia y sátira: Aunque no existía una protección legal específica para la parodia y la sátira en el Derecho Romano, se reconocía cierto grado de libertad para hacer uso de las obras de otros con fines humorísticos o críticos. Los artistas y escritores podían realizar adaptaciones humorísticas o críticas de obras existentes, siempre y cuando no se dañara la reputación del autor original.

Dominio público: Con el tiempo, algunas obras podían caer en el dominio público, lo que significa que quedaban libres de derechos de autor y podían ser utilizadas por cualquier persona. En el Derecho Romano, no existía un plazo específico de protección de derechos de autor como el que existe en los sistemas modernos, pero se reconocía que las obras podían ser utilizadas libremente después de un período considerable de tiempo.

Es importante tener en cuenta que estas prácticas y conceptos en el Derecho Romano no eran formalmente establecidos ni regulados como limitaciones y excepciones legales como en los sistemas modernos de propiedad intelectual. Además, el enfoque romano hacia la propiedad intelectual se basaba más en la reputación y el prestigio del autor, y las cuestiones de derechos de autor se trataban principalmente a través de acuerdos privados y ética social en lugar de una legislación específica.

15.4 Acciones y sanciones por infracción en el Derecho Romano

En el Derecho Romano, existían acciones y sanciones para casos de infracción en diversos aspectos legales, aunque no había una legislación específica sobre infracciones en materia de propiedad intelectual como la que se encuentra en el derecho moderno. Sin embargo, se pueden identificar algunas acciones y sanciones relacionadas con la protección de derechos y la responsabilidad por incumplimiento en el contexto romano.

Acciones civiles: En casos de infracción de derechos, los romanos podían recurrir a acciones civiles para buscar reparación y compensación por los daños sufridos. Estas acciones civiles se basaban en principios generales del derecho romano, como la protección de la propiedad y los contratos. Por ejemplo, un autor o artista que consideraba que sus derechos habían sido infringidos podía presentar una acción civil para reclamar daños y perjuicios.

Acciones penales: En ciertos casos, las infracciones más graves podían considerarse como delitos penales. Por ejemplo, la falsificación o la apropiación indebida de la obra de otro podía ser considerada un delito y podía ser perseguido penalmente. Las sanciones penales podían incluir multas, trabajos forzados o incluso la pérdida de derechos civiles.

Medidas cautelares: Para prevenir daños adicionales o asegurar la protección de los derechos, los romanos también podían solicitar medidas cautelares o provisionales. Estas medidas podrían incluir la prohibición de la reproducción o distribución de una obra infractora hasta que se resolviera el caso. La intención era evitar que se perpetuaran los daños o se siguiera infringiendo el derecho del titular.

Es importante destacar que las acciones y sanciones en el Derecho Romano estaban principalmente orientadas hacia aspectos de propiedad y contratos, y no había una legislación específica sobre derechos de autor o propiedad intelectual como se entiende en la actualidad. Además, el enfoque romano hacia las infracciones se basaba en gran medida en la compensación económica y en la reparación de los daños sufridos por el titular, en lugar de una perspectiva de protección generalizada de los derechos intelectuales.

En resumen, en el Derecho Romano existían acciones y sanciones para casos de infracción, aunque no específicamente relacionadas con la propiedad intelectual. Estas acciones podían ser tanto civiles como penales, y se buscaba la reparación de los daños sufridos por el titular de los derechos infringidos. Sin embargo, la protección de los derechos de autor y la propiedad intelectual se basaba más en acuerdos privados y en la reputación y el prestigio del autor, en lugar de una legislación específica como en el derecho moderno.

15.5 Transferencia y licenciamiento de derechos en el Derecho Romano

En el Derecho Romano, se reconocía la posibilidad de transferir y licenciar derechos sobre obras y propiedades, aunque no existían disposiciones legales específicas para regular estos aspectos de manera exhaustiva. Sin embargo, a través de los principios generales del derecho romano, se establecían ciertos mecanismos y prácticas que permitían la transferencia y el licenciamiento de derechos.

Cesión de derechos: Los romanos reconocían la posibilidad de ceder o transferir derechos sobre una obra o propiedad a otra persona. Esto implicaba que el titular original de los derechos renunciaba a ellos y los transfería a un tercero. La cesión de derechos se realizaba mediante un acuerdo o contrato, donde se establecían los términos y condiciones de la transferencia.

Licencia de uso: En lugar de transferir los derechos en su totalidad, los romanos también permitían el licenciamiento de derechos de uso sobre una obra o propiedad. Esto implicaba que el titular original otorgaba a otra persona el derecho de utilizar la obra o propiedad de acuerdo con los términos y condiciones establecidos en el contrato de licencia. Esta licencia de uso podía ser exclusiva o no exclusiva, y se podían establecer limitaciones o restricciones sobre el alcance y la duración del uso permitido.

Contratos de edición: En el contexto de la publicación de obras literarias, existía el contrato de edición, mediante el cual el autor cedía los derechos de publicación a un editor. Este contrato establecía los términos y condiciones de la publicación, así como los derechos y obligaciones de ambas partes. El editor tenía el derecho exclusivo de publicar y distribuir la obra, mientras que el autor recibía una compensación económica por esta cesión de derechos.

Es importante tener en cuenta que en el Derecho Romano, la transferencia y el licenciamiento de derechos se basaban en acuerdos privados y en los principios generales del derecho romano, como la libertad contractual y la protección de la propiedad. No existían regulaciones legales detalladas o estatutos específicos para la transferencia y el licenciamiento de derechos como los que se encuentran en los sistemas modernos de propiedad intelectual.

En resumen, en el Derecho Romano se reconocía la posibilidad de transferir y licenciar derechos sobre obras y propiedades. Estas transferencias se realizaban a través de acuerdos privados y contratos, donde se establecían los términos y condiciones de la cesión o licencia. Aunque no existían regulaciones legales específicas, los principios generales del derecho romano permitían la transferencia y el licenciamiento de derechos de manera similar a los sistemas modernos de propiedad intelectual.

15.6 Legado del Derecho de la Propiedad Intelectual romano en la legislación actual

El Derecho de la Propiedad Intelectual romano ha dejado un legado importante en la legislación actual, aunque ha evolucionado significativamente a lo largo de los siglos. A continuación, se mencionan algunos aspectos en los que se puede observar la influencia del Derecho Romano en la legislación actual sobre propiedad intelectual:

Reconocimiento de derechos de autor: El concepto de proteger los derechos de los creadores y autores de obras literarias y artísticas se remonta a la antigua Roma. Aunque el enfoque romano era más basado en la reputación y la ética social, sentó las bases para el reconocimiento de los derechos de autor como derechos legales y económicos sobre las obras creativas. La legislación actual sobre derechos de autor, como las leyes de derechos de autor y los tratados internacionales, se basan en gran medida en estos conceptos.

Protección de la propiedad intelectual: Aunque no había una legislación específica sobre propiedad intelectual en el Derecho Romano, se reconocía la importancia de proteger los derechos de los creadores y artesanos. Este reconocimiento sentó las bases para el desarrollo de leyes y regulaciones modernas que protegen la propiedad intelectual en sus diversas formas, como patentes, marcas registradas y diseños industriales.

Concepto de autoría y originalidad: El Derecho Romano reconocía la importancia de la autoría y la originalidad en las obras creativas. Estos conceptos se han mantenido en la legislación actual, donde se considera que las obras originales y creadas por una persona específica tienen protección legal.

Derechos morales y económicos: El Derecho Romano reconocía tanto los derechos morales como los derechos económicos de los autores sobre sus obras. Este enfoque ha influido en la legislación moderna, donde se reconocen los derechos morales de los autores, como el derecho a ser reconocido como autor y a proteger la integridad de su obra, así como los derechos económicos, como el derecho a autorizar o prohibir la reproducción y distribución de la obra.

Si bien el Derecho Romano sentó las bases para el reconocimiento y la protección de la propiedad intelectual, es importante destacar que la legislación actual ha evolucionado significativamente para adaptarse a los avances tecnológicos y los desafíos contemporáneos. Las leyes y regulaciones actuales sobre propiedad intelectual son mucho más complejas y detalladas que las prácticas y conceptos del Derecho Romano. Sin embargo, la influencia y el legado del Derecho Romano en la legislación actual sobre propiedad intelectual son innegables.

15.7 Estudio de casos de disputas de propiedad intelectual en la historia romana

Aunque no se tienen registros específicos de disputas de propiedad intelectual en la historia romana, podemos identificar algunos casos que involucraron cuestiones relacionadas con la autoría y la protección de los derechos en obras literarias y artísticas. A continuación, se mencionan dos ejemplos notables:

El caso de las comedias de Terencio: El poeta cómico romano Publio Terencio Africano (Terencio) fue conocido por sus comedias, que se representaban en el teatro romano. Se dice que el dramaturgo Lucio Ambivio Turpiliano lo acusó de plagiar algunas de sus obras. Como resultado, Terencio tuvo que defender su autoría y probar que sus comedias eran originales y no una copia de las obras de Turpiliano. Se cree que Terencio pudo demostrar su autoría y mantener su reputación como escritor original.

El caso de las pinturas de Zeuxis y Parrasio: En la época romana, se valoraba mucho el arte y las habilidades de los pintores. Según los relatos históricos, hubo una competencia entre los pintores griegos Zeuxis y Parrasio para determinar quién era el mejor artista. Zeuxis pintó una uva tan realista que los pájaros volaron para picotearla, mientras que Parrasio pintó un velo tan realista que Zeuxis intentó apartarlo. Este caso no representa una disputa de propiedad intelectual en el sentido moderno, pero demuestra la importancia que se daba a la originalidad y la habilidad artística en la antigua Roma.

Es importante tener en cuenta que estos casos no están documentados de manera detallada y pueden tener elementos legendarios o exagerados. Sin embargo, proporcionan ejemplos históricos de situaciones en las que la autoría y la originalidad de las obras artísticas fueron cuestionadas o valoradas en la antigua Roma. Estas situaciones reflejan la importancia que se daba a la creatividad y la protección de los derechos en el contexto cultural romano.

15.8 Comparación entre el derecho de propiedad intelectual romano y otros sistemas jurídicos antiguos

A lo largo de la historia antigua, varios sistemas jurídicos reconocieron y protegieron los derechos de propiedad intelectual de diferentes maneras. A continuación, se realiza una comparación entre el derecho de propiedad intelectual romano y otros sistemas jurídicos antiguos:

Derecho egipcio: El antiguo Egipto tenía un sistema legal sofisticado que reconocía ciertos derechos de propiedad intelectual. Por ejemplo, existían leyes que protegían los derechos de los escribas sobre sus textos y documentos. Sin embargo, a diferencia del derecho romano, la protección de la propiedad intelectual en Egipto estaba más enfocada en el contexto de los oficios y las habilidades técnicas, como la escritura y la artesanía.

Derecho griego: El derecho de propiedad intelectual en la antigua Grecia estaba más relacionado con la protección de los derechos morales y la reputación de los artistas y escritores. Aunque no había una legislación específica, los griegos valoraban la originalidad y la creatividad en las obras literarias y artísticas. Los artistas y poetas eran reconocidos y apreciados, pero no se establecían derechos legales como los que se encuentran en el derecho romano.

Derecho hindú: En la antigua India, se encontraban principios y prácticas similares a los derechos de autor y derechos de propiedad intelectual en los textos hindúes, como los Vedas y los Dharmashastras. Estos textos reconocían la importancia de proteger la autoría y otorgar derechos a los creadores de obras literarias y religiosas. Sin embargo, la protección de los derechos de propiedad intelectual en la India antigua se basaba más en una ética social y religiosa que en un sistema legal codificado.

Derecho chino: El derecho chino antiguo también reconocía ciertos derechos de propiedad intelectual. Por ejemplo, en la dinastía Han, existían leyes que protegían los derechos de los escritores y poetas sobre sus obras. Sin embargo, la protección de la propiedad intelectual en China se basaba más en un enfoque moral y social, donde se valoraba la originalidad y se desalentaba la copia y el plagio.

En general, el derecho de propiedad intelectual en el derecho romano se caracterizaba por su enfoque más legal y contractual, con la protección de los derechos morales y económicos de los autores. A diferencia de otros sistemas jurídicos antiguos, el derecho romano reconocía los derechos de autor como derechos legales y económicos sobre las obras creativas, sentando las bases para el desarrollo posterior de la propiedad intelectual en la legislación moderna.

Capítulo 16:

Derecho Medioambiental en Roma

16.1 Concepción del medio ambiente en la antigua Roma

La concepción del medio ambiente en la antigua Roma estaba influenciada por su relación con la naturaleza y su dependencia de los recursos naturales para la supervivencia y el desarrollo de la sociedad. Aunque no existía un concepto moderno de conservación ambiental, se pueden identificar algunas características y prácticas romanas que reflejaban su relación con el entorno natural.

Utilización sostenible de recursos naturales: Los romanos reconocían la importancia de utilizar de manera sostenible los recursos naturales, como la tierra, el agua y los bosques. Se establecieron leyes y regulaciones para la gestión y el uso de estos recursos, como la legislación sobre la propiedad de la tierra y la gestión de los bosques. Los romanos comprendían que el uso excesivo o irresponsable de los recursos podía tener consecuencias negativas a largo plazo.

Infraestructura para el suministro de agua: La ingeniería romana se destacó por su capacidad para construir y mantener sistemas de acueductos y alcantarillado. Estas obras permitieron el suministro de agua potable a las ciudades y la gestión eficiente de las aguas residuales. El desarrollo de infraestructuras relacionadas con el agua reflejaba la importancia que los romanos daban a la disponibilidad y la calidad del agua, un recurso vital para la vida y el bienestar.

Gestión de desechos: Los romanos también se preocupaban por la gestión de los desechos generados por la sociedad. Se establecieron sistemas de alcantarillado y disposición de basura para mantener limpias las calles y los espacios públicos. La práctica de la gestión de desechos reflejaba una preocupación por la higiene y la salud pública.

Conservación de áreas naturales: Aunque la concepción romana del medio ambiente estaba más enfocada en su utilidad y explotación, existían áreas naturales que eran consideradas valiosas y que se protegían. Por ejemplo, el

Monte Sagrado en Italia fue considerado un lugar sagrado y se prohibía su explotación. Además, algunas áreas boscosas se mantuvieron intactas para asegurar la provisión de madera y otros recursos naturales a largo plazo.

Es importante tener en cuenta que la relación de los romanos con el medio ambiente era diferente a la concepción moderna de conservación y protección ambiental. Su enfoque estaba más relacionado con la utilidad y la gestión de los recursos naturales para satisfacer las necesidades de la sociedad. Sin embargo, estas prácticas y concepciones reflejan una comprensión temprana de la importancia de equilibrar el uso de los recursos con la preservación a largo plazo.

16.2 Normas y regulaciones para la protección del medio ambiente en el Derecho Romano

El Derecho Romano no tenía normas y regulaciones específicas para la protección del medio ambiente tal como las entendemos en la actualidad. Sin embargo, se pueden identificar algunas disposiciones legales y prácticas que reflejaban una preocupación por la gestión de los recursos naturales y la preservación de ciertos aspectos del entorno.

Leyes sobre la propiedad de la tierra: El Derecho Romano establecía normas y regulaciones sobre la propiedad de la tierra, lo que implicaba ciertas responsabilidades para los propietarios en términos de su gestión y cuidado. Si bien estas leyes no se centraban específicamente en la protección ambiental, tenían implicaciones indirectas en cuanto a la forma en que se debían utilizar los recursos naturales.

Regulación de la extracción de madera: Los romanos tenían conciencia de la importancia de los bosques y promulgaban leyes y regulaciones para regular su explotación. Estas regulaciones limitaban la tala indiscriminada de árboles y establecían ciertas restricciones sobre la extracción de madera, asegurando así un uso más sostenible de los recursos forestales.

Regulaciones sobre el uso de agua: El acceso al agua y su gestión eran considerados asuntos importantes en la antigua Roma. Se establecieron leyes y acuerdos para regular el uso del agua, especialmente en términos de su distribución equitativa y su uso adecuado para la agricultura y otros fines. Estas regulaciones tenían como objetivo garantizar un uso sostenible de los recursos hídricos.

Control de la contaminación: Aunque no existían regulaciones específicas sobre la contaminación ambiental, se tomaron medidas para controlar ciertos tipos de contaminación. Por ejemplo, se prohibía la contaminación de ríos y arroyos con residuos tóxicos y se establecían sanciones para aquellos que violaban estas disposiciones.

Es importante destacar que estas normas y regulaciones del Derecho Romano no se centraban explícitamente en la protección del medio ambiente como lo entendemos en la actualidad. En su mayoría, estaban destinadas a garantizar el uso adecuado de los recursos naturales y la gestión eficiente de los mismos para satisfacer las necesidades de la sociedad romana. No obstante, estos elementos legales y prácticos reflejan una preocupación temprana por la gestión sostenible de los recursos y la conservación a largo plazo.

16.3 Responsabilidad por daños ambientales en el Derecho Romano

En el Derecho Romano, no existía un concepto específico de responsabilidad por daños ambientales tal como se entiende en la legislación moderna. Sin embargo, algunas disposiciones legales y principios generales del Derecho Romano podrían aplicarse en situaciones en las que se causaban daños al medio ambiente.

En primer lugar, el Derecho Romano reconocía el principio de "neminem laedere", que significa "no causar daño a los demás". Este principio general implicaba la responsabilidad de reparar los daños causados a otra persona o a su propiedad como resultado de una acción negligente o intencional. Si una persona causaba daños a la propiedad de otra que afectaban al medio ambiente, podría haber sido considerada responsable de reparar los daños causados.

Además, existían algunas leyes y regulaciones que imponían responsabilidades específicas en ciertos contextos. Por ejemplo, en el ámbito de la construcción, los constructores y propietarios de edificios podían ser considerados responsables de los daños causados si su construcción afectaba a propiedades vecinas o al suministro de agua. En el contexto de la contaminación de ríos y arroyos, existían regulaciones que prohibían la contaminación y establecían sanciones para aquellos que violaban estas disposiciones.

Sin embargo, es importante destacar que el enfoque del Derecho Romano en materia de responsabilidad y reparación se centraba principalmente en los daños causados a personas y propiedades específicas, y no existía una consideración explícita de los daños ambientales en sí mismos. La protección del medio ambiente como un interés colectivo y la responsabilidad por daños ecológicos son conceptos que se han desarrollado más plenamente en la legislación y el pensamiento jurídico moderno.

16.4 Conservación de los recursos naturales en el Derecho Romano

En el Derecho Romano, si bien no existía una legislación específica para la conservación de los recursos naturales como la entendemos en la actualidad, se pueden identificar algunas prácticas y enfoques que reflejaban una preocupación por la gestión sostenible de los recursos naturales.

Regulación de la explotación de los bosques: Los romanos reconocían la importancia de los bosques como fuentes de madera y otros recursos naturales. Para garantizar un uso sostenible de estos recursos, se establecieron leyes y regulaciones que limitaban la tala indiscriminada de árboles y establecían restricciones sobre la extracción de madera. Estas regulaciones buscaban asegurar que los bosques se mantuvieran como una fuente renovable de recursos a largo plazo.

Control del uso del agua: El acceso al agua y su gestión eran considerados asuntos importantes en la antigua Roma. Se establecieron leyes y acuerdos para regular el uso del agua, especialmente en términos de su distribución equitativa y su uso adecuado para la agricultura y otros fines. Estas regulaciones tenían como objetivo garantizar un uso sostenible de los recursos hídricos, evitando un agotamiento excesivo y asegurando que estuvieran disponibles para las generaciones futuras.

Protección de tierras agrícolas: El Derecho Romano reconocía la importancia de la tierra para la agricultura y la producción de alimentos. Existían leyes y regulaciones para proteger las tierras agrícolas y evitar su degradación. Por ejemplo, se prohibía la destrucción de tierras de cultivo fértiles o la obstrucción de canales de irrigación que aseguraban la disponibilidad de agua para la agricultura.

Conservación de espacios naturales especiales: Aunque no se abordaba en profundidad, existían casos en los que se reconocía la importancia de conservar ciertos espacios naturales especiales. Por ejemplo, el Monte Sagrado en Italia fue considerado un lugar sagrado y se prohibía su explotación. Además, algunas áreas boscosas se mantenían intactas para asegurar la provisión de madera y otros recursos naturales a largo plazo.

Aunque estas prácticas y enfoques del Derecho Romano no equivalen a un sistema moderno de conservación de recursos naturales, reflejan una preocupación temprana por la gestión sostenible de los recursos y la preservación a largo plazo. Reconocían la importancia de utilizar los recursos de manera responsable y equilibrada, evitando su agotamiento excesivo y protegiendo ciertas áreas de valor ecológico.

16.5 Litigios relacionados con el medio ambiente en el Derecho Romano

En el Derecho Romano, no existían litigios específicos relacionados con el medio ambiente como los que conocemos en la actualidad. Sin embargo, se podían presentar casos en los que las disputas involucraban cuestiones ambientales o daños a la propiedad debido a acciones que afectaban el entorno natural.

Por ejemplo, en casos de contaminación de ríos o cuerpos de agua, podrían haber surgido disputas entre los propietarios de las tierras afectadas y aquellos que habían causado la contaminación. En estas situaciones, los propietarios podían haber buscado una compensación por los daños causados a sus propiedades, incluyendo los recursos naturales que dependían de esas fuentes de agua.

Además, podrían haberse presentado disputas relacionadas con el uso indebido de tierras o la alteración de áreas naturales. Por ejemplo, si alguien realizaba excavaciones o alteraba el paisaje natural de una propiedad, podría haber generado una disputa legal entre las partes involucradas.

Es importante tener en cuenta que el enfoque del Derecho Romano en relación con las disputas se centraba principalmente en la compensación y la reparación de daños causados a personas o propiedades individuales. No había un reconocimiento explícito de los intereses colectivos o de la protección del medio ambiente en sí mismo como una parte fundamental de los litigios.

Si bien el Derecho Romano no abordaba específicamente los litigios relacionados con el medio ambiente como se hace en la actualidad, algunos de los principios y enfoques legales establecidos en ese período histórico han sentado las bases para el desarrollo posterior del derecho ambiental.

16.6 Influencia del Derecho Medioambiental Romano en la legislación ambiental contemporánea

El Derecho Medioambiental Romano ha tenido una influencia limitada pero notable en la legislación ambiental contemporánea. Aunque el Derecho Romano no tenía un marco legal integral y específico para la protección del medio ambiente, algunos de sus principios y prácticas sentaron las bases para el desarrollo posterior del derecho ambiental. A continuación, se presentan algunas formas en las que el Derecho Medioambiental Romano ha influido en la legislación ambiental contemporánea:

Principio de utilización sostenible de los recursos: El Derecho Romano reconocía la importancia de utilizar los recursos naturales de manera sostenible. Este enfoque se refleja en el principio contemporáneo de desarrollo sostenible, que busca equilibrar el uso de los recursos naturales con la preservación a largo plazo.

Regulación de la gestión del agua: Los romanos tenían leyes y regulaciones para regular el uso y la gestión del agua, reconociendo su importancia para la sociedad y la necesidad de un uso adecuado y equitativo. Este enfoque ha influido en la legislación contemporánea sobre la gestión del agua y la protección de los recursos hídricos.

Responsabilidad por daños ambientales: Aunque el Derecho Romano no tenía un concepto específico de responsabilidad por daños ambientales, el principio de "neminem laedere" (no causar daño a los demás) sentó las bases para el concepto contemporáneo de responsabilidad ambiental. Este principio se refleja en la legislación actual sobre responsabilidad civil y ambiental, donde se establecen obligaciones de reparación por los daños causados al medio ambiente.

Reconocimiento de áreas naturales especiales: En algunos casos, el Derecho Romano reconocía la importancia de conservar ciertas áreas naturales especiales, como lugares sagrados o bosques protegidos. Este enfoque ha influido en la legislación contemporánea sobre áreas protegidas y conservación de la biodiversidad.

Es importante destacar que, si bien el Derecho Medioambiental Romano sentó algunas bases para la legislación ambiental contemporánea, también existen importantes diferencias entre ambos. La legislación ambiental actual aborda una gama más amplia de problemas ambientales y se basa en una comprensión científica más avanzada de los impactos ambientales y la necesidad de protección. Sin embargo, la influencia del Derecho Medioambiental Romano radica en sentar los cimientos de algunos principios y prácticas que se han desarrollado y ampliado a lo largo del tiempo.

16.7 Estudio de casos de conflictos medioambientales en la historia romana

Aunque el Derecho Romano no tenía un sistema legal específico para resolver conflictos medioambientales como los que encontramos en la legislación contemporánea, existen algunos casos históricos en los que se pueden identificar conflictos relacionados con el medio ambiente en la antigua Roma. A continuación, se presentan algunos ejemplos:

Contaminación del río Tíber: Durante el Imperio Romano, el río Tíber, que atravesaba la ciudad de Roma, sufrió una creciente contaminación debido a los desechos y residuos generados por la población. Esta contaminación afectó la calidad del agua y la salud de las personas que dependían de ella. Aunque no hay registros de litigios específicos relacionados con este problema, se puede inferir que los habitantes afectados podrían haber buscado alguna forma de compensación o resolución del conflicto.

Conflictos por la deforestación: La explotación de los recursos forestales fue una preocupación en la antigua Roma, y la deforestación generó conflictos en algunos casos. Por ejemplo, durante el gobierno del emperador Nerón, se registraron disputas sobre la tala indiscriminada de árboles en ciertas áreas, lo que afectaba el suministro de madera y otros recursos. Estos conflictos podrían haber involucrado a propietarios de tierras, autoridades locales y comunidades que dependían de los bosques para su sustento.

Gestión del suministro de agua: El acceso y la gestión del agua eran asuntos importantes en la antigua Roma. Si bien no hay casos específicos registrados, es probable que se hayan producido disputas y conflictos relacionados con la distribución y el control del suministro de agua, especialmente en regiones donde los recursos hídricos eran escasos o donde diferentes comunidades compartían una fuente de agua.

Estos ejemplos ilustran que, si bien no había un sistema legal específico para resolver conflictos medioambientales en el Derecho Romano, existían situaciones en las que los problemas ambientales generaban disputas entre las partes involucradas. En muchos casos, estas disputas se resolvían a través de acuerdos informales, negociaciones o la intervención de las autoridades locales.

16.8 Comparación entre el derecho medioambiental romano y otros sistemas jurídicos antiguos

El derecho medioambiental romano se desarrolló dentro del contexto legal y cultural de la antigua Roma y, aunque sentó algunas bases importantes, existen diferencias significativas con respecto a otros sistemas jurídicos antiguos. A continuación, se presenta una comparación entre el derecho medioambiental romano y otros sistemas jurídicos antiguos:

Derecho Medioambiental Romano vs. Derecho Babilónico: El Código de Hammurabi, una de las leyes más antiguas conocidas, incluía disposiciones relacionadas con el uso y la protección de la tierra y los recursos naturales. Sin embargo, a diferencia del derecho romano, el Código de Hammurabi se enfocaba más en establecer reglas y sanciones para las transacciones comerciales y los contratos. La protección del medio ambiente era un aspecto secundario dentro del sistema legal babilónico.

Derecho Medioambiental Romano vs. Derecho Griego: En el derecho griego, se valoraba la relación entre el ser humano y la naturaleza, pero no existía una legislación ambiental específica. Sin embargo, en Grecia, había un énfasis en la ética y la moralidad en la interacción con el entorno natural. Los filósofos griegos, como Aristóteles, discutieron la importancia de una gestión sostenible de los recursos naturales. Aunque había cierta conciencia ambiental, no existían disposiciones legales específicas para proteger el medio ambiente.

Derecho Medioambiental Romano vs. Derecho Hindú: El derecho hindú, particularmente en los textos legales conocidos como los Dharmashastras, contenía disposiciones sobre la protección del medio ambiente. Estos textos enfatizaban la relación entre los seres humanos y la naturaleza, y promovían la idea de un uso responsable de los recursos naturales. Sin embargo, el enfoque en la protección del medio ambiente era más religioso y ético que legal. No había un sistema jurídico específico para abordar litigios o sanciones en casos de daños ambientales.

En general, es importante destacar que en muchos sistemas jurídicos antiguos, incluido el derecho romano, la protección del medio ambiente no era un aspecto central de la legislación. Aunque se reconocían algunas prácticas y principios relacionados con la gestión sostenible de los recursos naturales, la legislación ambiental contemporánea ha evolucionado significativamente, tanto en términos de la amplitud de los temas cubiertos como en la comprensión científica de los impactos ambientales y la necesidad de protección.

Capítulo 17:

Derecho de los Contratos Públicos en Roma

17.1 Contratación pública en la antigua Roma

En la antigua Roma, aunque no existía un sistema de contratación pública en el sentido moderno, se llevaban a cabo diferentes formas de adquisiciones y contrataciones por parte del Estado y las autoridades públicas. A continuación, se presentan algunos aspectos relevantes de la contratación pública en la antigua Roma:

Compra de bienes y servicios: El Estado romano y las autoridades locales adquirían bienes y servicios para satisfacer las necesidades públicas. Esto incluía la compra de alimentos, materiales de construcción, suministros militares y otros bienes necesarios para el funcionamiento del Estado.

Obras públicas: El Estado romano llevaba a cabo numerosas obras públicas, como la construcción de carreteras, puentes, acueductos y edificios públicos. Estas obras se llevaban a cabo a través de contratos con empresas o individuos que tenían la experiencia y los recursos necesarios para realizar las tareas.

Concesiones y arrendamientos: El Estado romano también otorgaba concesiones y arrendamientos de tierras y recursos naturales, como minas, bosques y pastizales. Estos contratos permitían a los concesionarios o arrendatarios utilizar y explotar los recursos a cambio de ciertas obligaciones y pagos al Estado.

Contratación de servicios públicos: En algunas ocasiones, el Estado romano contrataba servicios públicos esenciales, como el suministro de agua, la construcción y mantenimiento de baños públicos y la recolección de residuos. Estos servicios se llevaban a cabo a través de contratos con particulares o compañías que asumían la responsabilidad de brindar el servicio a cambio de una compensación.

Si bien estos aspectos de la contratación pública en la antigua Roma pueden tener similitudes conceptuales con el sistema de contratación pública actual, es importante tener en cuenta que el contexto histórico y las prácticas administrativas eran diferentes. No existían procedimientos formales de licitación pública ni una regulación legal exhaustiva que estableciera los principios y reglas de la contratación pública como lo conocemos en la actualidad.

17.2 Procedimientos y requisitos para la contratación con el Estado en el Derecho Romano

En el Derecho Romano, no existían procedimientos y requisitos específicos para la contratación con el Estado como los que encontramos en la contratación pública moderna. Sin embargo, se pueden identificar algunos aspectos relevantes relacionados con la contratación con el Estado en la antigua Roma. A continuación, se presentan algunos de ellos:

Selección de proveedores: El Estado romano y las autoridades públicas generalmente seleccionaban a proveedores y contratistas basándose en su reputación, experiencia y capacidad para cumplir con los requisitos específicos del proyecto o la adquisición. La confianza y la relación previa con los proveedores eran factores importantes en la selección.

Negociación de contratos: Una vez seleccionados los proveedores, se llevaban a cabo negociaciones para establecer los términos y condiciones del contrato. Estos acuerdos se basaban en el consentimiento mutuo y la voluntad de las partes involucradas, y generalmente se establecían de manera verbal o a través de documentos escritos menos formales que los contratos modernos.

Estipulaciones contractuales: Los contratos en el Derecho Romano solían contener estipulaciones específicas sobre los derechos y obligaciones de las partes, incluyendo el alcance del trabajo o suministro, los plazos, los precios y las condiciones de pago. Estas estipulaciones eran acordadas por las partes y podían variar de un contrato a otro.

Cumplimiento contractual: Se esperaba que tanto el Estado como los proveedores cumplieran con los términos acordados en el contrato. En caso de incumplimiento, las partes podían recurrir a la vía judicial para buscar una compensación o una resolución del conflicto.

Es importante tener en cuenta que el sistema legal y administrativo romano era diferente al sistema de contratación pública moderno. No existían regulaciones formales ni procedimientos estandarizados para la contratación con el Estado. La contratación se basaba principalmente en la confianza, la reputación y la negociación entre las partes involucradas.

17.3 Responsabilidad y garantías en los contratos públicos romanos

En los contratos públicos romanos, la responsabilidad y las garantías estaban sujetas a los principios generales del Derecho Romano. Aunque no existían disposiciones legales específicas para los contratos públicos, se aplicaban ciertos conceptos y reglas generales. A continuación, se presentan aspectos relevantes sobre la responsabilidad y las garantías en los contratos públicos romanos:

Responsabilidad contractual: En los contratos públicos romanos, las partes asumían la responsabilidad de cumplir con los términos acordados en el contrato. El incumplimiento de las obligaciones contractuales podía dar lugar a acciones legales, como la reclamación de daños y perjuicios por parte de la parte perjudicada. El principio básico era que las partes debían cumplir con lo acordado y compensar cualquier incumplimiento.

Garantías implícitas: Aunque no había una garantía legal expresa en los contratos públicos romanos, existía la expectativa de que los bienes y servicios proporcionados cumplieran con los estándares mínimos de calidad y aptitud para el propósito acordado. Si los bienes o servicios resultaban defectuosos o no cumplían con los estándares esperados, la parte afectada podía buscar una compensación o una resolución del conflicto.

Acciones legales: En caso de disputas o incumplimientos contractuales, las partes podían recurrir a acciones legales para buscar una solución. Esto implicaba presentar una demanda ante el tribunal competente, donde se presentarían pruebas y argumentos para resolver el conflicto. Las acciones legales podían resultar en la imposición de sanciones, la compensación económica o la resolución específica del contrato.

Resolución alternativa de disputas: Además de las acciones legales, las partes también podían recurrir a medios alternativos de resolución de disputas, como la mediación o el arbitraje. Estos métodos permitían resolver las diferencias de manera más rápida y menos formal que a través de un proceso judicial completo.

Es importante tener en cuenta que los contratos públicos romanos se regían por los principios generales del Derecho Romano y no había una legislación específica sobre responsabilidad y garantías en los contratos públicos como lo encontramos en la legislación contemporánea. Los derechos y obligaciones de las partes se establecían principalmente a través de la negociación y el acuerdo entre ellas.

17.4 Resolución de conflictos en los contratos públicos en el Derecho Romano

En el Derecho Romano, la resolución de conflictos en los contratos públicos generalmente se llevaba a cabo a través de acciones legales y procedimientos judiciales. A continuación, se describen algunos aspectos relacionados con la resolución de conflictos en los contratos públicos en el Derecho Romano:

Acciones legales: En caso de disputas o incumplimientos contractuales, las partes podían presentar una demanda ante el tribunal competente. El demandante debía establecer sus reclamaciones y presentar pruebas para respaldar sus argumentos. El tribunal examinaría las pruebas y escucharía los argumentos de ambas partes antes de tomar una decisión.

Tribunales y jurisdicción: El Derecho Romano contaba con una variedad de tribunales y jurisdicciones. Dependiendo de la naturaleza del conflicto y las partes involucradas, el caso podía ser llevado ante un tribunal ordinario, como el tribunal civil, o ante un tribunal especializado, como el tribunal marítimo para disputas relacionadas con el comercio marítimo.

Pruebas y testimonios: En los procedimientos judiciales romanos, las partes podían presentar pruebas y testimonios para respaldar sus afirmaciones. Estas pruebas podían incluir documentos, testigos y otros elementos relevantes para el caso. El tribunal evaluaba las pruebas presentadas y tomaba una decisión basada en la evidencia presentada.

Compensación y remedios: En caso de que el tribunal determinara que una de las partes había incurrido en un incumplimiento contractual, se podían imponer sanciones y ordenar una compensación adecuada. La compensación podía incluir el pago de daños y perjuicios, la restitución de bienes o la ejecución específica del contrato.

Es importante tener en cuenta que el proceso de resolución de conflictos en el Derecho Romano puede haber variado en diferentes momentos y contextos. Además, en algunos casos, las partes podían optar por resolver sus disputas a través de la mediación o el arbitraje, métodos alternativos de resolución de conflictos que eran menos formales que el proceso judicial completo.

Si bien el sistema de resolución de conflictos en el Derecho Romano puede diferir en algunos aspectos del sistema legal contemporáneo, sentó las bases para el desarrollo de los principios y procedimientos utilizados en la resolución de disputas en contratos públicos en la actualidad.

17.5 Transparencia y lucha contra la corrupción en el Derecho Romano

El Derecho Romano no tenía una noción moderna de transparencia y lucha contra la corrupción como la entendemos hoy en día. Sin embargo, se pueden identificar ciertos elementos en el sistema jurídico romano que promovían la honestidad y la integridad en el ejercicio del poder y la administración pública. A continuación, se presentan algunos aspectos relevantes relacionados con la transparencia y la lucha contra la corrupción en el Derecho Romano:

Magistrados y funcionarios públicos: Los magistrados y funcionarios públicos en la antigua Roma tenían el deber de cumplir con su cargo de manera honesta y justa. Si se descubría corrupción o malversación de fondos por parte de un magistrado, se podían presentar cargos penales en su contra, y si eran declarados culpables, podían enfrentar sanciones, como multas o destitución de su cargo.

Lex Julia de Repetundis: Durante el período romano tardío, se promulgó la Lex Julia de Repetundis, una ley que buscaba proteger a los ciudadanos romanos contra la extorsión y el soborno por parte de los magistrados y funcionarios públicos. La ley establecía procedimientos legales para investigar y enjuiciar los casos de corrupción y permitía a los ciudadanos afectados presentar reclamaciones y buscar una compensación por los daños sufridos.

Censura: La institución de la censura en la República Romana tenía como objetivo supervisar la conducta moral y el comportamiento de los ciudadanos y los funcionarios públicos. Los censores tenían el poder de investigar y sancionar a aquellos que se consideraban inmorales o corruptos, lo que incluía la destitución de cargos públicos y la exclusión de ciertos privilegios y derechos.

Responsabilidad social y reputación: En la sociedad romana, la reputación y el estatus social eran valorados en gran medida. Aquellos que eran considerados corruptos o deshonestos podían sufrir una pérdida significativa de reputación y ser excluidos de ciertos círculos sociales y políticos. La responsabilidad social y el escrutinio público podían actuar como un disuasivo contra la corrupción.

Si bien el Derecho Romano no tenía una estructura legal y un marco institucional completo para abordar la corrupción y promover la transparencia como los sistemas legales modernos, sentó las bases para la importancia de la honestidad y la responsabilidad en el ejercicio del poder público. Estos principios continúan influyendo en la legislación y las normas éticas en la actualidad.

17.6 Legado del Derecho de los Contratos Públicos romanos en la contratación pública actual

El Derecho de los Contratos Públicos romanos ha dejado un legado importante en la contratación pública actual. Aunque los sistemas legales y las estructuras institucionales han evolucionado significativamente desde la antigua Roma, algunos principios y conceptos fundamentales del Derecho de los Contratos Públicos romanos todavía influyen en la contratación pública contemporánea. A continuación, se destacan algunos aspectos del legado del Derecho de los Contratos Públicos romanos:

Principios de igualdad y competencia: En la antigua Roma, existía la noción de que la contratación pública debía basarse en la igualdad de oportunidades y la competencia justa. Estos principios se reflejan en la contratación pública moderna, donde se busca promover la competencia entre los proveedores y garantizar la igualdad de acceso a las oportunidades de contratación.

Procedimientos de licitación: Aunque no existían procedimientos de licitación formales en la antigua Roma, el concepto de obtener ofertas y seleccionar al proveedor más adecuado para un proyecto o adquisición tiene sus raíces en el sistema romano. La idea de solicitar propuestas, evaluar las ofertas y tomar decisiones informadas se encuentra presente en los procedimientos de licitación actuales.

Protección contra el fraude y la corrupción: Aunque las prácticas de contratación pública en la antigua Roma no eran tan estructuradas como en la actualidad, se tomaron medidas para prevenir el fraude y la corrupción. Los principios de integridad, transparencia y rendición de cuentas, aunque de manera más rudimentaria, todavía son fundamentales en la contratación pública moderna para garantizar la equidad y la honestidad en el proceso de contratación.

Derechos y obligaciones contractuales: El concepto de derechos y obligaciones contractuales en los contratos públicos romanos sentó las bases para el reconocimiento de los derechos y deberes de las partes en los contratos públicos contemporáneos. Los contratos públicos modernos se basan en la idea de que las partes tienen derechos y obligaciones mutuas y que deben cumplir con los términos y condiciones acordados.

Si bien el sistema de contratación pública ha evolucionado significativamente desde la antigua Roma, el legado del Derecho de los Contratos Públicos romanos se puede encontrar en los principios fundamentales y las prácticas utilizadas en la contratación pública actual. Estos principios han sido desarrollados y adaptados a las necesidades y complejidades de las sociedades contemporáneas, pero siguen reflejando la importancia de la competencia, la transparencia y la integridad en la contratación pública.

17.7 Estudio de casos de contratos públicos en la historia romana

Aunque no existen registros detallados de casos específicos de contratos públicos en la historia romana, se pueden mencionar algunos ejemplos notables de proyectos y adquisiciones realizados por el Estado romano. Estos casos ilustran la importancia de la contratación pública en la antigua Roma y su relevancia histórica. A continuación, se presentan algunos ejemplos destacados:

Construcción de obras públicas: El Estado romano fue conocido por su extensa construcción de obras públicas, como acueductos, puentes y carreteras. Un caso destacado es la construcción del Acueducto de Segovia en la Hispania romana, que se considera una maravilla de la ingeniería romana. Este proyecto implicó la contratación de ingenieros y trabajadores para construir el acueducto y garantizar el suministro de agua a la ciudad.

Suministro de alimentos y provisiones: El abastecimiento de alimentos y provisiones para la ciudad de Roma fue una tarea importante para el Estado romano. Se realizaron contratos para la adquisición y distribución de productos agrícolas, como trigo, aceite de oliva y vino, desde las provincias romanas hasta la capital. Estos contratos aseguraban el suministro de alimentos y mantenían la estabilidad y el orden en la ciudad.

Proyectos de construcción militar: El ejército romano llevaba a cabo proyectos de construcción militar para fortificaciones, campamentos y vías de comunicación. Por ejemplo, la construcción del Muro de Adriano en la provincia de Britania implicó la contratación de trabajadores y proveedores para levantar esta importante fortificación defensiva.

Contratos para espectáculos y entretenimiento: Los juegos y espectáculos públicos eran una parte importante de la vida romana. El Estado romano realizaba contratos con empresarios y gladiadores para organizar eventos como carreras de carros, luchas de gladiadores y representaciones teatrales en los anfiteatros y teatros romanos.

Estos casos históricos ilustran la importancia de los contratos públicos en la antigua Roma y cómo se utilizaban para llevar a cabo proyectos y actividades de interés público. Aunque no se disponga de detalles precisos de los contratos y las disputas específicas relacionadas con ellos, estos ejemplos destacan la relevancia de la contratación pública en el funcionamiento del Estado romano y su impacto en la sociedad de la época.

17.8 Comparación entre el derecho de contratos públicos romano y otros sistemas jurídicos antiguos

El derecho de contratos públicos romano se desarrolló en un contexto histórico y cultural específico, por lo que es interesante compararlo con otros sistemas jurídicos antiguos para analizar similitudes y diferencias. A continuación, se presentan algunas comparaciones entre el derecho de contratos públicos romano y otros sistemas jurídicos antiguos:

Derecho de contratos en Mesopotamia: El Código de Hammurabi de la antigua Mesopotamia contiene disposiciones relacionadas con los contratos y las obligaciones contractuales. Al igual que en el derecho romano, se daba importancia a la protección de los derechos de las partes y a la aplicación de sanciones en caso de incumplimiento. Sin embargo, en Mesopotamia, el sistema legal estaba más centrado en la reparación y compensación económica, mientras que en Roma, se buscaba principalmente el cumplimiento específico del contrato.

Derecho de contratos en Grecia: En el derecho griego antiguo, el enfoque de los contratos era más informal y basado en la confianza y la reputación personal. No existían estructuras legales tan elaboradas como las que se desarrollaron en Roma. Sin embargo, al igual que en Roma, se consideraba importante la buena fe y la honestidad en las transacciones comerciales.

Derecho de contratos en el Antiguo Egipto: El derecho de contratos en el Antiguo Egipto estaba fuertemente influenciado por la administración estatal y la burocracia. Los contratos se realizaban principalmente entre el Estado y los individuos, y se establecían reglas y procedimientos para garantizar la equidad en las transacciones. La protección de los derechos de propiedad y la aplicación de sanciones por incumplimiento eran aspectos importantes tanto en Egipto como en Roma.

Derecho de contratos en la India antigua: El derecho indio antiguo, particularmente en la tradición legal hindú, se basaba en los conceptos de dharma (ley moral) y artha (ganancia material). Los contratos estaban regulados por normas éticas y morales, y se daba importancia a la equidad y la justicia en las transacciones. Aunque los sistemas legales romano e indio antiguo tenían enfoques distintos, ambos buscaban asegurar la integridad y la equidad en los contratos.

Es importante tener en cuenta que cada sistema jurídico antiguo tenía sus propias particularidades y contextos culturales, por lo que las comparaciones deben hacerse con cautela. Aunque hay similitudes en términos de protección de derechos, aplicación de sanciones y promoción de la equidad, también existen diferencias significativas en los enfoques y las prácticas contractuales en cada sistema jurídico antiguo.

Capítulo 18:

Derecho de la Seguridad Social en Roma

18.1 Concepto de seguridad social en el Derecho Romano

En el Derecho Romano, no existía un concepto de seguridad social tal como se entiende en la legislación moderna. Sin embargo, se pueden identificar ciertos aspectos relacionados con la protección y asistencia social en la antigua Roma.

Beneficencia pública: El Estado romano tenía la responsabilidad de proporcionar ayuda y beneficencia a ciertos grupos vulnerables de la sociedad, como los pobres, los huérfanos y los ancianos. Esto se llevaba a cabo a través de programas públicos de distribución de alimentos, suministro de agua y donaciones económicas.

Lex Frumentaria: Durante ciertos períodos de la historia romana, se promulgaron leyes para regular el suministro y la distribución de grano a precios reducidos a los ciudadanos romanos de bajos recursos. Estas leyes, como la Lex Frumentaria de la República Romana, buscaban garantizar que los ciudadanos tuvieran acceso a alimentos básicos a precios asequibles.

Beneficencia privada: Además de las medidas estatales, en la sociedad romana también existía una tradición de beneficencia privada, donde los individuos más ricos y las familias prominentes proporcionaban ayuda y apoyo financiero a los necesitados. Esta beneficencia privada se manifestaba a través de donaciones, fundaciones y la creación de instituciones de asistencia social.

Aunque estos aspectos proporcionaban cierta protección y asistencia social en la antigua Roma, no se puede equiparar directamente al concepto moderno de seguridad social. El sistema de bienestar moderno, con sus estructuras institucionales, reglamentos y programas de seguridad social, es el resultado de desarrollos posteriores en la historia y en la evolución del pensamiento jurídico y social.

En resumen, el Derecho Romano no tenía un concepto de seguridad social como se entiende en la actualidad, pero existían ciertas prácticas y medidas que buscaban proporcionar ayuda y protección a los grupos más vulnerables de la sociedad romana.

18.2 Beneficios y prestaciones sociales en la antigua Roma

En la antigua Roma, aunque no existía un sistema formalizado de seguridad social como se conoce en la actualidad, se otorgaban ciertos beneficios y prestaciones sociales a ciertos grupos de la sociedad romana. Estos beneficios tenían como objetivo brindar apoyo a aquellos que lo necesitaban y promover la estabilidad social. A continuación, se presentan algunos ejemplos de beneficios y prestaciones sociales en la antigua Roma:

Alimentación subsidiada: Durante ciertos períodos, especialmente en tiempos de escasez de alimentos, se establecieron medidas para distribuir grano a precios reducidos o incluso gratuitamente a los ciudadanos romanos de bajos recursos. Estas medidas buscaban garantizar que todos tuvieran acceso a alimentos básicos.

Beneficencia pública: El Estado romano proporcionaba asistencia y beneficencia a ciertos grupos vulnerables, como los pobres, los huérfanos, los ancianos y los discapacitados. Esto se llevaba a cabo a través de programas de distribución de alimentos, donaciones económicas y apoyo material.

Asistencia médica: En la antigua Roma, se brindaba atención médica a los ciudadanos romanos necesitados. Los médicos romanos, a menudo esclavos o libertos, ofrecían servicios médicos gratuitos o a precios reducidos a aquellos que no podían permitirse pagar.

Pensiones para veteranos: Los soldados veteranos del ejército romano recibían ciertas prestaciones y beneficios después de su servicio, como pensiones, tierras o exenciones fiscales. Esto se hacía como reconocimiento a su servicio y para asegurar su bienestar económico.

Ayuda para desastres naturales: En caso de desastres naturales, como inundaciones o terremotos, se proporcionaba asistencia y apoyo a las comunidades afectadas. Esto incluía la distribución de alimentos, refugio temporal y reconstrucción de infraestructuras dañadas.

Estos beneficios y prestaciones sociales eran proporcionados tanto por el Estado romano como por individuos ricos y familias prominentes que practicaban la beneficencia privada. Sin embargo, es importante destacar que estos beneficios estaban limitados y se otorgaban de manera selectiva a ciertos grupos de la sociedad romana, principalmente a los ciudadanos romanos.

Si bien estas medidas sociales en la antigua Roma pueden considerarse rudimentarias en comparación con los sistemas modernos de seguridad social, reflejan la preocupación por el bienestar de los ciudadanos y la promoción de la estabilidad social en la sociedad romana.

18.3 Organización y financiamiento de la seguridad social en el Derecho Romano

En el Derecho Romano, no existía un sistema formalizado de seguridad social como se conoce en la actualidad. Sin embargo, se pueden identificar ciertos aspectos relacionados con la organización y el financiamiento de medidas sociales y beneficios en la antigua Roma. A continuación, se presentan algunos puntos relevantes:

Financiamiento público: Los beneficios y prestaciones sociales en la antigua Roma, como la distribución de alimentos subsidiados, las ayudas económicas y la asistencia médica, eran financiados principalmente por el Estado romano. Los fondos para estos programas se obtenían de los ingresos del tesoro público, que provenían de impuestos, tributos y otros ingresos estatales.

Contribuciones privadas: Además del financiamiento estatal, había una tradición de beneficencia privada en la sociedad romana. Las personas adineradas y las familias prominentes realizaban donaciones y fundaciones para apoyar a los pobres, los huérfanos, los ancianos y otros grupos necesitados. Estas contribuciones privadas también se utilizaban para financiar programas sociales y brindar asistencia a través de instituciones y organizaciones benéficas.

Participación de la comunidad: En algunos casos, la financiación de medidas sociales en la antigua Roma también involucraba la participación de la comunidad. Por ejemplo, en el contexto de desastres naturales, las comunidades locales podían contribuir con recursos y trabajo para ayudar en la reconstrucción y el apoyo a los afectados.

Es importante tener en cuenta que, a diferencia de los sistemas modernos de seguridad social, en el Derecho Romano no había una estructura formalizada ni una contribución obligatoria generalizada para financiar las medidas sociales. La financiación dependía en gran medida de los recursos del Estado y de la beneficencia privada.

Además, los beneficios y prestaciones sociales en la antigua Roma estaban más enfocados en grupos específicos de la sociedad, como los ciudadanos romanos de bajos recursos, los veteranos del ejército y los grupos vulnerables, en lugar de tener un enfoque amplio y generalizado como en los sistemas modernos de seguridad social.

En resumen, en el Derecho Romano, la financiación de medidas sociales se basaba principalmente en los fondos públicos del Estado romano y en las contribuciones privadas de individuos y familias adineradas. Aunque existían ciertos mecanismos de apoyo social, no se puede equiparar al sistema moderno de seguridad social en términos de organización, estructura y financiamiento.

18.4 Protección de los trabajadores y sus familias en el Derecho Romano

En el Derecho Romano, existían algunas disposiciones y protecciones para los trabajadores y sus familias, aunque no se puede equiparar al concepto moderno de derechos laborales y protección social. A continuación, se presentan algunos aspectos relevantes relacionados con la protección de los trabajadores en la antigua Roma:

Contratos de trabajo: En el Derecho Romano, existían diferentes formas de contratos de trabajo, como el locatio conductio operarum (contrato de alquiler de servicios) y el colonatus (sistema de trabajo agrícola). Estos contratos establecían las condiciones y términos de empleo, incluyendo la duración del trabajo, la remuneración y las obligaciones de las partes.

Salarios y pagos: Los trabajadores romanos recibían salarios por su trabajo, aunque la cantidad y las condiciones podían variar según el tipo de empleo y las circunstancias. Además, en algunos casos, se establecían pagos adicionales, como el donativum (bono) a los soldados romanos.

Descanso y días festivos: Los trabajadores romanos tenían derecho a días de descanso y festividades religiosas reconocidas por el Estado romano. Durante estos días, se suspendían las actividades laborales y los trabajadores tenían tiempo libre.

Protección de la familia: En el Derecho Romano, se reconocía la importancia de la familia y se otorgaba cierta protección a los trabajadores y sus familias. Por ejemplo, existían disposiciones legales que permitían a los trabajadores evitar ciertos compromisos laborales en situaciones familiares importantes, como el nacimiento de un hijo.

Es importante destacar que estas protecciones eran limitadas y se aplicaban principalmente a los ciudadanos romanos libres. Los esclavos, por otro lado, no tenían derechos laborales y estaban sujetos al poder y la voluntad de sus propietarios.

Aunque las protecciones para los trabajadores en el Derecho Romano eran menos desarrolladas en comparación con los sistemas modernos de derechos laborales y protección social, reflejaban una preocupación por el bienestar de los trabajadores y el reconocimiento de ciertos derechos básicos en el contexto laboral de la época.

18.5 Responsabilidad y control del Estado en la seguridad social romana

En el Derecho Romano, la responsabilidad y el control del Estado en lo que respecta a la seguridad social eran diferentes en comparación con los sistemas modernos. En la antigua Roma, el Estado tenía un papel limitado en la provisión de seguridad social y la responsabilidad principal recaía en la beneficencia privada y la comunidad en general. A continuación, se detallan algunos aspectos relevantes:

Beneficencia pública: El Estado romano proporcionaba asistencia y beneficencia a ciertos grupos vulnerables de la sociedad, como los pobres, los huérfanos y los ancianos. Sin embargo, esta ayuda era limitada y se basaba en programas de distribución de alimentos, donaciones económicas y apoyo material.

Beneficencia privada: En la antigua Roma, existía una fuerte tradición de beneficencia privada por parte de los individuos ricos y las familias prominentes. Estos individuos y familias realizaban donaciones, fundaciones y establecían instituciones para brindar ayuda y apoyo financiero a los necesitados. Esta beneficencia privada era una forma importante de proveer seguridad social en la sociedad romana.

Participación de la comunidad: Además de la beneficencia estatal y privada, la comunidad en general desempeñaba un papel en la seguridad social en la antigua Roma. En situaciones de desastres naturales o crisis, las comunidades locales se unían para brindar ayuda y apoyo a los afectados.

En general, en el Derecho Romano, la responsabilidad del Estado en la seguridad social era limitada. El enfoque principal estaba en la beneficencia privada y en la participación de la comunidad para proporcionar apoyo y asistencia a los grupos vulnerables. No existía un sistema de seguridad social organizado y centralizado como se conoce en la actualidad.

Es importante tener en cuenta que la visión y la práctica de la seguridad social en la antigua Roma eran diferentes a las de los sistemas modernos. La idea de un Estado responsable de la seguridad social en su forma actual se desarrolló más tarde en la historia y en respuesta a los cambios sociales y económicos.

18.6 Influencia del Derecho de la Seguridad Social Romano en la seguridad social contemporánea

El Derecho de la Seguridad Social Romano ha tenido una influencia limitada en la seguridad social contemporánea. Si bien algunas de las ideas y prácticas relacionadas con la protección social en la antigua Roma pueden haber sentado las bases conceptuales de la seguridad social, las diferencias en los contextos históricos, políticos y socioeconómicos hacen que su influencia directa sea limitada. Sin embargo, se pueden identificar algunos elementos que podrían haber tenido cierta influencia:

Tradición de beneficencia: La antigua Roma tenía una fuerte tradición de beneficencia privada y participación comunitaria en la provisión de asistencia a los necesitados. Esta idea de la responsabilidad individual y la solidaridad comunitaria puede haber influido en la concepción de la protección social y la importancia de la ayuda mutua en la sociedad contemporánea.

Reconocimiento de grupos vulnerables: En el Derecho Romano, se reconocía la importancia de proteger a ciertos grupos vulnerables, como los pobres, los huérfanos y los ancianos. Esta noción de identificar y proporcionar asistencia a los grupos en situación de riesgo puede haber influido en la idea de protección social hacia los segmentos más vulnerables de la sociedad en la actualidad.

Sentido de responsabilidad del Estado: Aunque la responsabilidad del Estado en la seguridad social en la antigua Roma era limitada, el hecho de que existiera cierta asistencia estatal hacia los grupos vulnerables puede haber sentado las bases para la idea de que el Estado tiene un papel en el bienestar y la protección social de sus ciudadanos.

Si bien estos elementos pueden haber influido en cierta medida en la concepción y desarrollo de la seguridad social contemporánea, es importante destacar que los sistemas modernos de seguridad social han evolucionado significativamente a lo largo del tiempo, adaptándose a los cambios en las estructuras sociales, económicas y políticas. Las influencias más directas en la seguridad social contemporánea se encuentran en las teorías y legislaciones desarrolladas en los últimos siglos, en particular en los movimientos laborales y las demandas de protección social durante la Revolución Industrial y el desarrollo del Estado de Bienestar en el siglo XX.

18.7 Estudio de casos de protección social en la historia romana

Aunque el concepto de protección social en el sentido moderno no existía en la antigua Roma, se pueden identificar algunas prácticas y casos históricos que muestran ciertos aspectos de apoyo y asistencia a grupos vulnerables. A continuación, se presentan algunos ejemplos de protección social en la historia romana:

Lex frumentaria: Durante la República Romana, se implementó la Lex frumentaria, una ley que establecía la distribución de grano a los ciudadanos romanos a precios subsidiados. Esta medida buscaba garantizar un suministro de alimentos asequibles para la población, especialmente para los más pobres.

Collegia: Los collegia eran asociaciones y gremios que existían en la antigua Roma. Algunos collegia brindaban beneficios y asistencia a sus miembros, como subsidios para funerales, atención médica y apoyo económico en caso de necesidad.

Cuidado de los huérfanos: En algunos casos, se establecieron instituciones y fundaciones para el cuidado de los huérfanos en la antigua Roma. Por ejemplo, el emperador Trajano fundó una institución llamada "Alimenta" que proporcionaba alimentos y educación a los niños huérfanos o de familias pobres.

Pensiones para veteranos: Los soldados romanos que habían servido en el ejército podían recibir pensiones o asignaciones económicas después de su retiro. Estas pensiones proporcionaban cierta seguridad económica para los veteranos y sus familias.

Ayuda médica: En algunas ciudades romanas, existían estructuras para brindar asistencia médica gratuita o a precios reducidos a los ciudadanos necesitados. Estas estructuras, conocidas como "valetudinaria", eran una forma de apoyo médico para aquellos que no podían permitirse pagar por atención médica privada.

Si bien estos casos históricos muestran algunos intentos de brindar protección y asistencia a ciertos grupos en la sociedad romana, es importante tener en cuenta que no existía un sistema formalizado de seguridad social ni una cobertura generalizada para toda la población. La protección social en la antigua Roma era más limitada y se basaba en medidas específicas y en la beneficencia privada.

18.8 Comparación entre el derecho de seguridad social romano y otros sistemas jurídicos antiguos

El derecho de seguridad social en la antigua Roma y en otros sistemas jurídicos antiguos presentaba diferencias significativas debido a las particularidades de cada sociedad y a la evolución de los conceptos de protección social. A continuación, se realiza una comparación entre el derecho de seguridad social romano y otros sistemas jurídicos antiguos:

Derecho Romano: En el Derecho Romano, la protección social se basaba en la beneficencia privada, la participación comunitaria y la asistencia estatal limitada. Existían medidas como la distribución de grano subsidiado, los programas de beneficencia privada y las instituciones de cuidado de huérfanos. Sin embargo, no existía un sistema formalizado y generalizado de seguridad social, y las protecciones eran más limitadas en comparación con los sistemas modernos.

Derecho Babilónico: El Código de Hammurabi, en la antigua Mesopotamia, establecía ciertas disposiciones relacionadas con la seguridad social. Por ejemplo, se establecían reglas sobre el salario mínimo, el pago de indemnizaciones por accidentes laborales y la protección de los intereses de los empleados en caso de enfermedad o incapacidad. Estas disposiciones mostraban una preocupación por la protección de los trabajadores, aunque no se trataba de un sistema de seguridad social integral.

Derecho Egipcio: En el antiguo Egipto, existían medidas para proporcionar asistencia a grupos vulnerables, como el apoyo a las viudas y huérfanos y la distribución de alimentos a los pobres. Además, los trabajadores que participaban en grandes proyectos de construcción, como las pirámides, recibían una forma de salario y asistencia médica. Sin embargo, no se trataba de un sistema de seguridad social estructurado.

Derecho Persa: En el antiguo Imperio Persa, se establecieron leyes y regulaciones relacionadas con la protección de los trabajadores y el bienestar social. Por ejemplo, se establecían disposiciones para garantizar un salario justo, la protección contra el abuso laboral y la asistencia médica para los trabajadores. Estas medidas mostraban una preocupación por el bienestar de los trabajadores, aunque no constituían un sistema de seguridad social integral.

En general, los sistemas jurídicos antiguos, incluido el derecho romano, tenían una comprensión limitada de la seguridad social y se basaban principalmente en medidas específicas para grupos vulnerables y en la beneficencia privada. Los sistemas modernos de seguridad social han evolucionado a lo largo del tiempo para proporcionar una cobertura más amplia y un enfoque más integral para proteger y garantizar el bienestar de la sociedad en su conjunto.

Capítulo 19:

Derecho de la Infancia en Roma

19.1 Protección y derechos de los niños en el Derecho Romano

En el Derecho Romano, los niños tenían ciertos derechos y protecciones legales, aunque estos difieren de los conceptos modernos de los derechos de los niños. A continuación, se presentan algunas características importantes de la protección y los derechos de los niños en el Derecho Romano:

Patria potestas: En la antigua Roma, el padre tenía poder absoluto sobre sus hijos, conocido como "patria potestas". Esto significaba que el padre tenía la autoridad y la responsabilidad sobre la vida y los asuntos de sus hijos, incluyendo el poder de castigarlos y tomar decisiones importantes sobre su educación, matrimonio y propiedad.

Tutoría: En caso de la muerte o incapacidad del padre, se nombraba un tutor legal para proteger los intereses y derechos del niño. El tutor tenía la responsabilidad de cuidar al niño y administrar sus asuntos legales y financieros.

Derecho a heredar: Los niños romanos tenían el derecho de heredar los bienes de sus padres. Si un padre fallecía sin dejar un testamento, la ley romana establecía una asignación automática de la herencia a los hijos.

Derecho a la educación: En la antigua Roma, se valoraba la educación de los niños. Los padres tenían la responsabilidad de proporcionar educación a sus hijos, generalmente a través de tutores privados o escuelas. La educación se centraba principalmente en la formación moral y cívica, con un énfasis en la enseñanza de la virtud y la responsabilidad cívica.

Es importante destacar que, si bien existían ciertas protecciones y derechos para los niños en el Derecho Romano, estos estaban fuertemente influenciados por la autoridad y el poder del padre. La patria potestas daba a los padres un amplio control sobre la vida de sus hijos y, en algunos casos, podía limitar los derechos individuales de los niños. Los conceptos modernos de los derechos de los niños, que ponen un mayor énfasis en la protección, la autonomía y el bienestar del niño, han evolucionado significativamente desde la antigua Roma.

19.2 Instituciones y prácticas relacionadas con la infancia en Roma

En la antigua Roma, había varias instituciones y prácticas relacionadas con la infancia. A continuación, se presentan algunas de ellas:

Nutrices: Las nutrices eran nodrizas o amas de cría contratadas para amamantar y cuidar a los bebés y niños pequeños. A menudo, estas nutrices eran esclavas o mujeres de origen humilde y se encargaban de la crianza y alimentación de los niños hasta que alcanzaran cierta edad.

Educación: La educación de los niños en Roma era responsabilidad de los padres. Los niños de familias adineradas a menudo tenían tutores privados que les enseñaban lectura, escritura, matemáticas, retórica y moralidad. Los niños también recibían una educación en casa sobre las tradiciones y los valores romanos.

Ludus: Los ludus eran escuelas primarias donde los niños de familias modestas podían recibir educación básica. Estas escuelas eran financiadas por el Estado o por particulares adinerados y proporcionaban enseñanza básica en lectura, escritura y aritmética.

Juegos y juguetes: Los niños romanos tenían sus propios juegos y juguetes. Entre los juegos populares se encontraban el "pila", que era similar al fútbol moderno, y el "tali", un juego de dados. Los juguetes podían incluir muñecas, animales de peluche, trompos y juegos de mesa.

Dedicación de los niños: Poco después del nacimiento, los niños romanos eran dedicados a los dioses y diosas de la mitología romana. Esto se hacía en una ceremonia religiosa en la que se presentaba al niño ante los dioses y se les hacían ofrendas.

Estas instituciones y prácticas reflejan la importancia de la familia y la educación en la sociedad romana. La crianza de los niños estaba estrechamente ligada a las normas y tradiciones culturales, y se les enseñaba desde una edad temprana sobre su papel en la sociedad y los valores romanos.

19.3 Responsabilidad parental y tutela de los niños en el Derecho Romano

En el Derecho Romano, la responsabilidad parental y la tutela de los niños eran aspectos fundamentales para garantizar su crianza y protección. A continuación, se detallan las principales características de la responsabilidad parental y la tutela en el Derecho Romano:

Patria potestas: La patria potestas era el poder absoluto que el padre ejercía sobre sus hijos. Esto implicaba no solo la autoridad, sino también la responsabilidad de cuidar, proteger y educar a los hijos. El padre romano tenía el deber de velar por el bienestar y el desarrollo adecuado de sus hijos.

Pater familias: El pater familias era el jefe de familia, generalmente el padre, quien ejercía la patria potestas. Bajo su autoridad, el pater familias tenía el control total sobre la vida y los asuntos de sus hijos, incluso cuando estos alcanzaban la edad adulta. Esta autoridad incluía decisiones sobre matrimonio, herencia y otros aspectos importantes de la vida de los hijos.

Tutela: En los casos en que los padres fallecían o eran incapaces de ejercer la patria potestas, se nombraba a un tutor legal para proteger los intereses y derechos de los niños. El tutor asumía la responsabilidad de cuidar a los niños y administrar sus asuntos legales y financieros hasta que alcanzaran la mayoría de edad.

Tutela testamentaria: Los padres podían designar un tutor para sus hijos menores en sus testamentos. Esta disposición permitía asegurar la protección y el cuidado continuo de los niños en caso de que los padres fallecieran.

Tutela pública: En ausencia de un tutor designado en el testamento o en situaciones en las que no había familiares disponibles para asumir la tutela, se podía designar un tutor público para proteger los intereses de los niños. Estos tutores públicos eran generalmente magistrados o funcionarios designados por el Estado.

En resumen, el Derecho Romano reconocía la importancia de la responsabilidad parental y la tutela en la crianza y protección de los niños. La patria potestas confería al padre un poder absoluto sobre sus hijos, mientras que la figura del tutor garantizaba la protección y el cuidado adecuado de los niños en ausencia de los padres. Estos conceptos influenciaron en gran medida el desarrollo de la legislación y las prácticas relacionadas con la responsabilidad parental y la tutela en las sociedades posteriores.

19.4 Educación y formación de los niños en Roma

La educación y formación de los niños en la antigua Roma eran consideradas aspectos fundamentales para su desarrollo y adaptación en la sociedad romana. A continuación, se presentan algunos aspectos clave de la educación y formación de los niños en Roma:

Educación en el hogar: La educación de los niños en Roma comenzaba en el hogar bajo la supervisión de sus padres. Los padres romanos tenían la responsabilidad de enseñar a sus hijos los valores, la moral, las costumbres y las habilidades necesarias para su vida futura.

Lectura y escritura: El aprendizaje de la lectura y la escritura era una parte importante de la educación romana. Los niños aprendían a leer y escribir en latín, la lengua principal de la época. La escritura se enseñaba a través de ejercicios de caligrafía y la lectura se centraba en textos clásicos y literatura romana.

Gramática y retórica: La educación romana incluía el estudio de la gramática y la retórica. Los niños aprendían las reglas y estructuras del lenguaje y se les enseñaba a expresarse de manera clara y persuasiva. Esto era especialmente importante para aquellos que aspiraban a tener carreras en la política o el derecho.

Matemáticas y ciencias: Aunque el énfasis principal estaba en la educación literaria, también se enseñaban conceptos básicos de matemáticas, como aritmética y geometría. Además, se les introducía a algunas nociones de ciencias naturales y astronomía.

Educación física: La educación física y el ejercicio también eran considerados importantes en la educación romana. Se fomentaba la práctica de deportes, como la lucha, la carrera y la equitación, para desarrollar la fuerza, la resistencia y la disciplina física.

Maestros y tutores: En algunos casos, los niños de familias adineradas tenían maestros y tutores privados que se encargaban de su educación. Estos maestros eran expertos en diversos campos, como la gramática, la retórica, las matemáticas y la filosofía, y proporcionaban una educación más especializada.

Es importante destacar que la educación en Roma estaba principalmente destinada a los niños de familias adineradas y privilegiadas. La educación de los niños de las clases más bajas era menos formal y se centraba más en las habilidades prácticas y el aprendizaje a través de la experiencia cotidiana.

En resumen, la educación y formación de los niños en la antigua Roma se centraban en el desarrollo de habilidades literarias, retóricas y morales, así como en el cultivo de una buena formación física. Estos principios educativos han dejado un legado duradero y han influido en los sistemas educativos y en la valoración de la educación en sociedades posteriores.

19.5 Maltrato y abuso infantil en el Derecho Romano

El tema del maltrato y abuso infantil en el Derecho Romano es complejo, ya que la sociedad romana tenía normas y prácticas que variaban en su enfoque y consideración de los derechos de los niños. En general, existían ciertas normas y expectativas sobre el trato adecuado de los niños, pero también había casos de maltrato y abuso.

En la antigua Roma, los niños eran considerados propiedad de sus padres, principalmente del padre, quien tenía el poder absoluto sobre ellos a través de la patria potestas. Si bien la patria potestas confería al padre la autoridad para educar, disciplinar y proteger a sus hijos, también se esperaba que ejerciera esta autoridad de manera responsable y adecuada.

Sin embargo, hay evidencias de casos de maltrato y abuso infantil en la sociedad romana. Algunos padres ejercían su autoridad de manera abusiva, utilizando castigos físicos excesivos o tratando a sus hijos de manera negligente. Estos casos de maltrato podían resultar en lesiones físicas o emocionales para los niños.

La sociedad romana tenía una visión ambivalente hacia los niños. Por un lado, se valoraba la importancia de preservar la línea familiar y se consideraba que los niños eran un recurso vital para el mantenimiento y la continuidad de la familia. Por otro lado, había una falta de protección legal específica para los niños y no existían leyes claras que sancionaran el maltrato infantil.

En algunos casos, los abusos podían ser denunciados ante las autoridades o tribunales, y se esperaba que se tomaran medidas para proteger a los niños. Sin embargo, la capacidad de intervención de las autoridades era limitada y dependía en gran medida de la voluntad y la acción de los individuos o de la comunidad.

Es importante tener en cuenta que las actitudes y normas sociales hacia el maltrato y el abuso infantil han evolucionado significativamente desde la época romana. En la actualidad, la protección de los derechos de los niños y la lucha contra el maltrato infantil son aspectos fundamentales en la legislación y la sociedad en general.

19.6 Legado del Derecho de la Infancia Romano en la legislación actual

El Derecho de la Infancia Romano sentó algunas bases y conceptos que han tenido influencia en la legislación actual relacionada con los derechos y la protección de los niños. A continuación, se presentan algunos aspectos en los que se puede apreciar el legado del Derecho de la Infancia Romano:

Responsabilidad parental: El concepto de patria potestas en el Derecho Romano establecía que los padres tenían la responsabilidad y el deber de cuidar, proteger y educar a sus hijos. Este principio ha sido adoptado en muchas legislaciones actuales, que reconocen los derechos y las responsabilidades de los padres en relación con el bienestar de sus hijos.

Protección de los derechos de los niños: Aunque en el Derecho Romano los niños eran considerados propiedad de sus padres, había una noción incipiente de protección de sus derechos. Esta idea ha evolucionado en la legislación actual, donde se reconoce y garantiza los derechos fundamentales de los niños, como el derecho a la vida, la salud, la educación y la protección contra el maltrato y la violencia.

Tutela y cuidado de los niños: En el Derecho Romano, se establecían mecanismos de tutela para proteger los intereses de los niños en situaciones donde sus padres no podían ejercer la responsabilidad parental. Esta noción de cuidado y protección de los niños ha sido adoptada en las legislaciones actuales, que establecen sistemas de tutela y cuidado alternativo para garantizar el bienestar de los niños en situaciones de vulnerabilidad.

Educación y formación: El énfasis en la educación y formación de los niños en el Derecho Romano ha influido en la importancia que se otorga en la legislación actual a la educación de los niños como un derecho fundamental. Las leyes actuales establecen la obligación de los Estados de proporcionar una educación de calidad y accesible para todos los niños.

Protección contra el maltrato infantil: Aunque en el Derecho Romano no existían leyes específicas para sancionar el maltrato infantil, la conciencia de la importancia de proteger a los niños de abusos sentó las bases para el desarrollo de legislaciones actuales que prohíben y penalizan el maltrato infantil en todas sus formas.

Si bien el Derecho de la Infancia Romano no contemplaba en su totalidad los principios y las normas que rigen en la legislación actual, sentó algunas bases y conceptos que han sido retomados y desarrollados a lo largo de la historia para garantizar la protección y el bienestar de los niños en la sociedad moderna.

19.7 Estudio de casos de protección infantil en la historia romana

En la historia romana, existen algunos casos destacados relacionados con la protección infantil. A continuación, se presentan dos ejemplos:

El caso de Marcus Tullius Tiro: Marcus Tullius Tiro fue un esclavo liberto y secretario personal del famoso orador romano Cicerón. Durante su servicio a Cicerón, Tiro demostró ser un individuo altamente capacitado y leal. Después de la muerte de Cicerón, Tiro se convirtió en un influyente escritor y estudioso. En su testamento, Cicerón legó la libertad a Tiro y garantizó su protección y bienestar financiero. Este caso destaca la relación de confianza y protección entre un maestro y su esclavo liberto, brindando a Tiro una oportunidad para una vida libre y próspera.

Leyes de protección infantil: Aunque no existe un caso específico registrado, en la antigua Roma se promulgaron leyes y prácticas para proteger a los niños en ciertas circunstancias. Por ejemplo, la ley romana establecía que un padre no podía matar a su hijo recién nacido (infanticidio), aunque en algunos casos excepcionales, como por discapacidad o pobreza extrema, el padre podía abandonar al niño en lugar de matarlo. Además, se establecieron leyes para proteger a los niños de los abusos y maltratos por parte de sus tutores y se requería que los tutores rindieran cuentas sobre el cuidado y el bienestar de los niños bajo su tutela.

Estos casos muestran algunos aspectos de la protección infantil en la historia romana, aunque es importante tener en cuenta que las normas y prácticas variaban y no siempre garantizaban una protección efectiva para todos los niños en la sociedad romana.

19.8 Comparación entre el derecho de la infancia romano y otros sistemas jurídicos antiguos

El derecho de la infancia en el mundo antiguo variaba en cada sociedad y sistema jurídico. A continuación, se presenta una comparación entre el derecho de la infancia romano y otros sistemas jurídicos antiguos:

Derecho de la Infancia Romano:

Enfoque en la autoridad y poder del padre sobre los hijos a través de la patria potestas.

Reconocimiento de la responsabilidad parental y el deber de cuidado, protección y educación de los hijos.

Existencia de mecanismos de tutela para proteger los intereses de los niños en situaciones de falta de capacidad de los padres.

No había leyes específicas para sancionar el maltrato infantil, aunque existía una conciencia incipiente sobre la importancia de proteger a los niños.

Derecho de la Infancia Egipcio:

Reconocimiento de la patria potestas, donde el padre tenía el poder y la autoridad sobre los hijos.

Protección de los derechos de los hijos, especialmente en relación con la herencia y la propiedad.

Existencia de mecanismos de tutela para proteger los intereses de los niños en situaciones de incapacidad de los padres.

Enfoque en la educación y formación de los niños, especialmente en los niveles superiores de la sociedad.

Derecho de la Infancia Griego:

Enfoque en la educación y formación de los niños, con énfasis en la educación física, intelectual y moral.

Reconocimiento de la patria potestas y la autoridad del padre sobre los hijos.

Existencia de leyes y normas para proteger a los niños de abusos y maltratos.

En algunas ciudades-estado griegas, como Esparta, se practicaba el sistema de crianza colectiva, donde los niños eran criados y educados por la comunidad en lugar de los padres.

Es importante destacar que las diferencias en los sistemas jurídicos antiguos reflejan las distintas sociedades y culturas de la época. Mientras que algunos sistemas enfatizaban la autoridad y el poder del padre, otros ponían énfasis en la educación y la protección de los derechos de los niños.

Capítulo 20:

Derecho de la Medicina y la Ética Médica en Roma

20.1 Prácticas médicas en la antigua Roma

En la antigua Roma, la medicina se desarrolló de manera notable, aunque los conocimientos y las prácticas médicas variaban según la época y la influencia de otras culturas. Aquí hay algunos aspectos importantes sobre las prácticas médicas en la antigua Roma:

Herencia griega: La medicina romana estaba influenciada en gran medida por la medicina griega. Los médicos romanos estudiaban los tratados médicos griegos, como los de Hipócrates y Galeno, y adoptaban muchas de sus teorías y prácticas.

Importancia de la higiene: Los romanos valoraban la higiene y creían en la importancia de mantener limpio el cuerpo y el entorno. Los baños públicos eran comunes y se utilizaban para la limpieza personal y social. También se consideraba que el agua y la buena alimentación eran fundamentales para la salud.

Rol de los médicos: En la antigua Roma, los médicos se dividían en dos categorías principales: los "medici" y los "archiatri". Los medici eran médicos generales que trataban enfermedades comunes, mientras que los archiatri eran médicos de la élite y atendían a la familia imperial y a los altos funcionarios del gobierno.

Tratamientos y terapias: Los médicos romanos utilizaban una variedad de tratamientos y terapias para tratar enfermedades. Esto incluía el uso de hierbas y plantas medicinales, vendajes, baños medicinales y técnicas quirúrgicas básicas. También recetaban diversos medicamentos y compuestos, algunos de los cuales eran eficaces, mientras que otros tenían poco fundamento científico.

Cirugía: Los romanos tenían conocimientos limitados en cirugía y solían ser cautelosos al recurrir a procedimientos quirúrgicos. Sin embargo, se llevaron a cabo intervenciones como amputaciones, extracción de cálculos, suturas y tratamientos para heridas y fracturas.

Creencias religiosas y prácticas: Los romanos creían en la influencia de los dioses en la salud y la enfermedad. Realizaban ofrendas y rituales religiosos para obtener la curación divina. Además, consultaban a adivinos y oráculos en busca de diagnósticos y pronósticos.

Es importante destacar que, a pesar de los avances en medicina y la adopción de conocimientos de otras culturas, las prácticas médicas en la antigua Roma eran limitadas en comparación con los estándares y los avances médicos actuales.

20.2 Regulación y normas éticas en la medicina romana

En la medicina romana, existían ciertas regulaciones y normas éticas que buscaban proteger la salud de los pacientes y guiar la práctica médica. Aunque no había un código ético formal como el que existe en la medicina moderna, se reconocía la importancia de ciertos principios y prácticas. Aquí tienes algunos aspectos relevantes sobre la regulación y las normas éticas en la medicina romana:

Leyes sanitarias: El gobierno romano implementó leyes y regulaciones relacionadas con la salud pública. Estas leyes se centraban principalmente en la prevención de enfermedades y la promoción de la higiene. Por ejemplo, se establecieron normas para el suministro de agua potable, la eliminación de desechos y la prevención de la propagación de enfermedades contagiosas.

Responsabilidad profesional: Los médicos romanos eran responsables de su práctica y se esperaba que brindaran un nivel adecuado de atención médica. Si un médico era considerado negligente o incompetente, podía enfrentar demandas por parte de los pacientes o sus familiares.

Confidencialidad: Aunque no existía una reglamentación específica sobre la confidencialidad médica, se esperaba que los médicos guardaran el secreto de la información personal de sus pacientes. Esto se basaba en el respeto a la privacidad y la confianza que se depositaba en el médico.

Experimentación médica: Algunos médicos romanos realizaban experimentos y ensayos clínicos, pero no existían regulaciones estrictas en este sentido. Sin embargo, generalmente se creía que los médicos debían obtener el consentimiento informado de los pacientes antes de probar nuevos tratamientos o procedimientos.

Religión y ética médica: En la medicina romana, la religión y la ética estaban estrechamente relacionadas. Los médicos tenían en cuenta las creencias religiosas de los pacientes y las consideraban en el diagnóstico y el tratamiento. También se creía que los médicos debían ser virtuosos y actuar con honestidad y rectitud en su práctica.

Es importante tener en cuenta que las regulaciones y las normas éticas en la medicina romana no eran tan desarrolladas como en la medicina moderna. Los estándares éticos y las prácticas médicas han evolucionado significativamente a lo largo del tiempo, reflejando los avances científicos, la protección de los derechos de los pacientes y la ética médica contemporánea.

En resumen, en la medicina romana se aplicaban algunas regulaciones y normas éticas, como leyes sanitarias para promover la salud pública y responsabilidad profesional de los médicos. Aunque no había un código ético formal, se esperaba confidencialidad y respeto por la privacidad de los pacientes. No existían regulaciones específicas sobre experimentación médica, pero generalmente se obtenía el consentimiento informado. La religión y la ética estaban relacionadas, considerando las creencias religiosas en el diagnóstico y tratamiento. Sin embargo, es importante destacar que estas regulaciones y normas éticas no eran tan desarrolladas como en la medicina moderna.

20.3 Responsabilidad médica y negligencia en el Derecho Romano

En el Derecho Romano, existía una noción de responsabilidad médica y la posibilidad de enfrentar acciones legales por negligencia en la práctica médica. Aunque no había un sistema jurídico unificado en todo el período romano, podemos identificar algunos conceptos y principios relevantes:

Responsabilidad contractual: En casos en los que se establecía un contrato entre un médico y un paciente, se esperaba que el médico cumpliera con los términos acordados y brindara una atención médica competente. Si el médico incumplía sus obligaciones y surgían daños como resultado, el paciente podía buscar reparación o compensación.

Acciones por daños: En general, existía la posibilidad de entablar acciones legales por daños causados por la negligencia médica. Si un médico actuaba de manera negligente o incompetente y esto resultaba en daños físicos o emocionales para el paciente, este último podía buscar una compensación financiera o algún tipo de reparación.

Prueba de negligencia: Para establecer una demanda por negligencia médica, el paciente debía presentar pruebas de que el médico había actuado por debajo del estándar de cuidado esperado y que esta falta de cuidado había causado directamente los daños sufridos. La carga de la prueba recaía en el demandante.

Es importante tener en cuenta que el enfoque de responsabilidad médica en el Derecho Romano no era tan desarrollado como en los sistemas jurídicos modernos. Las regulaciones y los estándares éticos en la medicina eran menos rigurosos, y las acciones legales eran menos comunes en comparación con la actualidad. Sin embargo, la posibilidad de buscar reparación por negligencia médica existía en ciertos casos y reflejaba la preocupación por el cuidado y la responsabilidad en la práctica médica.

En resumen, en el Derecho Romano se reconocía la responsabilidad médica y la posibilidad de acciones legales por negligencia en la práctica médica. Si un médico incumplía sus obligaciones contractuales o actuaba de manera negligente, los pacientes tenían la opción de buscar compensación por los daños sufridos. Aunque el enfoque de responsabilidad médica no era tan desarrollado como en la actualidad, se reconocía la importancia de la atención médica competente y la posibilidad de buscar reparación por negligencia.

20.4 Relación médico-paciente en el Derecho Romano

En el Derecho Romano, la relación médico-paciente no estaba regulada de manera formal como en la actualidad, pero se basaba en principios de ética y responsabilidad profesional. A continuación, se destacan algunos aspectos relevantes de la relación médico-paciente en ese contexto:

Consentimiento informado: Se esperaba que los médicos informaran a los pacientes sobre los tratamientos propuestos, los riesgos asociados y las posibles alternativas. Aunque no existían requisitos legales específicos de consentimiento informado, se valoraba la transparencia y la participación del paciente en la toma de decisiones relacionadas con su atención médica.

Confianza y confidencialidad: Los médicos romanos tenían la responsabilidad de mantener la confidencialidad de la información médica de sus pacientes. Se esperaba que trataran los asuntos médicos con discreción y que se ganaran la confianza de los pacientes a través de su conducta ética.

Cuidado y competencia: Los médicos tenían la obligación de brindar una atención médica competente y de calidad. Se esperaba que tuvieran conocimientos y habilidades adecuadas para diagnosticar y tratar enfermedades, así como para realizar procedimientos médicos necesarios.

Responsabilidad médica: Si un médico incumplía sus deberes y causaba daños a un paciente por negligencia o incompetencia, podía enfrentar acciones legales y ser considerado responsable por sus acciones.

Relación de dependencia: La relación entre médico y paciente en el Derecho Romano se basaba en una relación de dependencia. Los pacientes confiaban en la experiencia y el conocimiento médico de los profesionales para recibir atención y orientación en materia de salud.

Aunque no había un marco legal detallado para la relación médico-paciente en el Derecho Romano, se reconocía la importancia de la confianza, la competencia médica y la participación del paciente en la toma de decisiones relacionadas con su atención médica. Estos principios éticos sentaron las bases para la relación médico-paciente en ese contexto histórico.

20.5 Tratamientos y terapias en el Derecho Romano

En el Derecho Romano, los tratamientos y terapias médicas variaban y reflejaban los conocimientos y prácticas de la época. Aquí hay algunos aspectos relevantes sobre los tratamientos y terapias en el contexto del Derecho Romano:

Medicamentos y remedios: Los médicos romanos utilizaban una variedad de medicamentos y remedios para tratar enfermedades y aliviar los síntomas. Estos incluían hierbas medicinales, compuestos farmacéuticos, ungüentos y pociones. Muchos de estos remedios se basaban en la tradición herbaria y la experiencia empírica.

Baños termales y balnearios: Los baños termales eran populares en la antigua Roma y se consideraban beneficiosos para la salud. Estos baños ofrecían una variedad de temperaturas y propiedades terapéuticas, y se utilizaban para aliviar el estrés, tratar enfermedades crónicas y promover la relajación.

Cirugía: Aunque la cirugía en el Derecho Romano no era tan avanzada como en la medicina moderna, se llevaban a cabo algunas intervenciones quirúrgicas. Esto incluía procedimientos como la extracción de cálculos, la cauterización, la sutura de heridas y la amputación en casos extremos.

Terapias físicas y ejercicios: Se reconocía la importancia de la actividad física y el ejercicio para mantener la salud. Los médicos romanos recomendaban terapias físicas como masajes, ejercicios suaves, estiramientos y baños de agua fría para promover la circulación y fortalecer el cuerpo.

Dietética y nutrición: Los médicos romanos también reconocían la influencia de la dieta en la salud. Recomendaban una alimentación equilibrada y una dieta adecuada para prevenir enfermedades y mantener el bienestar. Además, se utilizaban ciertos alimentos específicos con propiedades medicinales para tratar enfermedades o mejorar la salud.

Es importante tener en cuenta que los tratamientos y terapias en el Derecho Romano estaban influenciados por la comprensión científica y las creencias de la época. Algunas prácticas y remedios pueden parecer ineficaces o incluso perjudiciales desde una perspectiva médica contemporánea. La medicina ha evolucionado significativamente desde entonces, y los avances científicos y tecnológicos han llevado a nuevas terapias y tratamientos más efectivos.

20.6 Influencia del Derecho de la Medicina Romana en la ética médica contemporánea

El Derecho de la Medicina Romana ha tenido una influencia significativa en el desarrollo de la ética médica contemporánea. Durante la época romana, se establecieron una serie de leyes y principios relacionados con la práctica médica y el trato a los pacientes que sentaron las bases para la ética médica que se practica en la actualidad.

Uno de los aspectos más destacados de la medicina romana fue la idea de que los médicos debían tratar a todos los pacientes por igual, sin importar su estatus social. Esta idea de igualdad en el trato se ha convertido en un principio fundamental de la ética médica contemporánea, donde se espera que los médicos brinden atención equitativa y no discriminen a los pacientes por su origen étnico, género, religión u otra característica personal.

Además, la medicina romana estableció el concepto de "primum non nocere" o "primero, no hacer daño", que también es un principio fundamental en la ética médica actual. Este principio implica que los médicos deben priorizar el bienestar del paciente y evitar causar daño innecesario en el proceso de tratamiento. Es esencial que los médicos consideren cuidadosamente los posibles riesgos y beneficios de cualquier intervención médica antes de llevarla a cabo.

La medicina romana también estableció regulaciones sobre la conducta ética de los médicos y las responsabilidades profesionales. Por ejemplo, se requería que los médicos tuvieran un conocimiento adecuado de su campo y se mantuvieran actualizados en sus habilidades y conocimientos médicos. Asimismo, se establecieron sanciones para los médicos negligentes o que cometían errores graves en la atención a los pacientes. Estas ideas se han mantenido y desarrollado en el código de ética médica contemporáneo, donde se exige a los médicos que se mantengan actualizados, que actúen con diligencia y que asuman la responsabilidad de sus acciones.

En resumen, el Derecho de la Medicina Romana ha tenido una influencia significativa en la ética médica contemporánea. Los principios de igualdad en el trato a los pacientes, "primum non nocere" y la regulación de la conducta ética de los médicos establecidos durante la época romana siguen siendo fundamentales en la práctica médica actual. Aunque la medicina ha evolucionado y se ha desarrollado a lo largo del tiempo, estos principios éticos continúan proporcionando una base sólida para la ética médica moderna.

20.7 Estudio de casos de dilemas éticos en la medicina romana

Aunque no existen registros detallados de casos específicos de dilemas éticos en la medicina romana, podemos inferir algunos escenarios que podrían haber planteado desafíos éticos para los médicos de esa época, basándonos en la información disponible sobre su práctica médica y los valores morales de la sociedad romana. Aquí hay algunos ejemplos hipotéticos de dilemas éticos en la medicina romana:

Confidencialidad médica: Supongamos que un médico romano trata a un paciente de alto rango político y, durante la consulta, el paciente le revela información confidencial sobre un complot para derrocar al emperador. El médico se encuentra en un dilema ético, ya que debe decidir si rompe la confidencialidad y divulga la información para proteger al emperador o si mantiene el secreto médico.

Experimentación médica: Durante la época romana, algunos médicos llevaban a cabo experimentos y procedimientos médicos innovadores. Supongamos que un médico romano se encuentra con un paciente gravemente enfermo y decide probar un tratamiento experimental que no ha sido probado previamente en otros pacientes. El médico se enfrenta al dilema ético de si es ético exponer al paciente a un riesgo desconocido y potencialmente dañino en busca de una posible cura.

Tratamiento de esclavos: La sociedad romana consideraba a los esclavos como propiedad y, en general, su bienestar no era una prioridad. Supongamos que un médico romano es solicitado para tratar a un esclavo enfermo. El médico se enfrenta a un dilema ético al tener que decidir si debe brindar el mismo nivel de atención y cuidado que proporcionaría a un paciente libre, a pesar de que la sociedad no valora la vida de los esclavos de la misma manera.

Consentimiento informado: Durante la medicina romana, el concepto de consentimiento informado no existía en su forma actual. Supongamos que un médico romano quiere llevar a cabo una cirugía invasiva en un paciente, pero el paciente no comprende completamente los riesgos y beneficios de la intervención. El médico se enfrenta a un dilema ético al tener que decidir si debe proceder sin el consentimiento informado adecuado o si debe buscar una forma de obtener el consentimiento del paciente de manera comprensible.

Estos ejemplos hipotéticos ilustran algunos de los dilemas éticos que los médicos romanos podrían haber enfrentado en su práctica. Si bien no tenemos evidencia directa de casos específicos, es plausible que situaciones similares hayan surgido en la medicina romana, lo que habría requerido que los médicos reflexionaran sobre sus obligaciones éticas y tomaran decisiones en función de su entendimiento moral y las normas de su sociedad.

20.8 Comparación entre el derecho de la medicina romana y otros sistemas jurídicos antiguos

El derecho de la medicina romana comparte similitudes y diferencias con otros sistemas jurídicos antiguos que existieron en diferentes culturas. A continuación, se presenta una comparación entre el derecho de la medicina romana y dos sistemas jurídicos antiguos: el Código de Hammurabi de la antigua Mesopotamia y el Código de Manú de la antigua India.

Derecho de la Medicina Romana vs. Código de Hammurabi:

Ambos sistemas legales reconocían la responsabilidad de los médicos por los errores o negligencia en su práctica médica. Tanto en la medicina romana como en el Código de Hammurabi, se establecían sanciones y compensaciones para los médicos que causaban daño a sus pacientes.

El Código de Hammurabi, sin embargo, tenía un enfoque más punitivo que el derecho de la medicina romana. Mientras que el derecho romano se centraba en la reparación del daño y la protección de los derechos del paciente, el Código de Hammurabi se enfocaba más en la venganza y el castigo para el médico negligente.

El derecho de la medicina romana establecía principios éticos, como la igualdad en el trato a los pacientes y el principio de "primum non nocere" (no hacer daño), que no estaban presentes explícitamente en el Código de Hammurabi. Estos principios éticos romanos han influido en gran medida en la ética médica contemporánea.

Derecho de la Medicina Romana vs. Código de Manú:

Tanto el derecho de la medicina romana como el Código de Manú incluían regulaciones sobre la práctica médica y establecían la responsabilidad de los médicos hacia sus pacientes.

El Código de Manú tenía una fuerte influencia religiosa y moral en la legislación médica, con normas que enfatizaban la compasión, la protección de los débiles y la obligación de tratar a todos los pacientes, sin importar su origen o estatus social. Estos valores se asemejan a los principios éticos romanos de igualdad en el trato y protección de los pacientes.

Sin embargo, el derecho de la medicina romana tenía un enfoque más legalista y se basaba en el sistema jurídico romano, mientras que el Código de Manú estaba profundamente arraigado en la tradición hindú y se basaba en los conceptos de castas y deberes religiosos.

En general, el derecho de la medicina romana, el Código de Hammurabi y el Código de Manú tenían similitudes en términos de reconocer la responsabilidad de los médicos y establecer regulaciones sobre la práctica médica. Sin embargo, había diferencias en cuanto a su enfoque punitivo, influencias religiosas y énfasis en principios éticos específicos. Cada sistema jurídico reflejaba los valores y las normas de su respectiva cultura antigua, pero el derecho de la medicina romana se destaca por su influencia en la ética médica contemporánea.

Capítulo 21:

Derecho de la Educación en Roma

21.2 Sistemas educativos en la antigua Roma

.El sistema educativo en la antigua Roma estaba diseñado principalmente para formar a los ciudadanos romanos en habilidades prácticas y conocimientos que les permitieran participar activamente en la sociedad. A medida que Roma se expandía y evolucionaba, también lo hizo su sistema educativo. Aquí hay una descripción general de los diferentes niveles de educación en la antigua Roma:

Educación doméstica: La educación temprana en Roma comenzaba en el hogar, donde los niños aprendían las habilidades básicas de la vida cotidiana. Las madres o nodrizas generalmente se encargaban de enseñarles a hablar, leer, escribir y contar. Los padres también tenían un papel importante en la educación de sus hijos y les inculcaban los valores romanos y las tradiciones familiares.

Ludus: A partir de los 7 años, los niños romanos de familias acomodadas asistían al ludus, una especie de escuela primaria. Aquí, los niños recibían instrucción en lectura, escritura y matemáticas básicas. También se les enseñaban principios morales y cívicos, y se les instruía en la etiqueta y el comportamiento adecuado en la sociedad romana.

Grammaticus: Después de completar el ludus, los estudiantes podían pasar a una escuela secundaria llamada grammaticus. Aquí, se enfocaba en el estudio de la literatura romana, la gramática, la retórica y la historia. Los estudiantes también podían aprender sobre la mitología romana y la cultura griega, ya que los romanos adoptaron muchos aspectos de la cultura griega en su educación.

Rhetor: Aquellos que deseaban continuar su educación podían asistir a una escuela de retórica o "rhetor". Esta etapa se centraba en el desarrollo de habilidades de oratoria y persuasión. Los estudiantes estudiaban la retórica y practicaban la argumentación y el debate. La retórica era una habilidad muy valorada en la sociedad romana, ya que permitía a los ciudadanos participar en la política y en los tribunales.

Educación superior: Los romanos también tenían la opción de continuar su educación en Grecia, ya que consideraban que los griegos eran maestros expertos en muchas disciplinas. Los estudios superiores se centraban en la filosofía, la medicina, el derecho y la matemática avanzada. Sin embargo, esta etapa de educación superior estaba reservada principalmente para aquellos de una posición social alta o aquellos que buscaban carreras profesionales específicas.

Es importante tener en cuenta que esta descripción del sistema educativo romano se basa en las prácticas más comunes y no todos los ciudadanos romanos tenían acceso a la educación formal. Además, la educación en Roma estaba más enfocada en el desarrollo de habilidades prácticas y conocimientos cívicos que en la formación académica en sí misma.

21.2 Acceso a la educación y educación obligatoria en el Derecho Romano

En el Derecho Romano, no existía un sistema de educación obligatoria ni un acceso universal a la educación. La educación en la antigua Roma estaba disponible principalmente para aquellos de familias acomodadas y de posición social alta.

Las familias nobles y ricas tenían los recursos para contratar tutores privados o enviar a sus hijos a escuelas privadas donde recibirían una educación formal. Estos tutores o maestros se encargaban de enseñar a los niños los fundamentos de la lectura, escritura y matemáticas, así como también de inculcarles los valores romanos y la ética.

Sin embargo, la mayoría de los niños romanos no tenían acceso a una educación formal. Las familias más pobres no tenían los medios para proporcionar educación a sus hijos y, en cambio, se esperaba que estos se dedicaran a ayudar en el trabajo familiar o aprendieran un oficio.

En términos de educación pública, Roma no estableció escuelas estatales ni programas educativos obligatorios para todos los ciudadanos. La educación estaba principalmente en manos de las familias y era considerada una responsabilidad individual.

Es importante tener en cuenta que esta situación variaba a lo largo del tiempo y en diferentes regiones del Imperio Romano. Conforme Roma se expandía y se influenciaba por las culturas y prácticas de los pueblos conquistados, es posible que existieran sistemas educativos más formales en ciertas áreas.

En resumen, en el Derecho Romano, no había una educación obligatoria y el acceso a la educación estaba limitado principalmente a aquellos de familias acomodadas y de posición social alta. La educación era una responsabilidad de las familias y no existían escuelas estatales o programas educativos universales.

21.3 Instituciones educativas y roles de los educadores en Roma

En la antigua Roma, había diferentes tipos de instituciones educativas y roles para los educadores. A continuación se describen algunas de estas instituciones y roles:

Ludus: El ludus era la escuela primaria romana, donde los niños comenzaban su educación formal a partir de los 7 años. Los ludus eran generalmente privados y dirigidos por un magister (maestro). El magister enseñaba a los niños a leer, escribir y contar, así como también les proporcionaba una educación básica en moral y etiqueta social.

Grammaticus: Después de completar el ludus, los estudiantes podían asistir a una escuela secundaria conocida como grammaticus. Aquí, un grammaticus, un maestro especializado en gramática y literatura, enseñaba a los estudiantes sobre la literatura romana, la retórica, la poesía y la historia. El grammaticus tenía un papel fundamental en el desarrollo de las habilidades de lectura crítica y escritura de los estudiantes.

Rhetor: Aquellos que deseaban continuar su educación podían asistir a una escuela de retórica o "rhetor". Aquí, un rhetor o retórico se encargaba de enseñar a los estudiantes habilidades avanzadas de oratoria, argumentación y debate. El retórico entrenaba a los estudiantes para convertirse en oradores elocuentes y persuasivos, lo cual era muy valorado en la sociedad romana, especialmente en la política y los tribunales.

Tutoría privada: Para aquellos de familias acomodadas, era común contratar tutores privados para educar a sus hijos en casa. Estos tutores, a menudo llamados paedagogus, se encargaban de la educación de los niños en diversas materias, incluyendo lectura, escritura, matemáticas y ética. Además, se esperaba que los paedagogi también enseñaran normas de comportamiento y valores morales a los niños.

Educación superior: Aquellos que buscaban una educación superior y tenían los recursos para hacerlo, podían viajar a Grecia, que era considerada una fuente de conocimiento y cultura. En Grecia, los estudiantes podían asistir a escuelas filosóficas, médicas o legales, y recibir instrucción de maestros y filósofos famosos.

En general, los educadores en la antigua Roma desempeñaban un papel crucial en la transmisión de conocimientos y habilidades a las generaciones jóvenes. Ya sea a través de escuelas primarias, escuelas secundarias, tutorías privadas o educación superior, estos educadores guiaban y preparaban a los estudiantes para su participación en la sociedad romana y les transmitían los valores y principios morales de la cultura romana.

21.4 Contenido y métodos de enseñanza en el Derecho Romano

En el Derecho Romano, la enseñanza se centraba en una variedad de temas y métodos. A continuación se describen el contenido y los métodos de enseñanza utilizados en el Derecho Romano:

Contenido de enseñanza:

Derecho civil romano: El estudio del derecho civil romano era fundamental en la educación legal romana. Los estudiantes aprendían los principios y las normas del derecho romano, incluyendo conceptos como la propiedad, los contratos, los delitos y la responsabilidad civil.

Derecho público romano: Además del derecho civil, se enseñaba el derecho público romano, que abarcaba aspectos como la constitución y la organización del gobierno romano, las leyes administrativas y las responsabilidades de los magistrados.

Retórica y oratoria: La retórica y la oratoria eran habilidades altamente valoradas en la sociedad romana. Los estudiantes aprendían técnicas de persuasión, argumentación y elocuencia. Estas habilidades eran cruciales para aquellos que deseaban involucrarse en la política, la ley o la administración pública.

Filosofía y ética: La filosofía y la ética también eran parte integral de la educación romana. Los estudiantes estudiaban las enseñanzas de filósofos griegos y romanos, como Séneca, Cicerón y Marco Aurelio, y exploraban temas como la moralidad, la virtud y la conducta ética.

Métodos de enseñanza:

Lectura y estudio de textos: Los estudiantes romanos leían y estudiaban textos legales y filosóficos relevantes para su educación. Estos textos servían como base para el aprendizaje y la discusión en el aula.

Disputatio: La disputatio era un método de enseñanza que involucraba debates y discusiones en el aula. Los estudiantes participaban en argumentaciones formales, presentando y defendiendo sus puntos de vista sobre temas legales y éticos.

Estudio de casos: Los estudiantes también aprendían a través del estudio de casos reales y ficticios. Analizaban situaciones legales y éticas, y discutían los argumentos y las resoluciones posibles.

Tutoría y maestros: Los estudiantes podían recibir educación individualizada a través de tutores y maestros. Estos educadores brindaban orientación personalizada, respondían preguntas y proporcionaban explicaciones adicionales sobre los temas estudiados.

Práctica oral: La práctica oral desempeñaba un papel importante en la enseñanza del derecho romano. Los estudiantes practicaban la oratoria y la argumentación frente a sus maestros y compañeros, desarrollando sus habilidades de comunicación y persuasión.

Es importante tener en cuenta que estos métodos y contenidos de enseñanza pueden variar en diferentes contextos y periodos del Derecho Romano. Sin embargo, en general, la enseñanza en el Derecho Romano se basaba en la lectura, el estudio de textos, la discusión, la práctica oral y la tutoría, con un enfoque en el derecho civil, el derecho público, la retórica y la ética.

21.5 Educación de las mujeres y los esclavos en Roma

En la antigua Roma, la educación de las mujeres y los esclavos diferían significativamente de la educación de los hombres libres.

Educación de las mujeres: Las mujeres en la Roma antigua no tenían acceso a la educación formal como los hombres. La educación de las mujeres se centraba principalmente en la formación doméstica y en las habilidades necesarias para ser una buena esposa y madre. Aprendían tareas como la gestión del hogar, la costura, la cocina y la crianza de los hijos. Algunas mujeres de familias nobles podían recibir una educación básica en lectura, escritura y música, pero esto era la excepción más que la norma.

Educación de los esclavos: Los esclavos en Roma no tenían derecho a la educación formal. Eran propiedad de sus amos y su principal función era trabajar para ellos. Sin embargo, algunos esclavos que se destacaban por su inteligencia o habilidades especiales podían recibir cierta instrucción de sus amos o ser asignados a tareas específicas que requerían conocimientos técnicos, como la medicina o la ingeniería. Estos casos eran raros y no representaban una educación generalizada para los esclavos.

Es importante destacar que estas son generalizaciones y que puede haber habido algunas excepciones en casos individuales. Por ejemplo, algunas mujeres de familias aristocráticas o emperatrices podían recibir una educación más amplia y participar en la vida cultural y política de la época. Del mismo modo, algunos esclavos talentosos o especializados podían tener la oportunidad de adquirir conocimientos y habilidades específicas. Sin embargo, en general, las mujeres y los esclavos en la antigua Roma tenían acceso limitado o nulo a la educación formal.

21.6 Influencia del Derecho de la Educación Romana en los sistemas educativos actuales

El Derecho de la Educación Romana ha tenido una influencia significativa en los sistemas educativos actuales, aunque esta influencia ha sido filtrada y adaptada a lo largo del tiempo y ha sido moldeada por las circunstancias culturales, políticas y sociales de cada país o región.

Algunas de las influencias más destacadas del Derecho de la Educación Romana en los sistemas educativos contemporáneos son las siguientes:

Derecho a la educación: La idea del derecho a la educación tiene sus raíces en el pensamiento romano. Los romanos consideraban la educación como un derecho y una responsabilidad del Estado, y creían que todos los ciudadanos debían tener acceso a una educación básica. Este concepto ha sido incorporado en muchos sistemas educativos actuales, donde se reconoce el derecho de todos los individuos a recibir una educación.

Curriculum: Los romanos desarrollaron un currículo educativo que incluía la enseñanza de la lectura, la escritura, las matemáticas, la retórica y la filosofía. Estas áreas de conocimiento siguen siendo fundamentales en los sistemas educativos actuales. El currículo romano también enfatizaba el desarrollo de habilidades prácticas y morales, lo cual también se ha mantenido en algunos sistemas educativos contemporáneos.

Pedagogía: Los romanos valoraban la enseñanza y creían en la importancia de los maestros capacitados. La figura del maestro, su autoridad y su papel en la transmisión del conocimiento han influido en la forma en que se estructuran las relaciones entre maestros y estudiantes en la actualidad.

Educación cívica y moral: Los romanos consideraban que la educación debía incluir la formación en virtudes cívicas y morales. Este énfasis en la educación cívica y moral ha dejado su huella en muchos sistemas educativos actuales, que buscan formar ciudadanos responsables, éticos y comprometidos con la sociedad.

Educación superior: La influencia romana en la educación superior se ha mantenido a través de la adopción de modelos de universidades y centros de educación superior. Las universidades actuales heredan en cierta medida la estructura y los principios de las instituciones educativas romanas, donde los estudiantes se especializaban en áreas de estudio específicas y trabajaban bajo la guía de maestros y profesores.

Si bien estas influencias del Derecho de la Educación Romana son evidentes, es importante tener en cuenta que los sistemas educativos actuales han evolucionado y se han desarrollado en el transcurso de los siglos, y han incorporado elementos de otros sistemas educativos y filosofías pedagógicas. Además, cada país tiene su propia legislación y enfoque educativo, por lo que las influencias del Derecho de la Educación Romana pueden variar según la región.

21.7 Estudio de casos de conflictos educativos en la historia romana

A lo largo de la historia romana, se pueden identificar varios conflictos y dilemas educativos que surgieron en diferentes contextos. A continuación, se presentan algunos ejemplos de casos destacados:

Tensión entre educación tradicional y la influencia griega: Durante el período de la República Romana, hubo un conflicto entre la educación tradicional romana y la influencia griega en la educación. Algunos romanos conservadores consideraban que la educación griega, con su énfasis en la filosofía y las artes, era peligrosa y podía socavar los valores y la cultura romana.

Prohibición de enseñar retórica a los plebeyos: En el año 161 a.C., el cónsul Marco Fulvio Nobilior promulgó una ley que prohibía a los plebeyos aprender retórica, una habilidad altamente valorada en la sociedad romana. Esta medida generó un conflicto entre la aristocracia y los plebeyos, quienes demandaban igualdad de oportunidades educativas.

Conflictos en la educación de los hijos de los emperadores: En el Imperio Romano, surgieron conflictos en torno a la educación de los hijos de los emperadores. Algunos emperadores, como Augusto y Marco Aurelio, se preocuparon por brindarles una educación de calidad y buscaron tutores y maestros altamente capacitados. Sin embargo, en otros casos, la educación de los hijos de los emperadores fue descuidada o influenciada negativamente por intrigas y corrupción en la corte.

Debate sobre la educación de las mujeres: En la sociedad romana, hubo discusiones y conflictos en torno a la educación de las mujeres. Algunos argumentaban que las mujeres debían recibir una educación básica en lectura y escritura, mientras que otros sostenían que su lugar estaba exclusivamente en el hogar y que la educación formal era innecesaria o incluso peligrosa.

Estos son solo algunos ejemplos de los conflictos educativos que surgieron en la historia romana. A través de estos casos, podemos observar cómo las cuestiones educativas, incluyendo los contenidos, los métodos de enseñanza y la accesibilidad, generaron tensiones y debates en la sociedad romana, reflejando las diferentes perspectivas y valores en juego.

21.8 Comparación entre el derecho de la educación romana y otros sistemas jurídicos antiguos

El derecho de la educación romana, al igual que otros sistemas jurídicos antiguos, reflejaba las normas y prácticas educativas de su época. A continuación, se presenta una comparación entre el derecho de la educación romana y otros sistemas jurídicos antiguos:

Derecho de la educación en la antigua Grecia: En la antigua Grecia, la educación se consideraba fundamental para la formación de ciudadanos libres y se enfocaba en el desarrollo físico, intelectual y moral de los individuos. A diferencia de Roma, en Grecia la educación estaba más centrada en el desarrollo intelectual y la formación moral a través de la enseñanza de la filosofía, la retórica y las artes. Además, en Grecia existía una mayor variedad de instituciones educativas, como las escuelas filosóficas y los gimnasios.

Derecho de la educación en el antiguo Egipto: En el antiguo Egipto, la educación estaba estrechamente ligada a la religión y al sistema jerárquico de la sociedad. La educación se centraba en la formación de escribas y sacerdotes, y se transmitía a través de la instrucción oral y la práctica. La educación en Egipto se basaba en la memorización de textos sagrados y en el aprendizaje de habilidades prácticas necesarias para desempeñar diferentes roles en la sociedad.

Derecho de la educación en la antigua China: En la antigua China, la educación tenía una importancia central y se basaba en el confucianismo. La educación se consideraba esencial para el desarrollo moral y la formación de líderes virtuosos. El énfasis estaba en el aprendizaje de las enseñanzas de Confucio, la moralidad, la etiqueta y la escritura de caracteres chinos. Además, en China existían exámenes estatales que determinaban el acceso a puestos oficiales, lo que fomentaba una educación formalizada y estructurada.

Derecho de la educación en la antigua India: En la antigua India, la educación se basaba en los textos religiosos y filosóficos, como los Vedas y los Upanishads. La educación se transmitía a través de la tradición oral y se enfocaba en la enseñanza de los conocimientos sagrados, la filosofía y las artes. En la antigua India existían ashrams y gurukuls, donde los estudiantes vivían con sus maestros y recibían una educación integral que abarcaba diferentes aspectos de la vida.

Si bien estos sistemas jurídicos antiguos compartían algunas similitudes en términos de reconocer la importancia de la educación y establecer normas relacionadas, también había diferencias significativas en cuanto a los contenidos educativos, los métodos de enseñanza y los propósitos de la educación. Cada sistema jurídico antiguo reflejaba las creencias, los valores y las necesidades particulares de su cultura y sociedad, lo que se reflejaba en su enfoque educativo y en su derecho de la educación.

Capítulo 22:

Derecho de la Religión en Roma

22.1 Religión y culto en la antigua Roma

En la antigua Roma, la religión y el culto desempeñaron un papel fundamental en la vida cotidiana y en la estructura social. La religión romana estaba estrechamente ligada a la identidad y el destino de la ciudad y se basaba en la creencia en múltiples dioses y diosas. A continuación, se presentan algunos aspectos importantes de la religión y el culto en la antigua Roma:

Creencias religiosas: Los romanos creían en una amplia variedad de dioses y diosas, y su panteón incluía deidades como Júpiter, Juno, Minerva, Marte, Venus y Neptuno, entre otros. Cada dios o diosa tenía su propia esfera de influencia y se le rendía culto en función de sus atributos y poderes.

Culto público y privado: Los romanos practicaban tanto el culto público como el privado. El culto público se llevaba a cabo en los templos y estaba a cargo de los sacerdotes y las autoridades religiosas. El culto privado se realizaba en los hogares y estaba a cargo de los miembros de la familia, quienes rendían culto a los dioses domésticos y ancestrales.

Sacerdotes y sacerdotisas: En la religión romana, había sacerdotes y sacerdotisas que desempeñaban un papel importante en la organización y la realización de los rituales religiosos. Los sacerdotes eran responsables de mantener el culto en los templos y de interpretar los signos divinos. Algunos sacerdotes y sacerdotisas ocupaban cargos oficiales y formaban parte del gobierno romano.

Festividades y ceremonias: Los romanos celebraban numerosas festividades y ceremonias religiosas a lo largo del año. Estas festividades estaban destinadas a honrar a los dioses y diosas y a asegurar su favor y protección. Algunas festividades notables incluían las Saturnales, las Lupercales y las Lupercalia.

Adivinación y augurios: Los romanos practicaban la adivinación y los augurios para obtener la voluntad de los dioses y prever el futuro. Los augures eran sacerdotes especializados en interpretar los signos divinos y las señales de los dioses. La adivinación y los augurios se consideraban importantes para tomar decisiones políticas y militares.

La religión y el culto en la antigua Roma tenían un carácter práctico y pragmático. El objetivo principal era mantener el favor divino y garantizar la prosperidad y la seguridad de la ciudad y sus habitantes. Aunque la religión romana evolucionó con el tiempo y fue influenciada por otras tradiciones religiosas, su legado sigue siendo evidente en la cultura y el arte occidentales.

22.2 Derechos y obligaciones religiosas en el Derecho Romano

En el Derecho Romano, los derechos y obligaciones religiosas estaban estrechamente ligados a la práctica y la observancia de la religión romana. A continuación se detallan algunos aspectos relevantes:

Culto y sacrificio: En el Derecho Romano, los ciudadanos romanos tenían el deber de participar en el culto y los rituales religiosos del Estado. Esto implicaba la realización de sacrificios a los dioses y diosas romanos en los templos y en ocasiones especiales. No participar en estas prácticas podía considerarse un acto impío y ser castigado.

Adherencia a los festivales y ceremonias religiosas: Los ciudadanos romanos también tenían la obligación de participar en los festivales y ceremonias religiosas que se celebraban a lo largo del año. Estos eventos estaban destinados a honrar a los dioses y diosas y asegurar su favor. No asistir o no participar adecuadamente en estas celebraciones podía considerarse una falta religiosa y social.

Cumplimiento de las decisiones de los colegios sacerdotales: Los colegios sacerdotales en Roma eran responsables de administrar y regular la práctica religiosa. Sus decisiones y regulaciones debían ser cumplidas por los ciudadanos. Esto incluía la elección de sacerdotes y sacerdotisas, la organización de festivales religiosos y la interpretación de los signos divinos.

Protección de los lugares sagrados y objetos religiosos: El Derecho Romano también establecía normas para la protección de los lugares sagrados, como los templos y los altares, así como de los objetos religiosos. Dañar o profanar estos lugares u objetos podía ser considerado un delito religioso y era castigado.

Prohibiciones y restricciones religiosas: El Derecho Romano también imponía ciertas prohibiciones y restricciones religiosas. Por ejemplo, había restricciones en la participación de ciertos individuos en los rituales religiosos, como las mujeres en algunas ceremonias. También había prohibiciones relacionadas con la introducción de nuevas divinidades extranjeras o cultos no autorizados.

Es importante tener en cuenta que el Derecho Romano no solo regulaba las obligaciones religiosas, sino que también reconocía y protegía los derechos y las libertades religiosas de los individuos y grupos. Además, el sistema legal romano evolucionó a lo largo del tiempo y fue influenciado por diferentes factores culturales y religiosos, lo que llevó a cambios en las normas y prácticas relacionadas con la religión.

22.3 Protección y persecución de las creencias religiosas en Roma

En la antigua Roma, hubo momentos de protección y persecución de las creencias religiosas, dependiendo de los gobernantes y las circunstancias políticas y sociales. A lo largo de la historia romana, se pueden identificar diferentes etapas y actitudes hacia las creencias religiosas. A continuación se presentan algunos aspectos relevantes:

Protección de las creencias religiosas:

Tolerancia religiosa: Durante gran parte de la historia romana, existió una política de tolerancia religiosa hacia las diversas creencias y cultos que coexistían en el Imperio Romano. Los romanos solían adoptar e integrar en su panteón a los dioses y diosas de las culturas conquistadas, permitiendo a los ciudadanos romanos practicar sus propias religiones siempre que rindieran culto a los dioses estatales.

Libertad de culto para los ciudadanos romanos: Los ciudadanos romanos tenían el derecho de practicar su propia religión y adorar a los dioses y diosas de su elección. Siempre que cumplieran con las obligaciones religiosas del Estado y no amenazaran el orden público, gozaban de protección legal para ejercer su fe.

Persecución de las creencias religiosas:

Persecución de cultos extranjeros: En ciertos momentos, los cultos extranjeros que se consideraban una amenaza para el orden social o la lealtad a Roma podían ser perseguidos. Algunas prácticas religiosas consideradas supersticiosas o que se asociaban con la disidencia política podían ser objeto de represión.

Conflictos con el cristianismo: Uno de los períodos más conocidos de persecución religiosa en Roma ocurrió durante los siglos III y IV d.C., cuando el cristianismo se convirtió en una religión en expansión en el Imperio Romano. Varios emperadores, como Nerón, Domiciano y Diocleciano, promulgaron edictos que perseguían a los cristianos y prohibían su culto.

Es importante destacar que las políticas y actitudes hacia las creencias religiosas en Roma variaron a lo largo del tiempo y según los gobernantes y las circunstancias. La protección y la persecución religiosa se basaban en consideraciones políticas, sociales y culturales, y se pueden identificar casos de ambas en la historia romana.

22.4 Templos, sacerdotes y rituales en el Derecho Romano

En el Derecho Romano, los templos, los sacerdotes y los rituales desempeñaron un papel importante en la religión y la vida cotidiana de los romanos. A continuación se describen algunos aspectos relevantes relacionados con estos elementos:

Templos: Los templos eran edificios sagrados dedicados a los dioses y diosas romanos. Eran considerados lugares de encuentro entre lo divino y lo humano. Los templos romanos se caracterizaban por su arquitectura grandiosa y majestuosa. Eran construidos con materiales duraderos como mármol y piedra y estaban decorados con estatuas y relieves que representaban a las deidades.

Sacerdotes y sacerdotisas: En el Derecho Romano, los sacerdotes y las sacerdotisas tenían un papel crucial en la organización y la realización de los rituales religiosos. Eran los encargados de mantener los templos, realizar los sacrificios y asegurar el cumplimiento adecuado de las ceremonias. Los sacerdotes y las sacerdotisas tenían una posición social y religiosa destacada y algunos de ellos ocupaban cargos importantes en la sociedad romana.

Colegios sacerdotales: Los sacerdotes y sacerdotisas en Roma estaban organizados en colegios sacerdotales, que eran asociaciones religiosas encargadas de administrar y regular la práctica religiosa. Estos colegios tenían sus propias jerarquías y estructuras internas y desempeñaban un papel crucial en la transmisión de los ritos y las tradiciones religiosas.

Rituales y sacrificios: Los rituales religiosos y los sacrificios eran prácticas centrales en la religión romana. Los rituales incluían oraciones, cantos, procesiones y ofrendas a los dioses. Los sacrificios, tanto de animales como de alimentos, eran realizados por los sacerdotes en los templos y se creía que establecían una conexión entre los dioses y los humanos.

Calendario religioso: En el Derecho Romano, existía un calendario religioso que regulaba las festividades y las ceremonias religiosas a lo largo del año. Estas festividades estaban destinadas a honrar a los dioses y diosas y se celebraban en fechas específicas. Algunas festividades importantes incluían las Saturnales, las Lupercalia y las Vestalia.

El Derecho Romano reconocía y protegía el papel de los templos, los sacerdotes y los rituales en la práctica religiosa. Establecía normas para su mantenimiento, regulaba la elección de sacerdotes y sacerdotisas, y reconocía la importancia de los rituales en la vida religiosa y social de los romanos.

22.5 Influencia del Derecho de la Religión Romana en la libertad religiosa actual

El Derecho de la Religión Romana ha tenido una influencia limitada en la libertad religiosa actual. Aunque la antigua Roma no tenía un concepto moderno de libertad religiosa como se entiende en las sociedades contemporáneas, algunos elementos de la tradición romana sentaron las bases para el desarrollo posterior de este derecho.

En primer lugar, la tolerancia religiosa practicada en la antigua Roma sentó un precedente importante. Los romanos eran relativamente abiertos a la adopción de nuevas deidades y cultos, siempre y cuando los ciudadanos cumplieran con las obligaciones religiosas del Estado y rindieran culto a los dioses y diosas romanos. Esta actitud de tolerancia hacia diferentes creencias sentó las bases para futuras concepciones de libertad religiosa.

Además, el concepto de la protección de los lugares sagrados y los objetos religiosos también influyó en el desarrollo de la libertad religiosa. En el Derecho Romano, se reconocía la importancia de preservar los templos y los objetos religiosos, y se establecían penas para aquellos que los dañaran o profanaran. Este reconocimiento de la importancia de los lugares y objetos de culto contribuyó a sentar las bases de la protección de los lugares de culto y los símbolos religiosos en el ámbito de la libertad religiosa actual.

Sin embargo, es importante destacar que el concepto de libertad religiosa tal como se entiende en la actualidad tiene sus raíces en desarrollos posteriores, particularmente en la Edad Media y la era moderna. Las influencias más directas en la libertad religiosa contemporánea se encuentran en las ideas y los movimientos surgidos durante la Reforma Protestante y la Ilustración, así como en las declaraciones y los tratados internacionales de derechos humanos.

En resumen, aunque el Derecho de la Religión Romana sentó algunas bases para el desarrollo posterior de la libertad religiosa, su influencia directa en la concepción actual de este derecho es limitada. Los avances en la protección de la libertad religiosa se han producido en gran medida a través de desarrollos posteriores en el pensamiento político y jurídico.

22.6 Estudio de casos de conflictos religiosos en la historia romana

La historia romana estuvo marcada por diversos conflictos religiosos que reflejaban tensiones entre diferentes cultos y creencias. A continuación se presentan algunos ejemplos destacados:

Conflictos con el judaísmo: En el siglo I d.C., hubo varios conflictos entre los judíos y las autoridades romanas. Uno de los episodios más conocidos fue la revuelta judía en Judea, que condujo a la destrucción del Templo de Jerusalén en el año 70 d.C. Los romanos consideraban a los judíos como rebeldes y había tensiones en torno a las prácticas religiosas judías, especialmente en lo que respecta al culto al único Dios y la negativa de los judíos a rendir culto al emperador romano.

Persecución del cristianismo: Durante los primeros siglos del cristianismo, los seguidores de esta nueva religión fueron objeto de persecución en el Imperio Romano. Los emperadores romanos veían al cristianismo como una amenaza para la estabilidad del Estado y se promulgaron edictos y leyes que prohibían el culto cristiano y perseguían a los cristianos. Entre los emperadores que llevaron a cabo persecuciones destacan Nerón, Domiciano y Diocleciano.

Conflicto con los cultos mistéricos: Los cultos mistéricos, como el culto de Isis y el de Mitra, eran religiones misteriosas y de origen oriental que ganaron popularidad en la Roma antigua. Aunque inicialmente fueron tolerados, a medida que se expandieron, surgieron tensiones con la religión romana oficial. En algunos momentos, hubo intentos de restringir o suprimir estos cultos debido a preocupaciones sobre su influencia y prácticas secretas.

Conflictos entre diferentes cultos romanos: Dentro del panteón romano, también hubo conflictos y rivalidades entre los diferentes dioses y diosas. Por ejemplo, en el siglo II a.C., hubo un conflicto entre los seguidores del culto a Júpiter y los seguidores del culto a Baco, que resultó en disturbios y tensiones en Roma.

Estos son solo algunos ejemplos de los conflictos religiosos que tuvieron lugar en la historia romana. Estos conflictos reflejan las tensiones entre diferentes creencias y cultos, así como la lucha por el poder y la influencia en la sociedad romana.

22.7 Comparación entre el derecho de la religión romana y otros sistemas jurídicos antiguos

El derecho de la religión romana, al igual que otros sistemas jurídicos antiguos, reflejaba las creencias religiosas y la importancia que se les daba en la sociedad. A continuación se presenta una comparación entre el derecho de la religión romana y otros sistemas jurídicos antiguos:

Derecho egipcio: El derecho de la religión en el antiguo Egipto estaba estrechamente vinculado a la figura del faraón, considerado un dios en la Tierra. El faraón tenía un papel central en los rituales religiosos y se le atribuía la responsabilidad de mantener el orden divino. A diferencia de Roma, donde había una pluralidad de dioses, en Egipto el culto se centraba en la adoración de divinidades específicas y los rituales eran llevados a cabo por sacerdotes especializados.

Derecho griego: En la antigua Grecia, el derecho de la religión también estaba estrechamente relacionado con la adoración de una multitud de dioses y diosas. Sin embargo, a diferencia de Roma, los griegos no tenían un sistema jurídico religioso formalizado como el Derecho Romano. Los rituales y prácticas religiosas griegas se llevaban a cabo principalmente en los templos y eran responsabilidad de los sacerdotes locales y las autoridades religiosas de cada ciudad-estado.

Derecho mesopotámico: El derecho de la religión en la antigua Mesopotamia estaba fuertemente influenciado por las creencias en divinidades y el papel de los sacerdotes en la sociedad. Las leyes y los rituales religiosos estaban estrechamente entrelazados y se creía que el incumplimiento de los deberes religiosos podía llevar a la ira de los dioses y consecuencias negativas. Los sacerdotes tenían un papel importante como intermediarios entre los dioses y los seres humanos, y desempeñaban funciones religiosas y jurídicas.

Derecho hebreo: El derecho religioso en el antiguo Israel se basaba en los preceptos y las leyes revelados en la Torá. Las prácticas religiosas, como los sacrificios y los rituales, estaban reguladas por la ley religiosa. El derecho hebreo también establecía la adoración de un único Dios y prohibía la adoración de otros dioses, lo que difería de la pluralidad de dioses en el sistema religioso romano.

En resumen, aunque había similitudes en la importancia de la religión en los sistemas jurídicos antiguos, cada uno tenía sus propias características y enfoques. Mientras que el derecho de la religión romana se centraba en la integración y la tolerancia de diversos cultos, otros sistemas jurídicos antiguos, como el egipcio, el griego, el mesopotámico y el hebreo, tenían enfoques diferentes basados en sus propias creencias y prácticas religiosas.

Capítulo 23:

Derecho de la Cultura y el Patrimonio en Roma

23.1 Protección del patrimonio cultural en la antigua Roma

En la antigua Roma, existían diversas normas y prácticas relacionadas con la protección del patrimonio cultural. Aunque la concepción moderna de patrimonio cultural no existía en ese entonces, los romanos valoraban y protegían sus monumentos, obras de arte y tradiciones culturales. A continuación se presentan algunas de las medidas de protección del patrimonio cultural en la antigua Roma:

Conservación de monumentos y edificios: Los romanos tenían un gran aprecio por la arquitectura y la construcción de monumentos. Muchos edificios emblemáticos, como el Coliseo, el Panteón y el Arco de Constantino, fueron construidos en la antigua Roma y se tomaron medidas para su preservación y mantenimiento. Si bien no existía una legislación específica para la protección de estos monumentos, se asignaban fondos para su restauración y se mantenían en buen estado.

Leyes sobre la protección de obras de arte: El derecho romano tenía normas relacionadas con la protección de obras de arte y bienes culturales. Por ejemplo, las leyes sobre el robo y la falsificación de arte eran aplicadas para evitar daños y preservar la autenticidad de las obras. Además, se sancionaba la destrucción intencional de monumentos y se imponían penas a quienes causaban daños en lugares de importancia cultural.

Preservación de tradiciones y festividades: Los romanos valoraban sus tradiciones y festividades culturales. Se tomaban medidas para preservar las prácticas y costumbres religiosas, así como para asegurar la celebración adecuada de festividades importantes, como los Juegos Circenses y los Lupercales. Estas festividades se consideraban parte integral de la identidad romana y se promovía su continuidad.

Mecenazgo y apoyo a artistas: Los romanos ricos y poderosos actuaban como mecenas de artistas y promovían la creación de obras de arte. Financiaban la construcción de edificios y patrocinaban a poetas, escritores y otros artistas. Este apoyo económico permitía la creación y preservación de obras culturales, asegurando su protección y difusión.

Aunque la protección del patrimonio cultural en la antigua Roma no se basaba en un marco legal estructurado como en la actualidad, estas medidas y prácticas demuestran la importancia que se daba a la preservación y promoción de la cultura romana. Los romanos reconocían el valor de sus monumentos, obras de arte y tradiciones como elementos fundamentales de su identidad y legado cultural.

23.2 Legislación sobre monumentos y sitios arqueológicos en el Derecho Romano

En el Derecho Romano, existían disposiciones legales y prácticas relacionadas con la protección de monumentos y sitios arqueológicos. Aunque no había una legislación específica y detallada como la que encontramos en la actualidad, los romanos consideraban importante la preservación de su patrimonio arquitectónico y cultural. A continuación se mencionan algunas de las medidas y prácticas relacionadas con la protección de monumentos y sitios arqueológicos en el Derecho Romano:

Lex de imperio Vespasiani: Durante el reinado del emperador Vespasiano (69-79 d.C.), se promulgó una ley conocida como Lex de imperio Vespasiani, que otorgaba al emperador autoridad para intervenir y regular la conservación y restauración de edificios y monumentos en Roma y otras ciudades del imperio. Esta ley permitía al emperador tomar medidas para proteger y preservar los edificios y monumentos de importancia histórica y cultural.

Leyes sobre destrucción y daño intencional: El derecho romano también incluía disposiciones legales para proteger los monumentos y sitios arqueológicos de la destrucción y el daño intencional. Causar daños a edificios y monumentos considerados de importancia cultural era considerado un delito y se imponían sanciones penales a quienes cometían estos actos.

Conservación de monumentos en propiedades privadas: Los propietarios de grandes villas y fincas en el Imperio Romano a menudo tenían edificios y monumentos antiguos en sus terrenos. Se esperaba que los propietarios protegieran y conservaran estos monumentos como parte de su responsabilidad hacia el patrimonio cultural. La destrucción o negligencia en la conservación de estos monumentos podía llevar a consecuencias legales.

Restauración y mantenimiento público: Los gobiernos locales y las autoridades en las ciudades romanas tenían la responsabilidad de mantener y restaurar los edificios y monumentos públicos. Se asignaban fondos públicos para la conservación y restauración de estructuras arquitectónicas importantes, como teatros, anfiteatros y acueductos.

Es importante destacar que estas medidas y prácticas eran aplicadas en el contexto romano y no se comparan directamente con las leyes modernas de protección del patrimonio cultural. Sin embargo, evidencian la preocupación de los romanos por preservar y proteger sus monumentos y sitios arqueológicos como parte de su rica herencia cultural.

23.3 Propiedad y conservación de obras de arte en el Derecho Romano

En el Derecho Romano, la propiedad y conservación de obras de arte se regían por diferentes principios y normas legales. Aunque no existía una legislación específica sobre este tema, se aplicaban conceptos y principios generales del derecho romano para regular la propiedad y conservación de obras de arte. A continuación se presentan algunos aspectos relevantes:

Propiedad:

Dominio: El derecho romano reconocía el concepto de dominio, que confería al propietario el derecho exclusivo sobre una cosa. Los propietarios de obras de arte tenían el derecho de controlar y disponer de ellas.

Adquisición: La propiedad de una obra de arte se adquiría a través de diferentes modos de adquisición reconocidos en el derecho romano, como la ocupación, la tradición (transferencia voluntaria) y la sucesión por herencia.

Usufructo y usufructuario: En algunos casos, podía establecerse un usufructo sobre una obra de arte, lo que permitía a una persona utilizarla y disfrutar de ella sin ser su propietario. El usufructuario tenía la obligación de conservar la obra de arte y no podía dañarla.

Conservación:

Responsabilidad del propietario: Según los principios generales del derecho romano, el propietario tenía la obligación de conservar y mantener en buen estado sus propiedades, incluyendo las obras de arte. Se esperaba que el propietario tomara las medidas necesarias para prevenir daños y preservar la integridad de la obra.

Restauración y reparación: Si una obra de arte sufría daños o deterioro, el propietario tenía la facultad y la responsabilidad de llevar a cabo su restauración y reparación. Podía contratar a expertos y artesanos para realizar estas tareas.

Acciones legales: En caso de daño intencional o negligencia por parte de un tercero que afectara una obra de arte, el propietario podía emprender acciones legales para buscar reparación por los daños causados.

Es importante tener en cuenta que estas consideraciones se basan en los principios y normas generales del derecho romano y pueden variar dependiendo del contexto y las circunstancias específicas de cada caso. Además, las prácticas y regulaciones con respecto a la propiedad y conservación de obras de arte en la antigua Roma pueden diferir de las leyes y normativas actuales.

23.4 Protección de las tradiciones culturales y folclor en Roma

En la antigua Roma, se valoraban y protegían las tradiciones culturales y folclor como parte integral de la identidad romana. Aunque no existía una legislación específica para su protección, se tomaban medidas informales y prácticas sociales para preservar y promover estas tradiciones. A continuación se mencionan algunos aspectos relacionados con la protección de las tradiciones culturales y folclor en Roma:

Celebración de festividades y rituales: Los romanos celebraban una amplia variedad de festividades y rituales que formaban parte de su tradición cultural. Estas celebraciones se llevaban a cabo en honor a los dioses, la fundación de la ciudad y otros eventos importantes. Se consideraba importante mantener y transmitir estas festividades de generación en generación.

Transmisión oral y narración de historias: Las historias, leyendas y mitos de la antigua Roma eran transmitidos oralmente de una generación a otra. Se valoraba la narración de estas historias como forma de mantener viva la tradición y el folclor romano. Los cuentos y relatos populares tenían un papel importante en la transmisión de valores y enseñanzas culturales.

Participación en actividades culturales: Los romanos participaban activamente en actividades culturales y folclóricas como música, danza, teatro y competencias deportivas. Estas actividades eran consideradas parte de la vida cotidiana y se fomentaba su práctica como forma de preservar la identidad y el legado cultural romano.

Respeto a las costumbres y tradiciones locales: A medida que el imperio romano se expandía, se encontraba con diversas culturas y tradiciones locales en las regiones conquistadas. En muchos casos, se respetaban y se permitía la continuidad de las tradiciones culturales y folclóricas locales, siempre y cuando no fueran contrarias a las leyes y normas romanas.

Aunque la protección de las tradiciones culturales y folclor en la antigua Roma no se basaba en una legislación formal como la que encontramos en la actualidad, se consideraban aspectos importantes de la vida y la identidad romana. La preservación y promoción de estas tradiciones se llevaba a cabo a través de la participación activa de la sociedad romana y su transmisión de generación en generación.

23.5 Influencia del Derecho de la Cultura y el Patrimonio Romano en la protección del patrimonio actual

El Derecho de la Cultura y el Patrimonio Romano han tenido una influencia significativa en la protección del patrimonio actual. A lo largo de la historia, los principios y las prácticas establecidas en la antigua Roma han sentado las bases para las leyes y políticas modernas relacionadas con la protección y conservación del patrimonio cultural. A continuación, se destacan algunas influencias del Derecho Romano en la protección del patrimonio actual:

Concepto de propiedad cultural: El derecho romano reconocía la propiedad y el control sobre bienes culturales, incluyendo monumentos, obras de arte y artefactos. Este concepto de propiedad cultural ha sido fundamental en la legislación actual, donde se establece la propiedad y los derechos sobre el patrimonio cultural y se regula su transferencia, protección y conservación.

Responsabilidad del propietario: En el derecho romano, los propietarios tenían la obligación de conservar y mantener en buen estado sus propiedades, incluyendo las obras de arte y los monumentos. Este principio se ha mantenido en la legislación actual, donde se espera que los propietarios sean responsables de proteger y conservar el patrimonio cultural bajo su custodia.

Restauración y conservación: En el Derecho Romano, se reconocía la responsabilidad de los propietarios de obras de arte y monumentos de llevar a cabo su restauración y conservación. Este principio ha sido incorporado en las leyes modernas, donde se establecen regulaciones y se promueve la restauración y conservación adecuadas del patrimonio cultural.

Protección contra el saqueo y el tráfico ilícito: En la antigua Roma, se sancionaba el robo y la falsificación de obras de arte y artefactos culturales. Estas prácticas ilegales también son objeto de legislaciones actuales, que buscan prevenir y combatir el saqueo y el tráfico ilícito de bienes culturales.

Valoración de la identidad cultural: Los romanos tenían un fuerte sentido de identidad cultural y reconocían la importancia de preservar y promover su patrimonio. Este enfoque en la valoración de la identidad cultural ha influido en las políticas y leyes modernas, donde se reconoce la importancia del patrimonio como elemento fundamental de la identidad de una sociedad.

Si bien las leyes y políticas actuales han evolucionado y se han adaptado a las necesidades y desafíos contemporáneos, la influencia del Derecho de la Cultura y el Patrimonio Romano es evidente en la protección y conservación del patrimonio cultural en la actualidad. Los principios y prácticas establecidos en la antigua Roma han sentado las bases para la legislación moderna y han contribuido a la preservación de la riqueza cultural de las sociedades.

23.6 Estudio de casos de protección del patrimonio en la historia romana

A lo largo de la historia romana, hubo varios casos en los que se llevó a cabo la protección del patrimonio cultural y arquitectónico. Estos son algunos ejemplos destacados:

La preservación de la ciudad de Pompeya: Tras la erupción del volcán Vesubio en el año 79 d.C., la ciudad de Pompeya quedó enterrada bajo las cenizas volcánicas. Durante siglos, se mantuvo prácticamente intacta y se conservó gran parte de su arquitectura, arte y vida cotidiana. En el siglo XVIII, las excavaciones comenzaron a desenterrar la ciudad, lo que permitió obtener una visión única de la vida en la antigua Roma. Esta protección y conservación de Pompeya ha sido crucial para comprender la historia y la cultura romana.

Edificios y monumentos en Roma: En la ciudad de Roma, se tomaron medidas para preservar y restaurar los edificios y monumentos históricos. Por ejemplo, durante el reinado del emperador Augusto, se realizaron numerosas restauraciones y renovaciones en la ciudad, incluyendo la reconstrucción del Teatro de Pompeyo y la restauración del Templo de Apolo Sosiano. Estas acciones contribuyeron a la protección del patrimonio arquitectónico romano.

Monumentos funerarios en Roma: Los monumentos funerarios, como las tumbas y los mausoleos, también fueron objeto de protección en la antigua Roma. Estos monumentos representaban una forma de honrar y recordar a los difuntos, y se tomaban medidas para mantener su integridad y evitar daños intencionales. Algunos de estos monumentos, como el Mausoleo de Augusto, han sido conservados y restaurados hasta el día de hoy.

Objetos de arte y colecciones privadas: Los romanos también valoraban y protegían las colecciones de objetos de arte y artefactos históricos. Las personas adineradas y los emperadores romanos acumulaban valiosas colecciones de arte, y se esperaba que los propietarios cuidaran y conservaran estas obras. Muchos de estos objetos han sobrevivido hasta la actualidad y se encuentran en museos y colecciones de todo el mundo.

Estos ejemplos muestran que en la historia romana se tomaron medidas para proteger y conservar el patrimonio cultural y arquitectónico. La preservación de estos monumentos y objetos ha sido fundamental para entender y apreciar la cultura y la historia de la antigua Roma.

23.7 Comparación entre el derecho de la cultura y el patrimonio romano y otros sistemas jurídicos antiguos

El derecho de la cultura y el patrimonio romano presenta algunas similitudes y diferencias con otros sistemas jurídicos antiguos en relación a la protección del patrimonio cultural. A continuación, se presentan algunas comparaciones:

Egipto antiguo: Tanto en Roma como en el antiguo Egipto, se reconocía la propiedad de los bienes culturales y se establecían normas para su protección. Sin embargo, en Egipto, el enfoque principal estaba en la protección de los tesoros funerarios y los templos religiosos, que se consideraban sagrados. Además, en Egipto existía un fuerte control estatal sobre los monumentos y las obras de arte, mientras que en Roma se daba mayor énfasis a la propiedad privada y a la responsabilidad del propietario para su conservación.

Grecia antigua: Tanto en Roma como en la antigua Grecia, se valoraba y protegía el patrimonio cultural y arquitectónico. Ambas civilizaciones tenían leyes y normas para proteger los monumentos, los templos y las obras de arte. Sin embargo, en Grecia, se enfatizaba la relación entre el arte y la religión, y muchos monumentos y obras de arte estaban vinculados a los rituales y cultos religiosos. En Roma, aunque también existía una fuerte conexión entre el arte y la religión, se daba una mayor importancia a la propiedad privada y la responsabilidad individual.

Antigua Mesopotamia: En la antigua Mesopotamia, la protección del patrimonio cultural estaba más centrada en los archivos escritos, las tablillas de arcilla y los textos legales. La preservación de los documentos y la transmisión de conocimientos eran aspectos fundamentales. En Roma, aunque también se valoraba la preservación de textos y documentos, había un enfoque más amplio en la protección de la arquitectura, los monumentos y las obras de arte.

Antigua China: En la antigua China, el énfasis en la protección del patrimonio cultural se encontraba en la preservación de los conocimientos, las tradiciones y las prácticas culturales. Se daba importancia a la transmisión de los valores y la preservación de las costumbres ancestrales. En Roma, si bien también se valoraba la transmisión de conocimientos y la preservación de tradiciones, se ponía un mayor énfasis en la protección física de los monumentos y las obras de arte.

En resumen, aunque existen algunas similitudes en la protección del patrimonio cultural entre el derecho de la cultura y el patrimonio romano y otros sistemas jurídicos antiguos, también hay diferencias en los enfoques, las prioridades y los aspectos legales específicos de cada civilización. Cada sistema jurídico refleja las características culturales, religiosas y sociales de su tiempo y lugar, y aborda la protección del patrimonio cultural de acuerdo con sus propias circunstancias y valores.

Capítulo 24:

Derecho de la Tecnología y la Innovación en Roma

24.1 Innovaciones técnicas y científicas en la antigua Roma

La antigua Roma fue testigo de numerosas innovaciones técnicas y científicas que contribuyeron al desarrollo y progreso de la sociedad romana. A continuación, se presentan algunas de las principales innovaciones técnicas y científicas en la antigua Roma:

Ingeniería y construcción: Los romanos fueron conocidos por su habilidad en la ingeniería y la construcción. Desarrollaron técnicas avanzadas en la construcción de acueductos, puentes, caminos y edificios. Ejemplos destacados incluyen el Coliseo, el Panteón y el sistema de acueductos de Roma.

Arquitectura civil y doméstica: Los romanos introdujeron nuevos conceptos arquitectónicos y técnicas de construcción. Desarrollaron el uso del arco y la bóveda, lo que permitió la construcción de grandes espacios abovedados y cúpulas. Además, crearon estructuras como los baños públicos (termas) y los complejos residenciales (domus) con sistemas de calefacción y ventilación.

Tecnología militar: Los romanos fueron pioneros en la tecnología militar. Inventaron diversas máquinas de asedio, como catapultas y arietes, para el asalto a fortificaciones enemigas. Además, desarrollaron técnicas de construcción de carreteras y puentes para facilitar el movimiento de tropas y suministros.

Medicina: En el campo de la medicina, los romanos realizaron importantes contribuciones. Galeno, un médico romano, estableció una base sólida en anatomía y fisiología, y sus escritos influyeron en el desarrollo de la medicina occidental durante siglos.

Sistemas de suministro de agua: Los romanos fueron expertos en la construcción de acueductos y sistemas de suministro de agua. Crearon una red de acueductos que transportaba agua a las ciudades y baños públicos, mejorando la higiene y la calidad de vida de los ciudadanos.

Ingeniería hidráulica: Los romanos también desarrollaron técnicas de ingeniería hidráulica. Construyeron sistemas de drenaje y alcantarillado para mejorar la gestión del agua y evitar inundaciones en las ciudades.

Avances en agricultura: Los romanos introdujeron nuevas técnicas agrícolas, como el uso de arados de hierro, la rotación de cultivos y el uso de fertilizantes. Estas innovaciones aumentaron la productividad agrícola y contribuyeron al crecimiento económico del imperio.

Estas innovaciones técnicas y científicas en la antigua Roma demostraron el ingenio y la creatividad de los romanos, así como su habilidad para aplicar conocimientos científicos en la práctica. Muchas de estas innovaciones tuvieron un impacto duradero en la historia y sentaron las bases para los avances tecnológicos posteriores.

24.2 Regulación y protección de las invenciones en el Derecho Romano

En el Derecho Romano, no existía una regulación específica para la protección de invenciones o derechos de propiedad intelectual como los que conocemos en la actualidad. Sin embargo, se pueden identificar algunas disposiciones y principios legales que ofrecían cierta protección a los inventores y creadores en la antigua Roma.

Derecho de autor: Aunque no había una ley de derechos de autor como tal, se reconocía cierta protección a los escritores y poetas romanos. Los autores podían reclamar el reconocimiento y la paternidad de sus obras, y existía una práctica de atribuir los escritos a su autor original. Además, se esperaba que los copistas y editores mantuvieran la integridad de los textos y no realizaran cambios sin permiso del autor.

Propiedad y posesión: El Derecho Romano reconocía el concepto de propiedad y posesión de bienes, incluidos aquellos de naturaleza inventiva o creativa. Aunque esto no se aplicaba específicamente a las invenciones, podría argumentarse que las creaciones materiales, como herramientas o dispositivos, podrían ser objeto de propiedad y protección en virtud de la propiedad privada reconocida en el derecho romano.

Acciones legales: En algunos casos, los inventores romanos podían recurrir a acciones legales para proteger sus intereses. Por ejemplo, podían presentar una acción de furtum (robo) si alguien se apropiaba indebidamente de su invención o si se usaba sin su consentimiento.

Sin embargo, es importante destacar que la protección de las invenciones en la antigua Roma se basaba principalmente en el reconocimiento de derechos de propiedad y la aplicación de principios generales del derecho civil romano. No existía un sistema formal de registro de patentes ni una regulación específica para fomentar la innovación o garantizar la exclusividad de una invención.

La idea de una protección legal más completa para las invenciones y los derechos de propiedad intelectual se desarrolló en tiempos más modernos, a medida que la sociedad y la economía evolucionaron. Los sistemas jurídicos actuales han establecido leyes de propiedad intelectual y regulaciones específicas para promover y proteger la innovación y la creatividad, en contraste con la situación en el Derecho Romano.

24.3 Transferencia de tecnología y licencias en Roma

En la antigua Roma, no existía un sistema formalizado de transferencia de tecnología o licencias como lo conocemos en la actualidad. Sin embargo, se dieron casos de transferencia de conocimientos técnicos y habilidades entre individuos y comunidades en diferentes contextos. A continuación, se presentan algunas formas en las que se producía la transferencia de tecnología en la antigua Roma:

Aprendizaje y mentoría: La transmisión de conocimientos técnicos y habilidades se realizaba a través del sistema de aprendizaje y mentoría. Los aprendices trabajaban junto a artesanos y expertos en diferentes oficios, como la construcción, la metalurgia o la cerámica. A través de esta relación de aprendizaje, los conocimientos y las técnicas se transferían de generación en generación.

Influencia extranjera: La expansión del Imperio Romano permitió el contacto con diversas culturas y civilizaciones. Esto facilitó la transferencia de conocimientos técnicos y tecnológicos a través de la interacción con pueblos conquistados, comerciantes y viajeros. Los romanos adoptaron y adaptaron técnicas y prácticas de otras culturas, lo que contribuyó al desarrollo y la mejora de la tecnología en el imperio.

Difusión a través del comercio: El comercio desempeñó un papel crucial en la transferencia de tecnología en la antigua Roma. A medida que el comercio se expandía, se llevaban productos y tecnologías de un lugar a otro. Los artesanos y comerciantes romanos podían aprender de las técnicas y los productos de otros lugares y adaptarlos a sus propias necesidades.

A pesar de la falta de un sistema formal de licencias, es posible que en ciertos casos se haya otorgado permiso o se haya llegado a acuerdos informales para el uso de una determinada tecnología o técnica. Por ejemplo, en el caso de construcciones o proyectos de ingeniería, es probable que los arquitectos y constructores trabajaran bajo acuerdos específicos para la ejecución de un proyecto determinado.

En resumen, aunque la transferencia de tecnología en la antigua Roma no se realizaba a través de un sistema formalizado de licencias, se dieron diferentes formas de transmisión de conocimientos y habilidades técnicas. El aprendizaje, la influencia extranjera y el comercio desempeñaron un papel importante en la difusión y la adopción de tecnologías en el imperio romano.

24.5 Responsabilidad por daños causados por nuevas tecnologías en el Derecho Romano

En el Derecho Romano, no existía una legislación específica que abordara la responsabilidad por daños causados por nuevas tecnologías, ya que la sociedad romana antigua no enfrentaba los mismos desafíos tecnológicos que encontramos en la actualidad. Sin embargo, se pueden identificar algunos principios y conceptos generales que podrían aplicarse en situaciones de daños causados por nuevas tecnologías.

Responsabilidad contractual: En casos en los que una nueva tecnología se introducía a través de un contrato, las partes involucradas podrían establecer acuerdos y condiciones específicas para determinar la responsabilidad por los daños causados. Esto incluiría la obligación de reparar cualquier daño resultante del uso de la tecnología.

Principio de culpa: En el Derecho Romano existía el principio de culpa, según el cual, si una persona causaba daños a otra debido a su negligencia o imprudencia, podía ser considerada responsable y tener la obligación de reparar los daños. Este principio podría aplicarse en situaciones en las que el uso de una nueva tecnología causara daños debido a una negligencia por parte del usuario.

Acciones legales: En algunos casos, las víctimas de daños causados por nuevas tecnologías podrían recurrir a acciones legales para buscar compensación. Por ejemplo, podrían presentar una acción de damnum iniuria datum, que se refiere a una acción por daños injustamente causados.

Es importante destacar que estos principios se aplicarían en el contexto de la antigua Roma y su sistema legal, y su aplicación específica puede variar según las circunstancias y el contexto en el que se presente un caso. La responsabilidad por daños causados por nuevas tecnologías es un concepto legal y ético que ha evolucionado significativamente a lo largo del tiempo, y las normas y regulaciones actuales son mucho más sofisticadas para abordar los desafíos tecnológicos contemporáneos.

24.6 Influencia del Derecho de la Tecnología y la Innovación Romana en la legislación actual

El Derecho de la Tecnología y la Innovación en la antigua Roma no era un campo de estudio específico ni existían leyes que regularan de manera directa estos aspectos. Sin embargo, algunos principios y conceptos del Derecho Romano han influido en la legislación actual relacionada con la tecnología y la innovación. A continuación, se presentan algunas posibles influencias:

Derecho de propiedad: El concepto romano de propiedad y posesión sentó las bases para el reconocimiento de los derechos de propiedad intelectual en la legislación actual. El derecho de propiedad sobre las invenciones y creaciones es fundamental en la legislación de patentes, derechos de autor y marcas registradas.

Principio de responsabilidad: El principio romano de culpa ha influido en la legislación actual en cuanto a la responsabilidad por daños causados por la tecnología y la innovación. Este principio se refiere a la responsabilidad de las personas por los daños que causen debido a su negligencia o imprudencia. En la legislación actual, se aplican conceptos similares para determinar la responsabilidad por productos defectuosos o daños causados por el mal uso de la tecnología.

Protección de la reputación: En el Derecho Romano, existía la acción de injuria, que permitía a las personas demandar por difamación o daños a su reputación. Este concepto ha influido en la legislación actual relacionada con la difamación, la calumnia y la protección de la reputación en el ámbito digital.

Contratos y acuerdos: El Derecho Romano sentó las bases para el desarrollo del derecho contractual, que es fundamental en las transacciones comerciales y los acuerdos de licencia de tecnología en la actualidad. Los principios romanos de consensualidad y cumplimiento de los contratos han influido en la legislación actual en términos de validez y cumplimiento de acuerdos relacionados con la tecnología y la innovación.

Es importante destacar que, si bien el Derecho Romano ha influido en la legislación actual, los sistemas jurídicos modernos han evolucionado y se han adaptado para abordar los desafíos y la complejidad de la tecnología y la innovación en la sociedad contemporánea. La legislación actual se basa en principios y normas específicos que han surgido con el tiempo y se han adaptado a las necesidades y demandas de la era digital y tecnológica.

24.7 Estudio de casos de conflictos tecnológicos en la historia romana

Aunque no hay casos documentados específicos de conflictos tecnológicos en la historia romana, hay algunos eventos y desarrollos tecnológicos que podrían haber generado tensiones o conflictos en la sociedad romana. A continuación, se presentan algunos ejemplos:

Introducción del vidrio: Durante el Imperio Romano, se introdujo el vidrio como un material novedoso y valioso. Esto podría haber generado conflictos entre los artesanos que trabajaban con materiales tradicionales, como la cerámica o el metal, y los que comenzaron a trabajar con vidrio. Es posible que haya habido disputas comerciales o incluso desafíos técnicos en la adopción y uso del vidrio en la producción de objetos y recipientes.

Desarrollo de la tecnología de construcción: Los romanos eran conocidos por su habilidad en la construcción y la ingeniería. La introducción de nuevas técnicas y tecnologías de construcción, como la utilización de la cúpula en la arquitectura, pudo haber generado conflictos entre los artesanos y constructores que se resistían a adoptar estas nuevas prácticas y aquellos que buscaban innovar en el campo de la construcción.

Avances en la tecnología militar: El Imperio Romano se caracterizó por su poderío militar y sus avances en tecnología militar. La introducción de nuevas armas y tácticas podría haber generado conflictos entre los ejércitos romanos y las comunidades o pueblos que enfrentaban estas innovaciones. Estos conflictos podrían haber surgido tanto en las fronteras del imperio como en las guerras internas entre facciones romanas.

Desarrollo de la tecnología agrícola: La agricultura era una parte vital de la economía romana. Cualquier cambio o innovación en la tecnología agrícola, como la introducción de nuevos métodos de riego o herramientas agrícolas, podría haber generado conflictos entre los agricultores que preferían los métodos tradicionales y aquellos que buscaban adoptar las nuevas técnicas.

Si bien estos ejemplos no se refieren a casos específicos de conflictos tecnológicos en la historia romana, ilustran las posibles tensiones y desafíos que podrían haber surgido como resultado de la introducción de nuevas tecnologías en la sociedad romana. Es importante recordar que la evidencia histórica sobre estos conflictos puede ser limitada y, en muchos casos, la información disponible es fragmentaria o especulativa.

24.8 Comparación entre el derecho de la tecnología y la innovación romana y otros sistemas jurídicos antiguos

El Derecho de la Tecnología y la Innovación en la antigua Roma no se desarrolló como un campo jurídico específico, y su enfoque en la regulación de la tecnología y la innovación era limitado en comparación con otros sistemas jurídicos antiguos. Sin embargo, se pueden establecer algunas comparaciones con otros sistemas jurídicos antiguos en términos generales:

Derecho Mesopotámico: El Código de Hammurabi de la antigua Mesopotamia (Babilonia) es uno de los códigos legales más antiguos conocidos. Si bien no se enfocaba directamente en la tecnología y la innovación, establecía principios legales relacionados con la propiedad y el comercio, que podrían haber sido aplicables en situaciones tecnológicas. Por ejemplo, el Código de Hammurabi incluía disposiciones sobre la venta de bienes y la responsabilidad por defectos en los productos.

Derecho Egipcio: El antiguo Egipto tenía un sistema legal que regulaba diversos aspectos de la vida cotidiana, incluyendo el comercio y la propiedad. Si bien no se enfocaba específicamente en la tecnología, algunas leyes egipcias abordaban cuestiones relacionadas con la construcción, la propiedad de tierras y la fabricación de bienes. Estas regulaciones podrían haber sido relevantes en el contexto de la tecnología y la innovación.

Derecho Griego: El Derecho Griego antiguo también se centraba en aspectos comerciales y contractuales, aunque no abordaba explícitamente la tecnología y la innovación. Sin embargo, los principios generales del derecho contractual y la responsabilidad civil, como la culpa y el incumplimiento de contratos, podrían haber sido aplicables en situaciones tecnológicas.

Aunque existen similitudes en términos generales entre el Derecho de la Tecnología y la Innovación en la antigua Roma y otros sistemas jurídicos antiguos, es importante destacar que cada sistema legal tenía sus propias particularidades y enfoques específicos. Además, la regulación y protección de la tecnología y la innovación en los tiempos antiguos eran mucho menos desarrolladas y sofisticadas en comparación con los sistemas jurídicos modernos, que han evolucionado para abordar los desafíos legales y éticos planteados por los avances tecnológicos contemporáneos.

Conclusiones finales:

A lo largo de este libro, hemos explorado en profundidad el Derecho Romano y su influencia en el derecho contemporáneo. A través de un análisis detallado de sus principios fundamentales, su sistema legal y su impacto en diferentes áreas del derecho, hemos podido apreciar la importancia perdurable del Derecho Romano en la sociedad actual. A continuación, presentaremos algunas conclusiones clave que se derivan de nuestra investigación.

Legado del Derecho Romano:

El Derecho Romano ha dejado un legado duradero en el sistema jurídico occidental. Sus principios de igualdad, equidad y justicia han sido adoptados y desarrollados en el derecho contemporáneo. La influencia romana se puede observar en áreas como el derecho civil, el derecho penal, el derecho contractual y el derecho administrativo. Los conceptos y las instituciones romanas, como la propiedad, los contratos, las obligaciones y los derechos individuales, han sido fundamentales en el desarrollo del derecho moderno.

Sistema jurídico romano:

El sistema jurídico romano era caracterizado por su flexibilidad y adaptabilidad. A lo largo de los siglos, los juristas romanos desarrollaron un sistema legal sofisticado que se basaba en la interpretación y la aplicación de las leyes existentes. La jurisprudencia romana, encabezada por juristas prominentes como Ulpiano y Justiniano, sentó las bases para el desarrollo del derecho como una disciplina académica y profesional. El enfoque romano en la equidad y la justicia ha influido en la forma en que se abordan los casos legales en la actualidad.

Influencia en el derecho privado:

Una de las contribuciones más significativas del Derecho Romano se encuentra en el ámbito del derecho privado. Los principios y conceptos romanos, como la propiedad, los contratos y las obligaciones, han sido incorporados en el derecho civil y el derecho comercial moderno. Los sistemas de propiedad, transmisión de bienes y sucesión hereditaria se basan en gran medida en el derecho romano. Además, los principios contractuales romanos, como el consensualismo y la buena fe, siguen siendo fundamentales en los contratos contemporáneos.

Influencia en el derecho público:

El Derecho Romano también ha dejado una marca en el derecho público. Los conceptos de ciudadanía, gobierno y administración pública han sido moldeados por las instituciones y los principios romanos. La idea de ciudadanía y los derechos y responsabilidades asociados se han desarrollado a partir de la noción romana de ciudadanía. Además, la estructura del gobierno y la administración pública, con su énfasis en la ley y el orden, tienen raíces en la organización política romana.

Ética y moral:

El Derecho Romano también tuvo una fuerte conexión con la ética y la moral. La idea romana de justicia, basada en la equidad y la imparcialidad, ha influido en la ética legal contemporánea. Los principios de honestidad, buena fe y responsabilidad se originaron en gran medida en la moral romana. Estos valores éticos se han incorporado en los códigos de conducta profesional y en la forma en que se abordan los conflictos morales en la práctica legal actual.

Desafíos y adaptación:

A pesar de su legado duradero, el Derecho Romano también enfrentó desafíos y críticas. Algunos argumentan que el enfoque romano en la propiedad y los derechos individuales pueden haber descuidado los derechos colectivos y la justicia social. Además, el cambio social y tecnológico plantea nuevos desafíos para el derecho contemporáneo, lo que requiere una adaptación continua de los principios y las estructuras legales existentes.

En conclusión, el Derecho Romano es un pilar fundamental en el desarrollo del derecho occidental. Su influencia perdura hasta el día de hoy y se puede observar en numerosos aspectos del derecho contemporáneo. Desde los principios de igualdad y justicia hasta los conceptos de propiedad, contratos y obligaciones, el Derecho Romano ha dejado una huella duradera en la sociedad actual. Sin embargo, también es importante reconocer los desafíos y las críticas que enfrenta el Derecho Romano, y la necesidad de adaptarse y evolucionar para abordar las cambiantes necesidades y realidades de nuestra sociedad.

El estudio del Derecho Romano no solo nos permite comprender la historia y los fundamentos del derecho, sino que también nos proporciona una base sólida para reflexionar sobre las fortalezas y las limitaciones del derecho contemporáneo. La exploración de su legado nos invita a examinar críticamente nuestras propias estructuras legales y éticas, y a considerar cómo podemos seguir construyendo un sistema legal más justo y equitativo. El Derecho Romano, en su riqueza y diversidad, nos brinda valiosas lecciones y perspectivas para guiar nuestro camino hacia un futuro jurídico más justo y humano.

Del autor: Sergio Fabián Pérez Sevilla, es originario de la ciudad de Guadalajara, Jalisco, México.

Estudió la carrera de ABOGADO en la Benemérita Universidad de Guadalajara. Realizó prácticas profesionales y servicio social en la Dirección de Asuntos Jurídicos y Dictamen Legislativo del H. Congreso del Estado de Jalisco. Cuenta además con el Diplomado "EL JUICIO DE AMPARO" y con el Diplomado "LA SUPREMA CORTE Y LOS DERECHOS HUMANOS", ambos impartidos y avalados por la Suprema Corte de Justicia de la Nación. También cursó el DIPLOMADO INTERNACIONAL EN CULTURA DE PAZ Y GESTIÓN DE PAZ VINCULATIVA, así como el DIPLOMADO EN TÉCNICAS DE LITIGACIÓN EN JUICIOS ORALES, ambos impartidos y avalados por el Gobierno de Guadalajara, Jalisco, México. También cuenta con una CERTIFICACIÓN INTERNACIONAL COMO ESPECIALISTA EN CULTURA DE PAZ Y GESTIÓN DE PAZ VINCULATIVA, avalado por el Centro de Estudios en Estrategia y Políticas Públicas CEEYPP, de Buenos Aires, Argentina.

Actualmente es Maestrante de la MAESTRÍA en PEDAGOGÍA E INNOVACIÓN, en el Centro Educativo Valles Virtual "CEVvi" de San Juanito de Escobedo, Jalisco, en el grupo de Guadalajara, Jalisco, México. Bajo la coordinación del Maestro Sergio Victoria

www.ingramcontent.com/pod-product-compliance
Lightning Source LLC
Chambersburg PA
CBHW052310220526
45472CB00001B/51